웹 3.0 시대의
디지털미디어와 저널리즘

임현찬 · 권만우 · 이상호 지음

웹 3.0 시대의 디지털 미디어와 저널리즘

임현찬 · 권만우 · 이상호 지음

머리말

　1995년 미국의 FCC가 이종 매체 간의 융합을 본격적으로 허용한 후 신문과 방송, 통신사 간의 합종연횡이 대대적으로 일어난 지 20여년이 지났다. 이러한 세계적인 트렌드에 맞추어 우리나라도 방송통신위원회가 생겨나고 신문사들이 종편채널 같은 방송산업에 진출하도록 허용한 바 있다.

　그러나 지구상의 특정 국가에서 발생한 코로나 바이러스가 몇 개월 만에 전 세계에 퍼져나가 그동안 한 번도 겪어보지 못한 팬데믹을 가져왔지만 우리나라 미디어 시장은 세계적인 융합미디어 바람에도 끄떡없이 신문과 방송, 통신 시장의 3분할 구역으로 잘 유지되어 오고 있다. 그 결과 미디어 플랫폼에 대한 규제는 방송통신위원회에서, 콘텐츠에 대한 규제는 문화체육관광부에서, 그리고 각종 연구개발진흥은 과학기술정보통신부에서 분리되어 시행하고 있는 실정이다.

　이런 시나리오가 언제까지 계속될지 의문이다. 정부가 바뀌면서 이러한 칸막이가 쳐진 미디어 시장의 벽을 허물고 플랫폼과 콘텐츠, 연구개발

등을 가칭 〈디지털미디어부〉로 단일화한다는 계획을 발표한 바 있지만 이것이 실제로 시장에서 잘 작동할지에 대해서는 의구심이 든다. 만일 말 그대로 신문, 방송, 통신으로 구분된 미디어 시장이 미국 등 선진국처럼 상호진입을 허용할 경우 과연 국내 미디어 시장이 잘 작동될 수 있을까?

예를 들어 네이버나 다음카카오의 주식 시가 총액은 국내 모든 통신사와 방송국, 신문사를 다 합친 금액보다도 많은데 과연 네이버나 카카오가 미디어 사업자를 흡수 합병하도록 허용할 수 있는지 의문이다. 또한 해외 미디어사업자나 인터넷서비스 사업자들이 국내 미디어를 소유하게 할 수 있을지도 의문이다. 그렇다고 언제까지고 글로벌 미디어 시장이 개방되는 상황에서 3분법으로 구분된 현 국내 미디어 시장을 법과 규제로만 막아줄 수는 없을 것이다. 법이나 규제로 막는다고 해서 코로나 팬데믹이 휩쓸고 지나가는 걸 막을 수 없듯이 미디어 시장도 이제 한국 시장만 폐쇄적으로 운영할 수는 없기 때문이다.

그렇다면 국내 미디어 사업자들도 자생력을 갖고 글로벌 미디어 사업자들과 대등한 경쟁력을 갖거나 차별화되는 강점을 갖기 위해서는 변화하는 미디어 시장과 저널리즘 양태에 대해 이해하고 현황을 분석해 개선하기 위한 노력이 시급하다. 수년전 5살 어린아이가 운영하는 유튜브 채널 하나의 연간 매출이 공중파 방송국보다 많다는 기사가 난 적이 있는데 과연 우리 미디어 기업들은 그 많은 저널리스트와 직원들, 장비와 인프라를 얼마나 경쟁력 있게 활용하고 있는지 반문해봐야 할 때다.

신문 가구 구독률이 심각한 위기를 맞고 있고 본방 사수로 대표되는 방송 시청도 스트리밍 방식의 넷플릭스에 밀려나고 사람 기자 대신 인공지능 로봇이 기사를 쓰고 뉴스 앵커를 대신하고 있는 세상이 이미

왔다. 디지털의 속도와 양은 상상을 초월할 수 없을 만큼 빨라지고 테슬라의 창업자인 일론 머스크가 구축한 위성통신망이 우리 머리 위로 2만개나 지나다니고 있는 세상이다. 말 그대로 법과 규정만 허용하면 손 안의 휴대폰에 전 세계의 미디어가 휙휙 날아다니는 세상이 왔는데 우리의 미디어 산업과 저널리즘은 어떻게 특성화하고 강해져야 할 것인가.

아니 법과 규제로 막기에는 기술과 서비스 혁신의 속도가 너무 빠르다는 것이 문제이다. 4차 산업혁명의 시대와 웹3.0의 시대가 왔다는데 이미 이 책이 나오는 순간 웹4.0의 시대가 되고 있을지도 모른다. 그럼에도 본 저서는 웹3.0과 4차산업 혁명 시대의 저널리즘과 디지털미디어 산업에 대한 다양한 기술과 시장 변화, 저널리즘 이슈들에 대해 다루고 있다. 이 책은 4년 전 발간된 공저자들의 몇 가지 이슈들을 개정한 것이다. 발간된 지 4년이 다 되어감에도 아직 우리 미디어 현업에서 심각하게 생각하고 있지 않거나 도입이 활발히 이뤄지지 않고 있는 이슈인 인공지능과 빅 데이터, 드론, 가상현실, 메타버스, OTT와 빅데이터 등 첨단 기술이 접목된 다양한 저널리즘 이슈에 대해 다루었다.

특히 인공지능과 빅 데이터 기술은 기술 수준으로만 볼 때 미국과 일본 같은 선진국은 물론 중국과 인도에도 밀리고 있는데 이를 접목한 저널리즘 기술과 서비스, 콘텐츠 또한 이미 시장 선점에 실패했다는 평가가 있다. K-Pop이나 한류 콘텐츠는 세계 시장을 움직이고 있지만, 미디어나 저널리즘의 경우 그렇지 못하다. 심지어 매체의 다양성이 부족한 중국에서도 뉴스 큐레이션 서비스로만 유니콘 기업에 오른 '진르터우탸오'는 그 노하우를 바탕으로 틱톡(TikTok)으로 유명한 '바이트댄스'를 선보인 바 있다.

이처럼 디지털 기술의 급속한 발전으로 미디어 시장은 한치 앞을 내다 보기 어려울 정도로 급속하게 변화하고 있어 저술에 언급된 다양한 기술적 이슈와 저널리즘 이슈가 곧 시대에 뒤쳐진 논의가 될 수도 있다. 그럼에도 공저자들은 신문과 방송, 통신 분야의 다양한 현장 경험을 바탕으로 미디어 전공자들과 일반인들에게 디지털미디어와 첨단 기술들이 만나는 접점들을 소개한다는 취지에서 초고를 개정해 출간하게 되었다. 향후 디지털 미디어 기술의 발전에 따라 급속하게 변화하는 콘텐츠와 저널리즘 시장을 지속적으로 소개할 것을 약속하면서 이 책이 미디어 전공자들과 현업에 종사하는 언론인들에게 지침서가 되기를 바란다.

2022년 11월 공저자.

목 차

머리말　　　　　　　　　　　　　　　　　　　　　　　　　　　4

1부 첨단융합기술이 가져오는 미디어 산업의 변화들

1. 웹 3.0과 미디어 산업
　1) 웹1.0과 2.0　　　　　　　　　　　　　　　　　　　　19
　2) 웹3.0과 미디어산업　　　　　　　　　　　　　　　　　26
　3) 웹3.0과 마케팅3.0　　　　　　　　　　　　　　　　　35

2. 4차 산업혁명기술과 미디어산업
　1) 4차 산업혁명과 그 영향　　　　　　　　　　　　　　　40
　2) 4차 산업혁명과 미디어　　　　　　　　　　　　　　　　42
　3) 4차 산업혁명과 저널리즘　　　　　　　　　　　　　　　47

3. 인공지능(AI) 기술과 저널리즘
　1) 기계학습과 딥러닝　　　　　　　　　　　　　　　　　60
　2) 딥러닝(Deep Learning)　　　　　　　　　　　　　　　61
　3) AI의 창의성과 응용분야　　　　　　　　　　　　　　　63
　4) 인공지능(AI) 알고리즘과 맞춤형 뉴스큐레이션　　　　 65
　5) 인공지능의 저널리즘 활용 영역　　　　　　　　　　　67

4. 가상현실 기술과 메타버스 저널리즘
　1) 가상현실 기술의 발달　　　　　　　　　　　　　　　　79
　2) 가상현실의 구성요소와 특징　　　　　　　　　　　　　83
　3) 가상현실과 저널리즘　　　　　　　　　　　　　　　　85
　4) 가상현실의 미래 : 감성미디어 인터페이스와 메타버스　90

5. 블록체인기술과 미디어 산업의 변화
　1) 블록체인 시장의 급성장　　　　　　　　　　　　　　　95
　2) 블록체인 기술의 미디어 적용　　　　　　　　　　　　98
　3) 블록체인 미디어 사례　　　　　　　　　　　　　　　　99
　4) 블록체인 기반 NFT 산업의 성장과 미디어산업 적용사례　100

6. 유튜브와 OTT, 그리고 저널리즘
   1) 유튜브와 OTT의 급성장   109
   2) 유튜브와 OTT 저널리즘   113

7. 빅데이터 기술과 저널리즘
   1) 초기 스몰데이터 시대의 컴퓨터 활용 저널리즘   118
   2) 빅데이터 시대의 저널리즘   120

8. 양자컴퓨터와 퀀텀 저널리즘
   1) 양자컴퓨터(퀀텀컴퓨터)의 진화   131
   2) 퀀텀 저널리즘   133

9. 5G, 6G 통신기술의 진보와 저널리즘
   1) 미진한 5G를 두고도 6G를 개발하는 이유   137
   2) 5G, 6G 시대의 저널리즘   141

10. 드론(Drone)과 백팩(Backpack) 저널리즘
   1) 백팩 저널리즘의 확산   147
   2) 드론(Drone) 저널리즘   150

2부 웹3.0 시대의 미디어와 저널리즘 新이슈들

11. 사용자 인터페이스(UI)와 경험(UX)의 변화
    1) 미디어의 사용성   163
    2) 미디어의 사용자 인터페이스(User Interface)와 상호작용   165
    3) 미디어와 사용자경험(UX, User Experience)   168

12. 디지털미디어 시대의 리터러시
    1) 미디어 리터러시   183
    2) 디지털 리터러시   185
    3) 새로운 디지털미디어 리터러시 교육의 필요성   187

13. 뉴스가치의 변화와 큐레이션의 중요성
    1) 디지털 미디어 시대의 뉴스가치   191
    2) 큐레이션 vs 뉴스가치   195

14. 광고/시장/마케팅/브랜드 전략의 변화
    1) 언론 중심에서 마케팅 중심(market driven)으로   201
    2) 디지털 퍼스트(Digital First)   205
    3) 미디어기업도 브랜드 강화 전략 필요   206

15. 디지털미디어 시대의 스토리텔링
    1) 숏폼 미디어 시대의 새로운 스토리텔링 문법   215
    2) 디지털 네이티브 세대의 특징과 스토리텔링   217
    3) 미디어의 발전과 스토리텔링의 변화   219
    4) 디지털 기술의 변화와 디지털 스토리텔링   222

16. 크로스미디어 환경과 저널리즘
    1) 크로스미디어(Cross- media) 저널리즘 개념과 실태   227
    2) 크로스미디어의 차별성   232
    3) 크로스미디어 함의   234
    4) 저널리즘에 있어서 크로스미디어의 현황   239
    5) 크로스미디어의 과제와 사례   243

17. 융합미디어 플랫폼의 등장과 규제
    1) 새로운 융합 플랫폼의 특징   261
    2) 미디어 플랫폼의 융합   263

18. 미디어의 미래 : 서비스로서의 미디어(MaaS)
    1) 서비스의 중요성   269
    2) 서비스로서의 미디어   275
    3) 코로나 팬데믹이 가져온 변화와 미디어의 미래   278

참고문헌   280
저자소개   302

1부

첨단융합기술이 가져오는 미디어 산업의 변화들

01
웹3.0과 미디어 산업

　웹(Web)은 등장 초기에 인터넷상에서 문서를 공유하는 기술에서 시작되었다. 이후 서로 다른 서비스를 연결하는 기술과 서로 다른 원격 데이터들을 연결하는 기술로 진화하였고, 연결된 단말의 하드웨어를 제어하고 연결하는 단계를 넘어 모든 사물을 연결하는 기술로 발전하고 있다. 이제 웹은 단지 개별 콘텐츠와 서비스를 제공하는 기술이 아니라, 다양한 응용과 서비스를 연동하고 제공하기 위한 플랫폼으로 발전되어가고 있다.

　1989년 유럽입자물리연구소(CERN)의 팀 버너스 리에 의해 최초로 만들어진 월드 와이드 웹 기술은 당시에 HTML(HyperText Markup Language), URL(Unified Resource Locator), HTTP(HyperText Transfer Protocol)이라는 세 가지 기술을 기반으로 연결된 단말기 간에 간단한 문서와 자원들을 공유하기 위한 목적으로 출발하였다. 이후 1994년 기술 표준화를 위한 W3C(World Wide Web Consortium)가 출범하면서 웹 기술은 문서 형태 정보를 공유하는 기술(web of document)에서, 서로 다른 서비스를 연결하는 기술(web of services)

과 서로 다른 원격 데이터들을 연결하는 기술(web of data)로 진화하였고, 이제는 기기를 제어하고 연결하는 단계 (web of devices)를 넘어, 클라우드를 통해 정보를 공유 제공할 수 있도록 하며 모든 사물을 연결하는 단계(web of things)로 까지 진화했다. 그리고 인공지능과 4차산업혁명 기술과 만나 모든 이종 기기와 서비스를 연결하는 단계(web of everythings)로의 진화를 앞두고 있다.

오늘날 미디어는 물과 공기처럼 인간 삶을 영위하기 위한 필수적 요소로 자리 잡고 있다. 신문, 라디오, TV 등 전통적인 미디어는 물론이고 최근에는 모바일과 가전제품, 로봇과 인공지능 등 융합형 미디어에 이르기까지 미디어 없는 삶은 상상하기 어려울 정도다. 이런 미디어의 편재 현상은 사적 영역에만 국한되지 않고 사람들이 모이는 공적 영역에서도 미디어의 세례를 피할 수 없다. 뉴스와 광고를 전달하는 초대형 아나몰픽 전광판이 난무하고, 지하철과 버스 등 대중이동 수단에서도 미디어를 접할 수 있다. 이제 우리 사회는 눈을 떠서 잠들 때까지 어떤 형태로든 미디어를 접촉하지 않고 살 수 있는 세상으로 변화되었다. 이러한 시대의 인간을 가히 미디어적 인간이란 의미에서 '호모 미디어쿠스(Homo Mediacus, 김원제, 2006)'로 정의할 수 있을 것이다. 전통적 미디어 시대와 달리 디지털 시대에 미디어의 가치를 논해야 하는 이유는 그것이 단지 과거보다 미디어가 수적(數的)으로 많아졌다는 것 때문만은 아니다. 과거와 달리 미디어의 존재 양식과 처리 방식, 전달 방식이 혁신적으로 변화됨으로써 그것이 과거와 달리 미디어의 양적 변화뿐만이 아니라 질적 변화를 야기하고, 나아가서 미디어를 사용하는 사람들의 생활 패턴과 사고방식, 가치관까지 변화시키고 있기 때문이다. 또한 오늘날의 미디어 확산 속도는 과거와 달리 유래 없이 빨라지고 있고 미디어 생태계는 이전 미디어에 기반을 둔 진화적 발전이 아니라 신기술 출현에 의해 혁신적 미디어가 새롭게 등장하여 기존 매체의 존립 기반을 위협하는 등 도약적 발진 양상을 보이고 있기 때문이다(김선진·권만우, 2007).

전통매체인 신문과 방송 대신에 인터넷과 모바일 미디어로 대표되는 디지털 미디어가 주력 매체로 바뀌게 된 근본적인 동인은 바로 20세기 후반 컴퓨터와 정보통신 기술로 일컬어지는 ICT(Information and Communications Technologies)기술의 발전 때문이다. 새로운 ICT기술은 신문, 방송 등 전통 미디어가 디지털화하는 것은 물론이고 이전에 존재하지 않던 새로운 디지털 미디어들의 등장을 촉발시켰다.

이후 4차 산업혁명이라고 일컬어지는 인공지능(AI)과 빅데이터, 모바일 기술의 결합은 이제 기존 미디어 간 경쟁과 대체는 물론, 앞으로 그 변화의 방향과 속도를 예측하기 힘든 상황이다. 심지어 미디어 기업은 동종, 이종 미디어뿐만 아니라 전혀 연관성을 찾아볼 수 없는 산업과도 합종연횡 하는 현상을 가져왔고 이제 어떤 미디어는 사라질 수도 있고, 또 어떤 미디어는 혁신적 변화를 통해 새롭게 변신할 수 밖에 없는 시대가 되었다(인현찬·권만우, 2019).

디지털 미디어 등장 이전의 전통적 미디어 시대에는 기능과 매체의 종류에 따라 서로 다른 유통방법, 네트워크, 기기를 사용했으며 미디어 간 영역은 명확히 구분되었고 서로 다른 법제도적 규율체계에 의해 유지, 발전되어 왔다. 그러나 인터넷으로 대표되는 디지털 환경의 대두는 서로 다른 가치체계와 가치사슬에 의해 운영되던 다양한 이종 매체 환경은 물론 이종 산업을 단일한 환경으로 바꾸어 버렸다.

즉 디지털 기술과 네트워크의 결합에 의해 미디어 영역 간 경계가 무너지고 단일한 유통방법, 네트워크, 기기를 활용하는 방식으로 수렴하는 디지털 컨버전스 현상은 기기(Device) 측면, 서비스(Service) 측면, 네트워크(Network) 측면에서 복합적으로 나타나고 결국 이종 산업 간 융합이라는 4차 산업혁명을 촉발시키게 된다. 기기의 융합은 기존의 컴퓨터, 통신, 정보가전 기기는 물론 로봇, 기계 등 이종 기기의 결합으로 나타나고, 서비스의 융합은 데이터, 음성, 영상 서비스의 결합은 물론 온라인과 오프라인의 결합(O2O)으로 진행되었으며 네트워크의 결합은 방송망, 통신망, 인터넷망은 물론 사물인터넷망과도 결합시키는 방향으로 전개되고 있다.

이에 따라 정보(information), 오락(entertainment), 커뮤니케이션(communication), 거래(transaction), 금융의 융합 등 미디어 산업 내 융합은 물론 금융, 가전, 유통, 교육, 의료 등 타 산업간 융합이 확산되고 있다. 이러한 융합 기술은 미디어 분야에서 뉴스를 비롯한 콘텐츠의 생산, 유통 비용을 현저히 낮추고, 다양한 신규 유통 채널을 생성시켜 전통적 미디어 시장이 가지고 있던 콘텐츠 생산, 유통, 소비로 이어지는 가치사슬의 네트워크(유통) 우위를 약화시키고 미디어 산업간 경쟁은 물론 미디어 산업과 이종 산업과의 경쟁도 촉진시키는 결과를 초래한다. 이전에는 미디어 산업 내의 경쟁만 생각하면 되었지만 이제는 미디어 산업이 심지어 유통 물류 기업등과도 경쟁하게 된 것이다. 대표적인 사례의 하나가 세계 최대 전자 상거래 업체인 아마존이 〈아마존 프라임〉과 같은 OTT서비스를 개시하여 넷플릭스같은 영상콘텐츠 기업을 위협하는 것이다. 우리의 경우에도 전자 상거래 업체인 쿠팡이 쿠팡플레이 같은 OTT서비스를 개시한 것을 들 수 있다. 기존의 전통미디어인 신문사나 방송산업은 쿠팡플레이를 잠재적 경쟁자로 여길 수밖에 없게 된 것이다. 결국 향후 미디어 산업의 경쟁은 가치사슬 내 수직, 수평 통합을 통해 다양한 유통 채널과 콘텐츠를 확보하고 다양한 제품, 서비스 조합을 통해 고객을 고착화(Lock-in)시키기 위한 전략을 추진

함으로써 복합 미디어 기업으로 변신하려는 경쟁 양상을 띠게 될 것으로 예상된다.

이러한 시대에 우리 미디어 산업의 문제는 하드웨어와 인프라 중심의 대처로 인해 글로벌 미디어에 밀리고 있다는 것이다. 인터넷을 비롯한 모바일통신망 등 브로드밴드 통신망 보급률과 속도에 있어 우리나라는 세계 최고를 차지하고 있다. 그러나 보급률과 속도 면에서 있어서 세계 제1의 정보통신 강국이지만 그러한 인프라를 활용해 뉴스나 콘텐츠를 제공하는 미디어 산업의 경우 이러한 급속한 발전을 따라가지 못하고 있는 것은 아이러니라 할 수 있다.

1) 웹1.0과 2.0

미디어 생태계에 가장 혁신적 변화와 성장을 가져온 기술은 인터넷이라고 할 수 있다. 인터넷이 미디어에 가져온 변화는 그 운영 원리와 사용 방식, 나아가 가치 철학 등 총체적 변화를 포함하고 있어 그 이전의 새로운 미디어의 등장과는 본질적으로 다르다는 점에서 이를 새로운 패러다임의 전환으로 평가하기노 한다. 기존의 인터넷을 웹 1.0이라 칭하고 이와 같은 새로운 변화의 움직임을 총칭하여 웹 2.0으로 구분하였으며 최근 인공지능과 빅데이터 등 4차산업 혁명 기술 등장 이후를 웹3.0으로 구분 짓는 것도 이 때문이다.

웹1.0 시대, 즉 1990년대 인터넷 등장하면서 주로 하이퍼텍스트 위주의 환경에서 인터넷을 이용하였다. 텍스트와 링크가 주된 형태였고 음악이나 동영상 등의 멀티미디어의 사용은 극도로 제한되어 있었다. 웹사이트에서는 웹사이트 운영자가 보여주는 것 이외에는 접할 수 없었고 동적인 데이터를 제공하는 서비스도 없었다. 그렇기 때문에 방문자들의 참가를 통해 자료를 수집하는 일도 없었다. 컴퓨터는 아직 느렸으며 저장 공간도 충분치 않았으며 네트워크의 대역폭도 작았으므로 동영상과 같은 데이터는 리소스를 낭비하는 것으로 여겨졌다.

2000년도 초에 들어오면서 네트워크가 확장되고 웹이 폭발적으로 성장하면서 웹 사용의 새로운 패러다임이 나오기 시작했다. 웹 사용자들은 소극적인 상태에서 적극적인 웹 콘텐츠의 작성자로 거듭나기 시작했고 다양한 SNS를 운영하고 관련 동영상을 올리며 그들만의 콘텐츠를 만들어내기 시작하면서 웹2.0의 시대가 시작되었다.

웹2.0이란 개방성 서비스 구조를 기반으로 사용자의 참여를 통해 핵심가치를 창출하는 인터넷 서비스를 말하며, "정보의 개방을 통해 인터넷 사용자들 간의 정보공유와 참여를 이끌어내고, 이를 통해 정보의 가치를 지속적으로 증대시키는 것을 목표로 하는 일련의 움직임"으로 정의할 수 있다.

웹2.0은 2004년 IT관련 컨퍼런스에서 오라일리(O'Reilly)사와 미디어라이브(Media Live)사 간에 아이디어를 협의하는 과정에서 그 개념이 처음 도출되었는데, 오라일리사의 데일 도허티(Dale Douhgerty) 부사장이 웹의 전환점을 표현하는 적정한 단어로서 '웹2.0'을 제안하게 되면서 세상에 널리 알려지게 되었다. 당시 오라일리의 부사장 데일 도허티는 닷컴 거품이 붕괴된 이후에도 여전히 위력을 발휘하고 있는 야후, 아마존, 구글 등은 뭔가 특징적인 장점을 공유하고 있다며 이들을 웹2.0이라는 새로운 개념으로 묶자고 제안한 것이 계기가 됐다. 그 후 오라일리 미디어의 팀 오라일리 사장과 와이어드의 창업자 존 바텔 사장이 웹 2.0 컨퍼런스를 개최한 것을 계기로 웹 2.0은 세계적인 관심을 끌게 되었다.[1] 웹 2.0에 대한 개념 정의가 분분하긴 하지만 웹 2.0은

---

1) 지난 2006년에는 타임지(Time)가 웹 2.0이 세계 경제에 혁신을 가져오고 있으며 이를 가능케 한 개인(You)을 2006년의 인물로 지목함으로써 웹 2.0이 본격적으로 관심의 초점으로 떠올랐다.

기존의 포털 중심의 웹 1.0에서 진화된 차세대 웹으로 이용자가 적극적으로 참여하여 정보와 지식을 생산, 공유, 소비하는 열린 인터넷을 의미한다.

웹 2.0의 특징은 다음과 같다.

① 개방성 : 웹사이트에서는 어떤 누구도 데이터를 독점하지 않고 인터넷 환경에서 모든 사람들이 데이터를 사용할 수 있는 플랫폼을 제공한다. 즉, 웹사이트에 업로드 되어 있는 모든 데이터를 자신의 편의에 따라 자유롭게 활용이 가능하다.
② 전 방위적인 연결성의 향상 : 생태계형 웹에서는 정보와 사용자는 다른 요소들과 연결되어 있지 않으면 생존이 불가능하다. 즉, 정보와 정보간의 연결성, 사용자와 사용자 간의 사회적 연결성이 자연스럽게 강화될 수밖에 없다.
③ 참여지향성 및 상호작용성 : 새로운 유형의 정보가 사용자의 참여와 사용자 간 상호작용에 의해 생성되며, 사용자들이 직접 제작하는 콘텐츠와 사용자 집단의 능동적인 참여 및 공유를 통해 새로운 가치를 창출하는 '집단 지성'이 매우 중요하다.

웹2.0의 등장에 대해 일부에서는 웹2.0이 새로울 것 없는 허상에 불과하며 정교하게 포장된 마케팅 용어에 불과하다는 주장이 제기되고 있으나 웹2.0은 차세대 인터넷 서비스의 새로운 패러다임이라는 점은 부정하기 어렵다. 개방, 참여, 공유로 대변되는 웹 2.0의 등장은 단지 웹이란 환경에 국한된 현상이나 일시적 트렌드가 아니라, 사회 전반, 연관 산업, 일반 기업의 영역을 포함하여 사회적, 경제적, 산업적 변화를 초래하는 광범위하고 지속적인 미디어 현상으로 받아들여지고 있다.

웹 2.0의 대표적 매체 현상으로서 나타난 특징을 유튜브와 같은 사용자 제작 콘텐츠(UCC)의 활성화를 들 수 있다. UCC는 과거 수동적 미디어 소비자에 불과했던 일반인들이 미디어 생산에 참여할 수 있는 길을 열어줌으로써 더 이상 상징과 메시지 생산이 소수 미디어 기업에 의해 독점될 수 없다는 사실을 확인시켜 주었다. 이는 생산과 소비 영역에서의 주도권이 생산자에서 소비자로 옮겨졌다는 것을 의미하며, 지식과 정보, 문화 생산을 위한 진정한 '사상의 자유시장'을 구현함으로써 사회의 다양성 제고와 더불어 문화 민주주의에 기여할 뿐 아니라 콘텐츠 생산과 유통의 획기적인 대안을 마련해 주었다는 상징적 의미를 갖는다. 웹 2.0과 UCC는 기존의 미디어 현상과 차별화된 개념을 제시하며 디지털 미디어가 나아가야 할 방향에 대한 많은 발전적 시사점을 제공한다는 점에서 그 개념적 특징, 등장 배경, 지배 원리 등을 탐구하는 것은 의미가 있다. 웹 1.0과 웹 2.0의 주요 특징을 비교하면 아래 〈표〉와 같다.

<표 1> 웹 1.0과 웹 2.0 비교

구별	웹 1.0	웹 2.0
특징	웹은 미디어(Media) 대표 서비스는 포털 서비스 변형 불가능	웹은 플랫폼(Platform) 대표 서비스는 블로그, SNS 서비스 변형 가능
생성 주체	포털이 주된 콘텐츠 생산자	사용자 개인이 콘텐츠 생산자
운영 방식	중앙집중형	분산형
상호 작용	수준이 낮고 일방적 정보 전달	수준이 높고 정보 수정 용이
정보 분류	포털에 의한 분류(Taxonomy)	일반 사용자에 의한 분류(Folksonomy)
경제 원칙	파레토 법칙(80대 20 법칙)	롱테일(Long Tail) 법칙

양자 간의 특징적 차이는 웹 1.0의 경우 웹의 역할을 미디어로 보고 대표 서비스는 포털로서 사용자에 의한 서비스의 변형이 불가능한 반면, 웹 2.0은 웹의 역할을 플랫폼으로 이해하며 대표적 서비스는 블로그와 소셜 네트워크 서비스(SNS)로서 사용자에 의한 서비스의 변형이 가능하다. 웹 1.0은 콘텐츠 생성 주체가 포털과 같은 기업인 반면 웹

2.0은 사용자 개인이라고 할 수 있다. 서비스의 운영 방식에 있어 웹 1.0은 중앙집중형이라면 웹 2.0은 분산형 구조를 취하고 있다. 상호작용 방식에 있어서 웹 1.0은 일방적 정보 전달방식에 의존하나 웹 2.0은 사용자에 의한 정보 공개나 수정이 용이하다. 정보 분류는 웹 1.0은 포털 기업에 의한 분류 방법(Taxonomy)을 사용하는 반면 웹 2.0은 태깅(Tagging)으로 대표되는 일반 사용자들에 의한 분류 방법(Folksonomy)[2]을 사용한다. 웹 1.0의 지배적 경제 원칙이 주류 시장 중심의 파레토 법칙[3]이라면 웹 2.0은 틈새시장의 중요성을 인정하는 롱테일 법칙[4]이라고 할 수 있다.

롱테일 법칙이 지배하는 웹 2.0 시대에는 우수 고객이나 핵심 제품에 모든 자원과 노력을 집중하기보다는 인터넷 사용자들의 다양한 구매 욕구와 니즈를 반영하는 섬세한 개별 마켓 전략이 필요하다. 온라인 경매 서비스 이베이(eBay)는 수많은 구매자와 판매자를 이어주는 중개자 역할을 통해 엄청난 부를 창출했으며 구글(Google)은 소형 광고주들에게 저렴한 광고 기회를 제공하는 애드센스(AdSense) 광고 기법 개발을 통해 틈새시장 매출이 전체 매출의 50%가 넘는 성과를 달성함

---

[2] 일반 사용자가 정보를 분류한다는 의미에서 folk와 taxonomy를 합성한 용어로 folksonomy라고 부른다.
[3] 80 대 20 법칙 혹은 불균형의 법칙으로 불리기도 하는 전통적 시장 경제원리로서 상위 20%의 대표 상품이나 고객이 매출의 80%에 기여한다는 경제 법칙을 말한다. 파레토 법칙에 의해 자원의 한계로 인한 선택과 집중을 당연시하게 되고 CRM(Customer Relationship Management)과 같은 핵심 고객 관리 전략을 중요한 마케팅 원리로 활용하게 된다.
[4] 기존의 경제원리에서 사소한 것으로 간주되던 하위 80%가 이전과 달리 상대적으로 중요해지는 현상을 가리키는 것으로 무수한 소수의 틈새 상품의 개별적 매출액은 적지만 그것의 총합은 히트상품과 맞먹거나 오히려 능가하는 특이한 현상을 설명하는 용어이다. 이 용어는 IT 잡지인 Wired의 편집장인 크리스 앤더슨(Chris Anderson)이 온라인 DVD 대여점인 미국의 Netflix나 온라인 서점 Amazon 등에서 나타나는 틈새 상품의 활약을 설명하기 위해 처음 사용하였다. 실제로 이 사이트에서는 기존 오프라인 시장에서 거의 팔리지 않는 비인기, 틈새 상품들의 판매 비중이 각각 21%, 25%에 이른다고 한다.

으로써 역사상 가장 효과적인 롱테일 광고시장을 개척했다.

- 롱테일(Long-tail)

웹2.0 시대의 디지털미디어는 롱테일(Long tail, 긴 꼬리)의 특징을 갖고 있다. 이는 특정 제품이나 계층에서 상위 20%가 전체 매출액의 80%를 차지한다는 소위 20:80의 법칙과 정반대되는 개념이다. 베스트셀러 몇 종이 전체 서적 매출의 80%를 차지하는, 소위 빅헤드(big-head)제품이 아닌 수천만종의 판매가 미미한 서적들을 롱테일이라고 부른다. 디지털미디어 시대에서는 거꾸로 하위의 80%가 전체 매출의 50% 이상을 차지하는 현상이 일어나고 있는 것이다. 아마존(Amazon)[5]의 경우 상위 20%의 베스트셀러보다 조금씩 팔리는 수 천만종의 긴 꼬리들이 무려 57%의 매출을 올리고 있으며 구글(Google)[6]의 광고 수입 역시 대형 광고주보다 수많은 소액 광고주들의 매출액이 더 많다. 구글에는 수억 개의 소액광고주들이 참여하고 있다.

- 다른 사람과 기업의 자산을 활용하는 매쉬업(Mashup)

웹2.0의 또 다른 특징은 매쉬업(mashup)이다. 공개된 응용 프로그램을 의미하는 매쉬업은 전혀 다른 서비스나 프로그램 등을 하나로 섞어 전혀 새로운 서비스를 만들어 낸다. 예를 들어 구글의 인공위성 지도서비스는 구글이 거액을 들여 샀음에도 불구하고 구글 내부에서 폐쇄적으로 사용하는 것이 아니라 서비스를 개방하고 공유한다. 미국의 부동산 중개 사이트나 여행 사이트들은 대부분 구글의 지도 서비스를 매쉬업하여 운영하고 있다. 매쉬업만 잘 이용해도 별도의 자본 없이 비즈니스를 시작할 수 있다. 한국 미디어 기업들의 경우 어떠한 매쉬업 전략

---

5) http://www.amazon.com
6) http://www.google.com

을 구사하며 또 다른 기업들에게 매쉬업 될 수 있는 공개된 콘텐츠과 프로그램을 혁신적으로 제공하는 생태계 조성에 노력하고 있는지 반문해봐야 할 것이다.

이처럼 우리의 경우 정보통신 강국임을 자부하며 이제까지 자만하고 있는 사이, 이러한 디지털미디어의 정신을 따라가지 못하고 상대적으로 규제와 분할 속에서 전통적인 미디어 환경을 유지해왔다. 그러나 이미 이러한 공유와 개방은 세계적인 대세이며 더 이상 한국도 신문, 방송, 통신, 그리고 새로운 미디어가 각자 따로 노는 환경은 사라져야 한다.

따라서 새로운 미디어 환경에 맞는 서비스와 정신, 마케팅이 필요하다. 저널리즘 3.0의 시대를 넘어서 4차 산업혁명 시대에는 저널리즘 4.0이 필요하게 되었다. 원하던 원하지 않던 이제 디지털미디어는 우리의 상상력만큼이나 무궁한 가능성을 열어두고 있다. 유튜브 개인 채널 하나가 웬만한 지역 신문사 매출보다 높은 수익을 올리고, 무명인을 유명 연예인으로 등장시키는가 하면 특정 제품의 매출액을 수백 배로 올려주기도 하는 세상이 왔다. 이제 한국 언론도 새로운 융합플랫폼에 올라타야 할 것이다.

이용자 참여에 의한 가치 창출을 핵심 동인으로 하는 웹 2.0은 경제, 사회적, 산업적, 기업 경영 등 다양한 관점에서 변화를 가져왔다. 경제, 사회적 관점에서는 우선 다양성이 증대되는 효과를 보여주었다. 즉, 다품종 소량 생산 경제로의 전환이 촉진되었고, 과거 전통 경제하에서 자금력과 유통망이 취약했던 중소기업이나 1인 기업의 활동 공간이 확장되었다. 또한 의사소통 경로가 확대됨에 따라 정치, 사회 분야에서 다양한 소수의견이 교환되고 문화의 저변이 확대된 바 있다.

산업적 관점에서는 산업 분야별로 기존 가치사슬과 질서가 변화했다. ICT 산업은 기존 인터넷 중심에서 모바일웹 기반 서비스 구조로 전환되어 웹이 하나의 거대한 운영체제와 같은 플랫폼으로 진화하고 미디어 산업은 1인 미디어와 UCC가 부상하며 생산 부문이 다원화하게 되었다. 또한 지식, 출판 산업은 이용자의 집단 지성(Collective Intelligence)에 의한 지식 생산이 증가하여 지식의 공공재화가 가속화하고 가전산업은 인터넷 연결기능을 기본으로 부가가치를 창출하는 웹가전으로 발전되었다.

기업 경영 관점에서의 변화는 온-오프를 연계하는 경영 시스템의 구축으로 요약할 수 있다. 즉, 신제품 아이디어 발굴 및 기술 개발과정에서 소비자와 외부 전문가의 적극적 참여를 유도함으로써 크라우드소싱(crowd sourcing)이 가속화되고 웹과의 연계를 통해 기존 사업을 고도화하고 혁신시키려는 노력이 나타났다.

2) 웹3.0과 미디어산업

Web 3.0이 등장하게 된 시대적 흐름을 정리하면 다음과 같다. Web 1.0 시대는 1990년대 중반부터 2000년 초반까지로 PC 브라우저를 통해 콘텐츠 공급자가 정보를 제공하고 사용자는 이를 일방적으로 받아들이던 시기로 디렉토리 중심의 야후, 알타비스타, 라이코스, MSN과 같은 하이퍼링크 기반 포털 사이트가 대표적인 서비스였다. Web 2.0은 참여, 공유, 확산의 철학을 기반으로 플랫폼으로서의 웹이 등장하는 시기로 사용자가 자신의 지식과 경험을 인터넷에 공개하고 적극적으로 의견을 표현하고 이를 바탕으로 새로운 지식을 재창조하고 창출된 지식이 인터넷을 통해 이슈화, 공론화되면서 널리 전파하는 것이 주요 개념으로 구글, 유튜브, 페이스북, 네이버 등이 대표적인 서비스라고 할 수 있다. 반면 유저와 크리에이터가 생산한 콘텐츠에서 발생하는 대부분의 이익과 방대한 데이터를 플랫폼이 독점하면서 개인정보 침해, 정보 손실 가능성 등의 문제가 늘어나게 되면서 심각한 사회적 문제로 대두되었다.

웹2.0 시대의 문제와 한계는 공유하는 정보가 기하급수적으로 늘어나고 네트워크가 복잡해지고 있다는 것이다. 공유하는 정보가 점점 더 방대해지고 파편화되어 통합적인 시각을 갖고 현상을 관찰하기가 쉽지 않게 된 것이다. 과거 산업사회에서 정보사회로 진화하는 것이 정보화와 공유를 통해서였다면, 다가오는 사회에서는 넘쳐나는 정보를 지능화하는 것이 중요해진다.

웹 3.0이란 용어는 뉴욕타임스(2006)의 존 마코프 기자가 처음 사용한 이후 논쟁의 중심에 서게 되었는데, 웹 발전 방향의 흐름을 명시적으로 지칭할 뿐 아직 명확한 개념이 확립된 것은 아니었다. 다만 웹3.0의 기술적 측면에서 '개인화', '지능화', '상황인식' 등이 수렴되어, 웹의 진화 방향을 예측할 뿐이었다. 웹3.0이란 지능화된 웹이 시맨틱(semantic) 기술을 이용해서 상황인식을 통해 이용자에게 맞춤형 콘텐츠 및 서비스를 제공하는 것이기 때문이다. 즉, 웹3.0 시대에는 사용자가 원하는 정보나 직관적인 경험을 지능형 웹이 제공하게 된다 앞으로 다가올 '웹 3.0'은 흔히 컴퓨터가 사람이 되는 시대라고 예측한다. 웹3.0의 궁극적인 목표는 바로 지능화로 인간을 이해하는 미디어의 시대라고 할 수 있다. 마찬가지로 웹3.0 시대의 디지털 미디어와 저널리즘 또한 빅데이터와 인공지능에 입각해 지능적으로 구독자와 시청자를 이해하고 맞춤형 콘텐츠와 서비스를 제공하는 것이 될 것이다.

Web 3.0은 거대 플랫폼 기업들이 독점하고 있는 중앙집중화된 인터넷 환경을 개선하기 위해 탈중앙화와 분권화를 표방하면서 유저와 창작자들이 플랫폼 운영에 함께 참여하는 새로운 크리에이터 경제를 의미한다. 또한 Web 3.0은 블록체인, 암호화폐, NFT(Non Fungible

Token), 메타버스(Metaverse) 등이 혼재된 개념으로 가상화폐 데이터 분석기업인 메사리(Messari)는 'Crypto Theses 2022' 보고서에서 "2022년에는 NFT와 탈중앙 금융인 디파이(DeFi) 등 Web 3.0 시대가 본격적으로 시작될 것"으로 언급하였다.

한편 최근 등장한 개념인 Web 3.0은 사용자들이 만들어낸 콘텐츠의 경제적 가치를 크리에이터가 함께 누리면서 플랫폼에서 발행한 토크 소유를 통해 플랫폼 운영에도 참여하는 구조를 의미한다. Web 3.0 시대에서는 다양한 사용자들이 참여하는 탈중앙화자율조직(DAO) 형태로 운영되는데 오픈씨(Opensea), 디센트럴랜드(Decentraland), 더샌드박스(The Sandbox), 오디우스(Audius), 미러(Mirror), 로얄(Royal) 등이 대표적인 Web 3.0 기반 서비스라고 할 수 있다.

벤처캐피탈 안데르센 호로위츠 창업자인 마크 안데르센은 Web 3.0 기반의 플랫폼들이 조만간 구글, 메타, 우버 등 거대 플랫폼을 대체할 것이라는 입장인 반면, 테슬라의 일런 머스크나 트위터의 창업자인 잭 도시는 Web 3.0의 개념은 아직 모호하며 벤처투자자들이 만든 허상에 불과하다고 비판하고 있는 점도 주목할 부분이다.

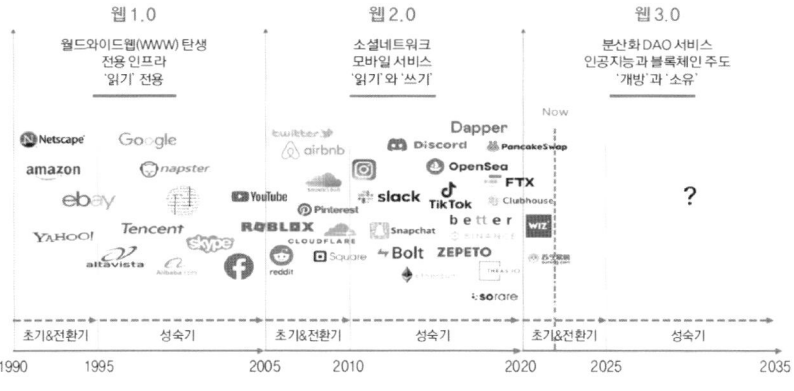

<그림 1> WEB 1.0 - Web 3.0 변화 추이 (출처 : 동아비즈니스리뷰, 에이블랩스)

<표 2> WEB 1.0 - Web 3.0 주요 특징

구분	웹1.0	웹2.0	웹3.0
시기	1990년대 중반 ~2000년대 초반	2000년대 중반 ~2020년	2021년~
인터랙션	웹브라우저	모바일인터넷	AR/VR, 음성인식, 웨어러블 디바이스
주요특징	프로바이더가 정보를 제공하고 사용자가 이를 여과 없이 받아들이는 구조	플랫폼에 유저가 참여해 콘텐츠를 제공하면 사업체가 이를 사용해 광고 또는 수수료 수익을 얻는 구조	사용자가 만들어낸 콘텐츠의 경제적 가치를 크리에이터가 함께 누리면서 토큰소유를 통해 플랫폼운영에도 참여하는 구조
대표서비스	야후, 라이코스, MSN 등	구글, 아마존, 페이스북, 인스타그램, 유튜브등	샌드박스, 디센트럴랜드, 웨일샤크, 오디우스, 미러등
핵심개념	Read Only	Read & Write	Read, Write & Own

Web 3.0의 주요 사례 중 대표적인 예로 음원 분야의 'Royal', 'Audius', 커뮤니티 분야의 'Rally', 투자 DAO 분야의 'WhaleShark', 부동산+메타버스 분야의 'The Sandbox'등이 있으며, 이들은 다양한 Web 3.0 기반 서비스를 출시하여 기존의 WEB 2.0 서비스와 경쟁 중에 있다. Royal.io는 로열티 분배 비중과 기타 권한은 모두 아티스트가 자유롭게 선택할 수 있고 사용자는 해당 NFT를 보유하기만 해도 안정적인 현금 흐름을 창출할 수 있는 것이 특징으로 아티스트 NAS는 자신의 곡 'Ultra Black'과 'Rare'를 NFT화하여 Royal 플랫폼에서 판매했는데 출시 1분 만에 해당 사이트가 다운될 정도로 인기를 얻고 있다.

Audius는 솔라나 기반 탈중앙형 음악 서비스로 500만 명의 액티브 유저(MAU)를 보유한 'Web 3.0 시대의 스포티파이'로 불리고 있으며 수익이 발생하면 매출의 90%를 아티스트에게 배분하고, 나머지 10%를 노드 운영자들에게 제공하는 것이 특징이다. 자체 토큰인 AUDIO 토큰을 보유한 사용자들이 직접 플랫폼 운영에 참여하는 오디우스는 2021년 8월, 영상 공유 앱인 틱톡과 제휴하여 '틱톡 사운드' 코너에서 자신이 만든 음악을 발표할 수 있게 하였다.

랠리(Rally.io)는 크리에이터를 위한 크립토 커뮤니티로 크리에이터 본인을 상장시킨 후 자신이 직접 소셜 토큰을 발행해서 탈중앙화 기반의 독립적 커뮤니티를 운영할 수 있도록 지원하고 있다. 또한 팬들이 후원하는 크리에이터의 미래 가치에 투자하는 형태로 트위터, 트위치, 유튜브, 인스타그램, Shopify와 연동하여 크리에이터의 소셜활동 점수를 토큰 가격에 반영하는 특징을 가지고 있다.

NFT 기반의 DAO인 '웨일샤크(WhaleShark)'는 DAO 참여자들이 지불한 이더리움을 기반으로 '웨일탱크'라는 투자기금을 조성하여 유망 NFT 프로젝트에 투자하며, 투자기업 결정 등 주요 의사결정은 투표를 통해 이루어지며 투자희망자는 '웨일(WHALE)'토큰을 구매하여 투표에 참여할 수 있다. 투표를 통해 결정된 내용은 스마트 컨트랙트에 기록되며, 투자한 NFT에서 수익이 발생하면 보유한 웨일 토큰의 비율에 따라 수익을 분배받는 방식이다.

더 샌드박스(The Sandbox)는 메타버스와 GamingFi가 혼재된 사례로 이용자는 게임내의 특정 토지를 'Sand'토큰을 구매하고 구매한 토지에 NFT를 적용하여 소유권을 보장받게 된다. 또한 해당 토지 내에서 복셀 툴을 활용하여 게임, 전시장, 공연장 등 다양한 환경을 조성하고 NFT를 통해 다른 유저들과 거래도 가능한 것이 특징이다.

<그림 2> 더 샌드박스의 서비스 화면

한편, 최근 들어 블록체인, 암호화폐, NFT, 크립토, DeFi 등 웹3.0 관련 기업과 프로젝트에 대한 관심이 줄어들면서 누구도 책임지지 않고 검증되지 않는 웹3.0에 대한 비판도 증가하고 있다. National Research Group의 2022년 1월 조사에 따르면 미국 성인의 13%만이 웹3.0에 대해 이해하고 있으며, 응답자의 절반 이상이 웹3.0이라는 용어를 들어본 적도 없는 것으로 조사되었다. 또한 아메리칸대 법학과 힐러리 J. 앨런(Hilary J. Allen) 교수는 "벤처캐피털이 웹3.0라는 새로운 이데올로기를 밀어붙이는 이유는 단지 그들의 주머니를 채우기 위해서"라고 주장했으며 소프트웨어 엔지니어인 스티븐 디엘(Stephen Diehl)은 "암호자산에 혁신이 있다면 그것은 소프트웨어 공학이 아니라 금융 공학에 있다"라고 비판하기도 하였다.

일각에서는 벤처캐피탈이 매출, 이용자수, 성장률 등 정형화된 기업가치 평가나 비즈니스 모델에 대한 검증도 없이 웹3.0 기업에 초기 투자하는 이유는 정보의 비대칭성을 이용해서 빨리 투자금을 회수할 수 있기 때문이라는 의견도 다수 존재하고 있다.

특히 최근 가속화하고 있는 웹3.0 환경의 진화는 한국의 미디어와 저널리즘에 신속하고도 능동적인 대처를 요구하고 있는데 이는 웹3.0에 대한 이해에서 시작해야 한다. 웹3.0은 단순히 인터넷을 기반으로 한 웹 공간을 의미하는 것이 아니다. 웹1.0은 인터넷이 등장한 이후 주로 웹페이지를 이용해 정보를 제공하는 기술을 의미했으며 웹2.0은 사용자가 웹에 정보를 올리는 참여와 소통을 특징으로 하는 기술을 의미한다. 그러나 웹3.0은 이러한 일반적인 웹을 의미하는 것이 아니라 탈중앙화와 투명성이라는 가치가 강조되는 일종의 철학 혹은 문화를 가리키는 용어에 가깝다.

즉 웹3.0은 블록체인, 디파이(Defi), NFT 같은 특정 기술만을 의미하는 것이 아니라 뉴스와 콘텐츠를 비롯해 인터넷 상에서 발생하는 모든 데이터를 사용자가 직접 소유하고 관리하며 수많은 데이터로 맞춤형 서비스를 제공하는 것을 의미한다. 이러한 웹3.0을 미디어에 적용한 것을 웹3.0 저널리즘 혹은 웹3.0 미디어라 할 수 있을 것이다. 본 저서는 이러한 웹3.0의 기술과 철학이 미디어 산업과 저널리즘에 미치는 다양한 영향과 변화를 살펴보는데 중점을 두고 있다.

웹3.0 시대 한국 미디어산업과 저널리즘은 아직 적응조차 하지 않았다. 시장에서는 하루가 멀다 하고 새로운 기술로 무장한 디지털 미디어가 속속 등장하고 있으며 이들이 어떤 방향으로 진화, 발전할 지, 이들의 등장으로 인해 이미 존재하고 있는 미디어들은 어떤 변화의 과정을 거칠 것인지는 예측이 어려운 상황이다. 특히 기존 레거시 미디어와 새로 등장하는 미디어간의 경쟁을 예측함에 있어 미디어 전쟁이 어느 한 쪽의 일방적인 승리로 끝나지는 않을 것으로 보인다. TV가 등장했을 당시 라디오와 신문과 영화가 나름의 차별화를 통해 여전히 생존 방법을 찾았던 것과 마찬가지로 기존의 미디어들 역시 나름의 활로를 찾을 것이기 때문이다. 오히려 미디어간의 경쟁은 대체와 같은 극단적인 방식보다 상호 보완적인 관계를 유지하면서 각자 최적(optimal) 상태를 찾아갈 것이란 예측이 더 현실적이라 판단된다.

웹3.0 시대를 맞아 미디어 산업과 저널리즘은 극복해야 할 장애 요인이 많지만 결국 생존을 결정짓는 가장 중요한 요인은 사용자이기 때문에 사용자 관점에서 고려해야 할 장애 요인이 무엇인지 검토하는 것은 중요하다. 특히 사용자 관점에서 가장 중요한 것은 새로운 미디어와 저널리즘이 확산되는 과정에서의 캐즘(chasm) 극복 문제라 할 수 있다.

캐즘(chasm)은 미국 컨설턴트 제프리 무어(Geoffrey A. Moore)가 제시한 용어로 새로운 기술관련 상품이 시장에 확산되는 경우 발생하는 불연속적 단절 현상을 의미한다. 캐즘 이론은 디지털 미디어와 저널리즘 역시 ICT 기술을 적용한 새로운 미디어 서비스가 시장에서 안정적으로 정착되고 확산되기 위해 극복해야 할 주요 장애 요인이 어떤 것인지에 대한 통찰력을 얻게 해준다.

캐즘(Chasm)이란 균열을 뜻하는 단어로서 원래 지각변동 등의 이유로 인해 지층 사이에 큰 틈이 생겨 서로 단절되어 있다는 것을 뜻하는 지질학 용어이다. 이는 첨단 제품이 시장에 전파되는 과정에서 혁신성을 중시하는 소비자가 중심이 되는 초기 시장과 실용성을 중시하는 소비자가 중심이 되는 주류시장 사이에 일시적으로 수요가 정체하거나 후퇴하는 단절 현상을 의미한다. 이 이론은 미국 벤처업계의 성장과정을 설명하는 데 적절한 이론으로 차용하면서 마케팅 이론으로 활용되기도 한다.

캐즘이론은 새로운 혁신기술이나 서비스, 제품이 일반 대중에 수용되는 과정을 설명해주는 모델인 로저스(Everett M. Rogers)의 '혁신전파(Diffusion of Innovation)' 이론을 발전시킨 것으로 첨단 제품이나 벤처 기업의 주류시장 진입 실패 현상을 설명하는 이론으로 자리 잡았다.

로저스는 새로운 혁신 기술을 전파하는 데 걸리는 시간에 따라 소비자를 혁신가(Innovators), 초기 채택자(Early Adopters), 초기 다수채택자(Early Majority), 후기 다수 채택자(Late Majority), 지각 채택자(Laggards) 등 5개의 군으로 나눈다.

제프리 무어는 이 같은 혁신 전파 주기 상에서 구분된 각 소비자 집단이 서로 연결되어 있는 것이 아니라 단절되어 있으며 특히 초기 시장을 형성하는 초기 채택자와 주류시장을 형성하는 초기 다수 채택자 사이에 커다란 단절이 존재하고 있다고 보며 이를 캐즘(Chasm)이라고 지칭했다. 초기시장에서 승승장구하다가 이 캐즘 단계를 빠져나오지 못할 경우 주류시장으로 진입하지 못하고 도태되어 버리는 것이다.

무어는 신기술 제품의 시장을 초기 시장(Early Market) 단계, 캐즘(Chasm) 단계, 볼링 앨리(Bowling Alley) 단계, 돌풍(Tornado) 단계, 중심가(Main Street) 단계, 말기(End of Life) 단계의 6단계로 구분하였다. 캐즘 단계가 초기 시장의 관심이 더 이상의 성공으로 연결되지 않는 절망적 단계라면, 볼링 앨리 단계에서는 틈새시장의 공략이 진행되고, 이를 바탕으로 돌풍 단계에서는 대중적인 주류 시장이 형성되며 초고속 성장이 가능해진다. 특히 초기시장을 넘어 주류시장으로 진입하는 데 있어서 결정적인 역할을 하는 것이 볼링 앨리 단계인데, 여기서는 제품이나 서비스가 한 세분시장에 먼저 들어가 성공을 거둔 후 여기에서 획득한 자원과 명성을 바탕으로 다른 세분시장에서 연쇄적인 성공을 거둘 수 있게 하는 전략 실행이 필요하게 된다.

캐즘의 발생 원인은 혁신의 불연속성에서 답을 찾을 수 있다. 불연속적 혁신은 소비자들의 사용방식이나 기존 인프라에 있어 큰 변화를 요구한다. 따라서 신기술이나 서비스에 대해 잘 이해하고 그것이 제공하는 편익을 누리고자 하는 열망이 강한 초기 채택자 계층까지의 침투는 가능하더라도 시장의 다수를 구성하고 있는 실용적인 소비자 들이 이를 받아들이는 데는 상당한 조정기간이 필요하게 된다.

디지털 미디어나 새로운 저널리즘 흐름도 캐즘에 빠져 주류시장에 진입하지 못하고 있는 사례가 있을 수 있다. 디지털 미디어 시장의 경우 캐즘이 더욱 빈번하게 발생하는데 디지털 미디어가 시장에 안정적으로 정착되기 위해서는 캐즘의 극복이 우선 과제라고 할 수 있다.

3) 웹3.0과 마케팅3.0

필립코틀러는 마케팅 3.0이라는 새로운 개념을 제시한 바 있는데 그는 제품 중심 마케팅을 마케팅 1.0으로 보고 고객 중심의 마케팅을 2.0, 그리고 인간 중심의 마케팅을 3.0으로 제시한 바 있다. 이러한 마케팅 3.0의 개념은 신기하게도 웹1.0에서 웹3.0으로 발전하는 시대 트랜드와 일맥상통한다.

① 마케팅1.0 : 제품 중심의 시대

산업혁명 이후 포드 자동차로 대표되는 대량생산, 대량판매 방식은 마케팅1.0의 상징으로 일컬어지며 유명한 4P(Product, Price, Place, Promotion)라는 마케팅 분석 방법론을 도출하게 된다. 즉 새로운 제품을 만들어 적정 가치를 정하고 적정한 판매장소를 경유하여 그 제품의 판촉 방법을 생각하라는 마케팅 믹스(Marketing Mix)가 대표적인 전략이다. 이를 미디어에 대입해보면 전통적인 미디어인 신문이 이러한 마케팅과 판촉 방법을 사용해 왔음을 알 수 있다.

② 마케팅2.0 : 고객 중심의 시대

거의 독점에 가까운 미디어 시장에서 경쟁자들이 등장하고 결국 미디어의 종류와 공급자가 넘치는 시대가 오게 된다. 이에 따라 미디어 업체들은 결국 강한 경쟁 상태에서 어떻게 하면 남들보다 우위에 서게 될지 고민을 해야 할 때가 된 것이다. 이런 시기에서는 고객의 구매 성향을 구분(Segmentation)하고 경쟁 제품과 구분될 수 있는 선호 고객 그룹을 목표(Targeting)로 하여 차별화하거나 독창성을 보여주는 방법으로 고객의 마음속에 자리를 잡는 방법(Positioning)을 사용하게 되었다. 이것이 마케팅 2.0 시대의 상징인 STP라고 할 수 있다.

이러한 마케팅의 등장에 따라 미디어 업체들도 새로운 고객을 확보하는 것보다 기존의 충성 고객이 계속 구매를 해주는 것이 훨씬 안정적이고 수월하다는 점을 인지하게 된다. 이에 따라 한 고객이 평생 구입해주는 가치 즉 Life Time Value의 중요성을 인식하게 된 것이다. 이는 마케팅 2.0의 후기 CRM(Customer Relationship Management, CRM)의 기초가 되었다.

③ 마케팅3.0 : 인간중심, 고객이 파트너가 되는 시대

미디어 시장에서 웹2.0의 등장으로 공유경제가 활성화되면서 미디어 시장에서도 고객끼리 정보교환을 하게 되고 고객의 입소문이나 고객의 입장이 미디어의 영향력을 넘어서는 시대가 열리게 되었다. 고객의 웹사이트나 유튜브 계정이 기존 미디어보다 영향력이 커진 시대, 미디어 업체들은 이제 고객 중심의 사고방식을 고객을 우선적으로 생각하는, 특히 고객 개개인의 니즈나 콘텍스트를 파악하고 고객을 기쁘게 해주는 전략으로 바뀌어야 한다. 즉 고객의 만족과 감동을 기업의 이익보다 더 중요하게 생각해야만 하는 것이다. 다른 산업 분야에는 이미 이러한 마케팅 3.0의 물결이 도래했건만 아직도 미디어 업계는 마케팅2.0의 패러다임에 멈추어 있다는 인식이 지배적이다.

마케팅의 변화는 시장으로부터 시작되는데 경쟁이 작은 시장에서는 마케팅이 불필요한 경우가 많지만 경쟁이 과도하게 심한 미디어업계는 시장의 변화에 맞게 마케팅 패러다임도 바꾸어야만 한다. 그렇다고 해서 마케팅1.0이나 마케팅2.0의 기초가 부정되는 것이 아니라 시장의 변천과 함께 고객이 미디어 서비스나 상품에 대해 요구하는 수준에 맞추어 높은 차원으로 이동해야 하는 것이다. 코틀러는 마케팅의 목적이 다음과 같이 변화해왔다고 정리한 바 있다.

마케팅1.0에서는 어떻게 판매할 것인가
마케팅2.0에서는 고객에게 어떻게 지속적으로 구입하게 할 것인가
마케팅3.0에서는 고객으로부터 어떻게 협력을 이끌어 낼 것인가

이러한 마케팅의 목적을 미디어 업계에 대입해보면 다음과 같이 정의할 수 있을 것이다.

미디어1.0 시대에서는 구독자나 시청자를 어떻게 늘릴 것인가
미디이2.0 시대에서는 어떻게 지속적으로 구독자나 시청자를 붙들어 둘 것인가
미디어3.0 시대에서는 구독자나 시청자로부터 어떻게 협력을 이끌어 낼 것인가

그렇다면 미디어산업은 어떻게 고객(시청자나 구독자)으로부터 긍정적인 협력을 이끌어 낼 수 있을까? 바로 이것이 웹3.0 시대의 미디어 생존전략의 핵심이다. 그리고 또 하나 중요한 것은 이러한 패러다임의 변화가 '경제적 합리성'이 있는가 하는 것이다. 즉 고객에게 공감을 받기 위해서는 제품이나 서비스를 무상으로 공급하면 좋겠지만(현재 대부분의 언론사가 자사의 콘텐츠를 온라인의 경우 무상으로 제공 중이다) 미디어 기업이 지속적인 성장을 하기 위해서는 경제성을 확보하면서 공감을 얻어내는 것이 중요한 포인트이다.

02
4차 산업혁명기술과 미디어산업

 미디어는 물과 공기처럼 인간 삶을 영위하기 위한 필수적 요소로 자리 잡고 있으며 인간의 의식주에 이어 필요불가결한 제3의 생활수단이 되었다. 신문과 라디오, TV등 전통 매체가 디지털 네트워크와 만나 전 세계 60억 인구의 대다수가 연결되는 말 그대로 글로벌 미디어 환경으로 바뀌었다. 전기자동차 회사 '테슬라' 창립자인 일론 머스크는 지구 상공에 인공위성 2만여 기를 쏘아 올려 새로운 미디어 시대를 열겠다는 포부 아래 '스페이스 엑스'를 설립해 이미 절반 가까운 위성을 쏘아 올린 상태이다. 우크라이나와 러시아 전쟁 때 스페이스 엑스의 위성통신망을 사용해 전쟁 중임에도 끊김 없는 통신미디어 환경을 제공한 바 있다.
 이처럼 이제 지구인의 삶에서 미디어 없는 삶은 상상하기 어려울 정도다. 이런 미디어의 편재 현상은 사적 영역에만 국한된 상황은 아니다. 요즘은 사람이 모이는 공적 영역에서도 미디어의 세례를 피할 수 없다. 뉴스와 광고를 전달하는 전광판이 거리를 메우고 있고, 전철, 버스, 기차 등 이동 환경에서도 수많은 영상 미디어를 만날 수 있다. 눈

떠서 잠들 때까지 어떤 형태로든 미디어를 접촉하지 않고 살 수 없는 세상으로 변화되었다. 따라서 오늘날의 인간을 미디어적 인간이란 의미에서 '호모 미디어쿠스(Homo Mediacus)'로 정의하고 오늘날의 사회를 미디어에 의해 유지, 운영되는 사회로서 '미디어 사회(Media Society)'로 지칭할 수 있을 것이다(이원제, 2006). 미디어는 그 자체가 의미와 상징의 전달 수단으로서 오락적 기능을 제공할 뿐 아니라 정보 교환, 의사소통을 위한 커뮤니케이션 수단이 됨으로써 우리 삶의 핵심적 요소로 작용하고 있는 것이다.

이렇게 인간의 삶에서 미디어의 중요성을 강조하는 이유는 단지 과거보다 미디어가 수적(數的)으로 많아졌다는 이유 때문이 아니다. 미디어 환경의 디지털화가 4차 산업혁명기술과 만나 이제까지와는 전혀 다른 혁신적 방식으로 정보와 콘텐츠를 처리하고 전달하며 소비되는 방식이 생겨났기 때문이다. 이러한 새로운 방식은 미디어를 사용하는 사람들의 생활 패턴과 사고방식, 가치관까지 변화시키는 심층적 변화를 초래하고 있기 때문이다.

이러한 변화와 가장 밀접한 관계를 가진 핵심 키워드가 4차 산업혁명 기술이라고 할 수 있다. '인더스트리(Industry) 4.0'으로 흔히 지칭하는 4차 산업혁명은 인공지능, 빅데이터, 사물인터넷(IoT) 등 혁신적 ICT기술을 기반으로 사회 전반에 새로운 변화를 가져오고 있으며 특히 미디어 산업과 저널리즘에도 지대한 영향을 미치고 있다.

1) 4차 산업혁명과 그 영향

4차 산업혁명은 문헌에 따라 조금씩 다르게 정의되고 있지만, 정보통신기술(ICT), 사물인터넷(IoT)[7], 사이버물리시스템(CPS)[8]에 기반을

---

7) Internet of Things

둔 새로운 산업혁신의 시대로 정의되며 3차 산업혁명을 기반으로 한 디지털, 생물학, 물리학 등의 경계가 없어지고 융합되는 기술 혁명을 의미한다. 즉 1차는 동력, 2차는 자동화, 3차는 디지털로 인해 산업혁명이 촉발된 반면, 4차 산업혁명은 여러 분야의 기술이 융·복합되어 새로운 기술 혁신이 일어나는 것으로 이해된다. 이처럼 4차 산업혁명은 3차 산업혁명이 더욱 확장된 개념으로 속도와 범위, 시스템에 미치는 영향이 매우 큰 것을 의미한다.

즉 속도(Velocity) 차원에서는 인류가 경험하지 못한 빠른 속도의 획기적인 기술 진보가 이루어질 것으로 전망되며, 범위(Scope) 차원에서는 전 세계 전산업 분야에서 파괴적 기술에 의해 대대적으로 산업구조가 개편될 전망이고, 시스템에 미치는 영향(System Impact) 차원에서는 생산, 관리, 지배구조 등을 포함해 시스템 전체적으로 커다란 변화가 예상된다는 것이다.

4차 산업혁명이 21세기의 화두로 떠오른 것은 2016년 세계경제포럼[9] 의제로「4차 산업혁명의 이해 (Mastering the Fourth Industrial Revolution)」라는 주제가 제시되면서부터라고 할 수 있다. 4차 산업혁명은 3차 산업혁명의 확장된 개념으로 ICT를 비롯하여 여러 분야가 융합된 기술혁신에 기반하고 있으며 사물인터넷, 인공지능, 빅데이터, 로봇, 3D 프린팅 등이 핵심기술이다. 1~3차 산업혁명이 손과 발을 기계가 대체하여 자동화를 이루고, 연결성을 강화했다면, 4차 산업혁명은 초(超)지능화로 사람의 두뇌를 대체하는 시대의 도래를 포함하고 있다.

4차 산업혁명의 도래에 따라 기업들은 디지털 트랜스포메이션을 통한 디지털 트랜스포머(Digital Transformer)가 되기 위해 대규모 자원과 인력을 투입하고 있다. 과거 대량생산 중심 시대에는 원가 절감, 인

---

8) CPS : Cyber Physical System
9) WEF; World Economic Forum

건비 절감을 위한 생산기지 이동 등을 통해 경쟁력을 유지해 왔으나, AI(인공지능) 로봇이 숙련된 노동자를 대체하고, IoT 센서를 통해 수집한 데이터를 기반으로 한 데이터 기반 경제가 도래하면서 4차 산업혁명에 대비하는 기업과 그렇지 못한 기업 간의 디지털 격차(Digital Divide)는 큰 사회적 문제로 대두될 가능성이 높아지고 있다.

예를 들어 세계 최대의 전자상거래 업체인 아마존이 시애틀 인근에서 운영하는 축구장 46개 크기의 물류센터에는 로봇 1,000여대가 이미 사람을 대체하고 있고, 전 세계 수억 명에 달하는 고객들에게서 모은 방대한 데이터를 AI(인공지능)로 분석해 경쟁자를 초토화시키는 등 디지털 선도 기업의 시장 독점력이 지난 20년간의 IT(정보기술) 시대 때보다 훨씬 강화될 것으로 전망되고 있다.

일반 기업에서도 이미 오프라인 리테일/유통망과 기존 대규모 제조기반 화학/전자/통신/반도체/자동차 영역의 선두 대기업들도 스스로 디지털 트랜스포머가 되어 시장을 계속해서 리드하려는 노력을 전개하고 있는데 인공지능, 빅데이터, 사물인터넷, 클라우드, 3D 프린팅 등 디지털 기술의 발전은 대기업들로 하여금 기존의 서플라이 체인 파트너(Supply Chain Partner)인 중소기업을 더 이상 필요로 하지 않을 수 있기에 중소기업 또한 스스로 제품/서비스 경쟁력을 확보하지 못한다면 심각한 경영 위기에 처할 수 있다.

2) 4차 산업혁명과 미디어

디지털 기술의 상호연결성이 불러온 4차 산업혁명은 이미 제조업과 서비스산업의 경계를 허물고 있다. 특히 스마트폰과 인터넷의 폭발적인 발전으로 정보 이용자들이 언제 어디서나 자유롭게 원하는 콘텐츠와 정보를 이용할 수 있는 모바일 중심의 개인화 서비스가 대세가 되고 다양한 기술과 플랫폼의 '융합과 혁신'이 가속화되면서 4차 산업혁명은 기존 언론의 공고하던 경계도 해체하기에 이르렀다.

이러한 언론 영역의 해체는 신기술에 능동적이고 선제적으로 적응하는 기업과 그렇지 못한 기업의 디지털 디바이드 현상을 낳고 있다. 인공지능과 빅데이터 등의 신기술에 혁신적이고 적극적으로 대처하는 미디어 기업과 그렇지 않은 미디어 기업 간의 경쟁력은 갈수록 벌어질 것이며 궁극적으로는 이러한 혁신적 기술을 가진 미디어 기업만이 살아남을 가능성이 크다.

기존 언론의 고유영역에서는 매체별로 안정적인 수용자 층과 이에 대한 광고 수익이 존재했었다. 그러나 4차 산업혁명이 불러온 매체 간 융합현상의 확산은 언론의 정보독점과 광고주에 대한 우월한 지위를 변화시켰다. 정보를 독점적으로 생산해내는 언론사 못지않게 일반 이용자들이 개인 미디어와 소셜미디어 플랫폼을 통해 더 빠른 정보를 실시간으로 전파하고 기자들보다 더 전문가의 지식을 가지고 있는 경우도 많아 정보 유통의 많은 부분을 대중에게 넘겨주는 시대가 온 것이다. 결국 언론의 경계가 와해(瓦解)되고 진입장벽이 사라져 언론계에 새로운 가치사슬 순환 구조와 생태계가 형성되게 되었다.

한국언론진흥재단의 '2018 언론수용자 의식조사'에 따르면 종이신문 열독률은 1993년 87.8%에서 2018년 17.7%로 급감했고 TV 뉴스 시청률은 2010년대 들어 하루 평균 이용 시간이 50분대에서 30분대로 떨어졌다. 전통 언론이 담당하던 정보 수집과 분류, 의제 설정과 배포의 역할이 다양한 미디어로 분산되었으며 주요 매체의 영향력을 페이스북이나 유튜브, 트위터 등 소셜미디어가 대신하게 된 것이다. 이에 따라 대인 커뮤니케이션과 공공 커뮤니케이션의 경계가 사라져 여러 가지 부작용과 문제점도 대두되게 되었다.

예를 들어 소셜미디어의 성장은 그 영향력에 따르는 책임과 공적의식까지는 동반 성장시키지는 못해 상업적 동기를 숨긴 유사 정보들과 가짜 뉴스들이 공적 기능을 수행하는 뉴스와 혼재되기 시작했다. 공공생활에 필요한 정보를 사실 확인을 통해 보도하도록 직업적으로 훈련된 전통 저널리즘이 유사저널리즘(pseudo journalism)과 정체성 경쟁을 하며 산업적 위기에 대처해야 하는 상황에 직면하게 된 것이다. 이처럼 기술 혁신이 정보 영역을 재편해가고 있는 실정에서 산업적 경쟁력을 상실한 언론이 미래에 대비하며 본연의 임무를 수행하기를 기대하기는 어렵게 되어가고 있다(박성희·김창숙, 2018).

이종, 동종간 융합을 의미하는 디지털 컨버전스는 기술, 제품, 서비스의 융합을 거쳐 결과적으로 산업의 융합을 초래하는 등 복합적인 양상으로 전개되어 왔다. 이 같은 디지털 컨버전스는 뉴스나 방송콘텐츠를 포함한 모든 정보의 생산, 유통 비용을 현저히 낮추고, 다양한 신규 유통 채널을 생성시켜 전통적 미디어 시장이 가지고 있던 콘텐츠 생산, 유통, 소비로 이어지는 가치사슬의 네트워크(유통) 우위를 약화시키는 결과를 초래한다.

이로 인해 서로 다른 산업 영역들조차도 콘텐츠를 중심으로 하는 투자와 제휴 합병이 확대되어 미디어 산업간 경쟁의 벽이 허물어졌고, 그 결과 콘텐츠 생산, 유통의 진입장벽이 낮아지면서 이종 미디어 분야는 물론이고 물류, 유통, 부동산 등 이종 업체들도 경쟁에 뛰어드는 것이 가능해졌다. 전자 상거래 업체인 아마존이 OTT 서비스인 아마존프라임을 만들고 쿠팡이 쿠팡플레이 같은 OTT 서비스를 시도하는 것이 대표적인 사례이다.

문제는 전통 미디어의 대응이다. 이종 업체가 미디어 분야에 뛰어든다면 미디어 분야 또한 콘텐츠 파워를 바탕으로 이종 산업에 뛰어들어야 하지만 현실은 그렇지 않다. 이는 규제 때문일 수도 있고 기존 전통 미디어 업체의 마인드 때문일 수도 있다. 미디어 기업은 오직 미디어 관련 분야만 수직 계열화해서 복합미디어 기업으로 변신하려는 노력만 하고 있는데 세계적인 추세는 그렇지 않다.

해외의 경우 이러한 혁신적 IT기술로 무장한 창조적 혁신기업들이 새로운 프로세스와 고객 가치를 제공하는 방식으로 신규 시장을 창출하면서 기존 전통 사업자의 시장지위를 위협하고 있다. 전통적 사업자들도 디지털 기술을 이용하여 새로운 고객의 수요와 시장 환경의 변화에 발 빠르게 대응하고 있다. 언론의 경우도 뉴욕타임스를 비롯한 AP, 블룸버그 등 미국 주요 언론사은 드론, 기사의 자동화, AI, VR, 라이브 스트리밍 등을 활용한 새로운 디지털 뉴스 스토리텔링을 중점적으로 개발하고 강화(신동희, 2017)하는 등 디지털 기술을 미디어 혁신에 도입하려는 시도를 끊임없이 시도하고 있다.

4차 산업혁명을 가져오는 기술 중 대표적인 기술인 블록체인 산업규모에 대해 미국 시장조사기관 리서치앤마켓은 2018년 12억 달러였던 블록체인 신업 규모기 2023년 233억 달러에 이를 것으로 전망(연평균 성장률 80%)하고 있으며10) 세계경제포럼(World Economic Forum)은 4차 산업혁명을 견인하는 다양한 디지털 기술 중 가장 핵심적인 기술로 블록체인을 선정하였으며 2025년까지 블록체인 기반 플랫폼이 전 세계 GDP의 10%를 차지할 것으로 예상하였다.

구글은 2015년 구글 뉴스랩을 출범시키며 '뉴스미디어 플랫폼' 전략을 추진하고 있는데 검색포털 기업으로 출발한 구글은 이제 거대한 언론사로서의 새로운 패러다임을 만들기 시작하고 있다. 국내에서도 네이버, 다음, 페이스북(코리아) 등 포털 사업자가 뉴스 서비스를 바탕으로

---

10) https://www.marketsandmarkets.com/PressReleases/blockchain-technology.asp

사회적 영향력을 확대하면서 기존 언론사들보다 더 큰 영향력을 발휘하고 있다. 이제는 뉴스 콘텐츠를 활용하고 유통을 촉진하도록 공유하는 포털사이트와 같은 플랫폼이 대세가 되고 있는 것이다.

이러한 포털의 뉴스 큐레이션 서비스가 시작되자 정보소비자들은 뉴스를 볼 때 제목을 보고 선택할 뿐, 어느 언론사의 기사인지를 확인한 후 언론사의 호감 여부에 따라 콘텐츠를 소비하지 않게 되었다. 즉 언론사 브랜드보다 콘텐츠 그 자체가 우위를 점하는 뉴스 소비 양식의 변화가 일어나고 있는 것이다. 이렇듯 정보소비자들이 포털로 뉴스를 소비하는 비율이 절대적으로 우위를 보이고 있어 기존 언론사로서는 포털과 기사 제휴 계약을 어쩔 수 없이 해야 하는 종속관계가 되었다. 레거시 미디어 브랜드의 파편화(破片化) 현상이 심화되고 있는 것이 디지털 미디어 시대의 현실인 것이다.

이렇게 포털이 언론사와 제휴한 뉴스 서비스로 연간 수천억 원의 광고 매출을 올리게 됨에 따라 전통적 언론사와의 갈등도 심화되고 있다. 국내 대표적 포털 업체인 네이버는 뉴스 콘텐츠 사용료를 지불하고 있으나 전체 매출대비 적정한 수준이라고 할 수 없다는 것이 일반적인 평가다. 이 같은 비판에 따라 네이버는 언론사와 별도로 제휴를 맺고 네이버 자체의 특화된 콘텐츠 수급을 시작했다. 이러한 공동 콘텐츠 제작, 유통 전략은 언론사가 수익전략으로 선택한 버티컬 전략[11]과 네이버의 이해가 부합한 결과이다. 이 같은 경영 전략이 언론사 입장에서 정당한지와 아울러 언론사가 생산하는 콘텐츠의 포털 유통과 관련된 전반적인 검토와 함께 적정한 저작권료 산정이 시급한 과제라는 지적이 있다(박성희, 김창숙, 2018).

---

[11] 버티컬 미디어 전략은 특정 주제를 기반으로 한 전문분야 매체를 만드는 것을 일컫는다. 과거처럼 불특정 다수를 위한 정보 제공이 목적이 아닌 특정 주제에 관심을 갖고 있는 수용자를 껴안아 트래픽은 물론 비즈니스 모델까지 발굴하기 위한 전략이다(한국기자협회보, 2016.5.11).

일각에서는 위와 같은 포털과 언론사 간의 콘텐츠 제공 제휴로 인해 레거시 미디어사 들이 포털의 콘텐츠 제작사로 전락했다는 평가도 있다. 네이버는 '전재료'를 지불하고 자신들의 입맛대로 기사를 배치하고 유통하는 반면 다음(카카오)은 '파트너 십' 전략으로 기사가 잘 유통되면 해당 언론사의 방문자수(UV)와 구독(PV) 트래픽이 증가하는 전략을 구사하고 있다.

3) 4차 산업혁명과 저널리즘

4차 산업혁명의 핵심인 가상현실과 인공지능, 빅데이터 등 디지털 기술의 진보는 매체간의 경계를 허물고 새로운 판짜기를 하고 있다. 4차 산업혁명 시대의 미디어 이용자는 태생부터 전통 미디어가 아닌 소셜 미디어와 스마트 미디어를 접함에 따라 자연스럽게 디지털 네이티브[12] 세대로 자리 잡게 되었다. 나아가 인간보다 인간을 더 잘 이해하는 인공지능의 도움으로 현실과 가상을 넘나드는 미디어 서비스를 접하는 새로운 신인류가 등장하고 있다.

특히 공유와 초(超)연결이 핵심 특징인 소셜미디어의 역할과 비중이 강화되어 미디어 제작의 주체가 언론에서 일반 이용자로 무게중심이 넘어가고 있는 중이다. 대표적인 것이 첨단 디지털 장비를 갖춘 이용자들이 1인 미디어를 중심으로 미디어의 주체이자 소비자로서의 역할을 하고 있는 것을 들 수 있다. 결국 미디어 산업의 진입장벽이 거의 없어지고 새로운 콘텐츠나 서비스 아이디어를 가지고 있으면 누구나 쉽게 사업자로 등극할 수 있는 '오픈미디어'의 시대인 것이다. 결국 미래 언론의 형태는 미디어와 콘텐츠를 분리한 후 정보를 서로 공유하는 플

---

[12] Digital Natives. 태어날 때부터 디지털 기기에 둘러싸여 성장한 세대를 말하는 것으로 미국교육학자 Marc Prensky가 "On the Horizon"이라는 논문에서 'Digital Natives, Digital Immigrants'라는 용어를 사용한데서 유래.

랫폼 중심의 미디어로(신동희, 2017) 전환할 것으로 예상된다.

4차 산업혁명 기술의 핵심 중 하나인 블록체인 기술이 향후 미디어 산업 지형을 근본적으로 혁신할 수 있을 것이라는 기대 또한 높다. 블록체인 기술의 도입은 미디어 산업 내에서 시장 지배적 사업자인 플랫폼 중심의 시장 질서를 혁신할 수 있을 것이라는 예측이 등장하고 있다. 블록체인 기술은 콘텐츠의 소유와 이용에 관한 기록을 나눠가짐으로써 콘텐츠의 트래킹이 가능한 창작자와 소비자 중심의 콘텐츠 소비 직거래 구조로 변환되기 때문에 콘텐츠 이용에 따른 과금 체계와 수익 배분 과정을 투명하게 할 수 있다. 이에 따라 수익 배분 구조에 있어 과다한 중개 이익을 취하고 있는 기존의 플랫폼 사업자 중심에서 창작자 중심으로 이동시키는 것이 블록체인 기반의 미디어가 추구하는 핵심 가치이기 때문이다. 블록체인이라는 데이터 나눔의 새로운 기술이 '오픈 미디어' 시대를 더욱 성숙시키고 플랫폼(포털)위주의 '기울어진 운동장' 체제를 바로 잡는 대안적이고 혁신적인 수단이 되어가고 있다.

정보의 분산화와 개인미디어로 인해 의제설정(agenda setting)과 같은 언론 고유의 기능이 약해지고 있지만 위기는 오히려 기회로 작용할 수 있다. 로봇과 인공지능이 전통적 저널리즘을 대체할 것인가 하는 우려와 논쟁에서 벗어나 4차 산업혁명이 언론의 미래에 미칠 영향을 실증적으로 검토하고 이에 대처하는 현실적인 방안과 생존전략을 마련한다면 인간의 전문성과 창조성이 첨단 기술과 상생하는 새로운 저널리즘을 탄생시킬 수 있을 것이다.

예를 들어 속보성, 단발성, 객관성 기사를 AI(로봇)가 작성하고 통찰을 요하는 심층기사나 가치판단이 필요한 기사들은 기자들이 쓰는 것으로 역할 분담을 한다면 이러한 새로운 저널리즘이 가능해질 것이다. 앞으로는 인간이 로봇보다 더 잘할 수 있는 분야에 집중해 더 전문적인 기사를 작성하는 방향으로 저널리즘의 본질을 바꾸어야 할 것이다(신동희, 2017).

4차 산업혁명의 시대에 혁신하지 않는 미디어는 사라지고, 혁신하는 콘텐츠는 살아남을 것이다. 이러한 콘텐츠의 핵심 요소 중 하나로 공감과 공유의 스토리텔링을 들 수 있다. 단순 정보전달을 넘어 사회적 사건의 분석과 해석을 통해 세계를 좀 더 잘 이해할 수 있는 통찰력과 독창적인 관점을 제공하는 것이 저널리즘의 본질이 될 것이다. 산업혁명과 정보혁명 이후 새로운 기술의 발달로 새로운 직종과 다양한 직업군이 탄생한 것처럼 AI 등 디지털기술로 인한 4차 산업혁명은 미디어 분야에 있어서도 창조적 파괴를 통해 새로운 직업과 시장을 탄생시킬 것이다. 이 창조적 파괴를 혁신과 선순환 구조 창출의 기회로 적극 활용해야 한다.

미디어 시장의 생태계 변화로 인해 미디어기업이 만들어 내는 콘텐츠의 유통방식과 소비방식은 급격하게 변화하고 있으며 특히 사용자의 특성과 기호가 개별적으로 반영되는 스마트 미디어의 사용이 늘어남으로써 콘텐츠의 생산과 가공도 맞춤형 방식으로 전개되고 있다. 생산-유통-소비의 영역으로 구분되던 미디어 가치사슬의 단계가 디지털 융합으로 경계가 허물어짐에 따라(박주연, 2010) 융합미디어 시장 환경은 기존 대규모 언론 기업의 수익상황을 악화시킨 요인이 되어왔으며, 특히 종이 신문의 경우 급격하게 떨어지는 발행부수와 하락하는 광고수익으로 인해 이중의 타격을 받고 있는 실정이다.

미디어 시장의 기본 수익모델은 전통적으로 직접 소비자들에게 콘텐츠를 파는 것과 독자들에게 상품을 팔고 싶은 광고주들에게 광고를 파는 것으로 구분할 수 있다. 그중에서 광고를 파는 일은 주요 언론 기업들에게 주 수입원 중의 하나였다. 충성도 높은 독자층의 지속적인 구독률은 광고주들에게 매우 매력적이고 안정적인 노출 기회를 제공하였다.

그러나 디지털 미디어 시대가 되면서 다양한 플랫폼을 통해 콘텐츠를 소비하는 소비자들의 소비패턴의 변화로 인해 더 이상 광고시장은 거대 언론기업들의 독점적인 시장이 될 수 없게 되었다. 게다가 전통매체의 구독률과 시청률은 갈수록 떨어지고 기존 신문사나 방송국들은 매체의 한계를 극복하기 위해 보다 다양한 채널을 통한 사용자들과의 접촉을 시도하고 있으나 ICT기술에 우위를 갖고 있는 네이버나 구글, 모바일 기술에서 우위를 점하고 있는 다음카카오 등에 비해 기존 언론사들은 이러한 ICT기술을 본격적으로 활용한다기보다 소극적으로 적응한다는 표현이 어울릴 정도로 대응이 느리다.

예를 들어 구글이나 네이버 등은 인공지능을 이용한 검색광고와 맞춤형 광고로 진화하고 있다. 구글의 경우 애드센스(AdSense)라는 광고 프로그램을 활용해 웹사이트를 소유한 사람이 애드센스에 가입하면 구글에서 광고비를 지불하고 광고를 자동으로 그 사람의 웹사이트에 올려줌으로써 해당 웹사이트를 찾은 방문자가 그 광고를 클릭하면 구글이 광고주로부터 돈을 받아 그 일부를 웹사이트 소유자에게 나눠주는 방식으로 운영하고 있다. 구글이 운영하는 유튜브 채널에 붙는 광고가 대표적이다. 국내 1위 인터넷 기업인 네이버가 2017년 벌어들인 매출이 4조6천785억 원인데 구글이 2017년 한국에서 거둔 매출이 많게는 5조원, 적게는 3조2천억 원으로 추산된다(이태희, 한국미디어경영학회, 2018).

애드센스는 사용자의 접속과 클릭 등 사용자의 사용맥락(Context)을 분석해 그에 알맞은 광고를 내보내는데 국내 신문사나 방송의 경우 자체적으로 이 같은 콘텍스트 광고(context advertisement)를 처리할 대처 능력이 부족하다. 미국 뉴스미디어연합(NMA, News Media Association, 2018)의 연구보고서는 구글이 언론사에 돈을 주지 않고 뉴스 웹사이트를 "긁어와 스크랩"하는 방식으로 2018년 약 47억 달러의 매출을 올린 것으로 나타났다고 보고하고 있다[13]. 한국에서도 법과 규제만 없다면 네이버가 뉴스 큐레이션을 통해 벌어들일 광고수익은 이에 상응할 것으로 예상된다. 구글의 애드센스나 네이버애드[14] 같은 인공지능 기반 맞춤형 검색광고의 수익이 전통매체의 광고수익을 넘어선 지는 이미 오래다. 그럼에도 아직까지 국내 언론사들은 광고영업 또한 전통적 방식으로 하고 있는 상황이다.

뉴스의 제작 또한 취재, 사진, 편집 등 다양한 분야의 기자들이 참여하던 시대에서 누구나 기자가 될 수 있다는 1인 저널리즘의 시대를 넘어서서, 이제 독자가 무료로 콘텐츠를 볼 수 있으면서 원하는 만큼 지불하는 자발적 유료 플랫폼인 '크라우드(Crowd) 제작'과, 넷플릭스(Netflix) 플랫폼처럼 월정액 구독료를 지불하고 전 세계의 모든 뉴스 콘텐츠를 구독하는 '구독경제모델'처럼 다양하게 진화하고 있다.

스타트업들이 자금 조달 모델로 사용하고 있는 킥스타터, 인디고고 같은 크라우드 펀딩(Crowd Funding) 사이트는 누구든 제품이나 아이디어와 관련된 프로젝트를 공개하고 익명의 다수에게 투자(펀딩)를 받아서 제품이나 서비스를 판매하는 방식을 사용한다. 마찬가지로 국내에서 카카오가 시도했던 '스토리 펀딩'은 모든 독자가 무료로 콘텐츠를 볼 수 있으면서 원하는 만큼 지불할 수 있는 자발적 유료 콘텐츠 플랫폼이다. 강연 사이트인 TED(테드)[15] 플랫폼처럼 발행할만한 가치가 있

---

[13] 한편에서는 구글 뉴스와 구글 검색엔진이 오히려 매달 100억 회 이상의 클릭을 언론사의 웹사이트로 유도하며 언론사의 구독과 광고 수익을 크게 올려준다는 입장도 있다.
[14] https://adpost.naver.com/
[15] https://www.ted.com

는 뉴스스토리들을 가진 창작자와 그것을 읽어줄 독자를 연결하는 크라우드 뉴스콘텐츠 제작이 시도되고 있다. 웹2.0의 롱테일(Long-tail)의 법칙16)을 뉴스에 적용하듯 사용자 참여를 극대화하는 새로운 수익모델이 등장하고 있는 것이다. 이러한 크라우드 방식의 뉴스스토리 펀딩은 돈을 받으려고 할 때 미디어가 가장 많이 부딪치는 어려움인 지불 장벽(Pay Wall, 인터넷에서 일정액의 돈을 지불해야 내용을 볼 수 있도록 한 것)을 넘어서려는 시도라고 할 수 있다.

게임아이템 하나를 수 천원 지불하고 사며, 매월 넷플릭스를 정액으로 1만원에 구독하는 사용자가 신문 대금으로는 한 달에 1만5천원을 지불하려 하지 않는 것이 이러한 지불 장벽의 대표적인 예이다. 이제 미디어는 콘텐츠 제작도 중요하지만 어떻게 하면 이러한 지불 장벽을 무너뜨리고 새로운 지불 동기를 설계할 수 있을지를 연구해야 하는 시대를 맞이했다.

뉴욕타임스는 혁신보고서 등을 통해 이제 뉴욕타임스는 종이매체가 아니라 온라인 미디어로서의 체질 변화를 꾀해 왔고 온라인 포털이라고 스스로 주장할 정도로 과거 종이신문의 기억을 지우고 있다. 그런 노력 덕분에 뉴욕타임스는 뉴스 콘텐츠에 대한 유료화를 성공적으로 진행해왔고 광고 수익의 경우 온라인 광고시장에서 다양한 플랫폼을 통해 독자들을 세분화 하는 전략으로 수익을 올리고 있다. 즉 무료 콘텐츠로 비고정(非固定) 독자들을 유인하는 한편 충성도가 확보된 독자들에게는 보다 양질의 서비스로 유료화를 추진하는 이원화 전략을 구사하고 있다.

뉴욕타임스는 새로운 수익모델로 디지털 유료 독자를 늘리는 전략을

---

16) 파레토(Pareto)가 유럽국가들의 소득분포에 관한 통계를 통해 상위 20% 사람들이 전체 부(富)의 80%를 가지고 있다는 소위 '80:20 법칙'(Pareto's Law)을 내놓은데 반해서 거꾸로 80%의 다수가 20%의 핵심 소수보다 뛰어난 가치를 창출한다는 이론.

구사하고 있다. 그동안 뉴욕타임스는 광고수익을 주 수익원으로 삼아왔으나 디지털미디어 환경으로의 전환 이후 광고보다 콘텐츠 자체에 대한 수익모델을 주 수익원으로 삼고 있는 것이다. 뉴욕타임스는 또한 국내 뿐 아니라 해외 시장에서의 수익창출도 강구하고 있다. 영어라는 세계 공용어의 장점을 살려 뉴스 헤드라인을 지역어로 번역해서 공유, 확산시키고 이를 뉴욕타임스로 링크를 걸어 유인하게 하는 전략이 그것이다. 각 나라의 언어로 뉴스를 서비스하는 이러한 수익 전략은 종이신문을 배달하는 것보다 훨씬 많은 구독자를 늘릴 수 있으며, 종이신문으로서는 불가능했던 새로운 시장 전략을 가능케 하고 있다. 이는 국경이 없는 디지털 미디어 환경의 특성을 살린 수익다변화 전략이라 할 수 있다.

또한 온라인 독자층을 실시간으로 분석하는 시스템을 도입해 타켓층에 최적화된 광고를 세분화하여 제공함으로써 광고의 실효성을 높여 광고 단가와 가치를 올려 수익에 기여하도록 하고 있다. 이처럼 타켓층을 매칭할 수 있는 광고 전략이 가능한 것이 온라인 미디어의 강점인 것이다.

이처럼 새로운 수익성 제고를 위해서는 결국 비용을 지불하는 독자 혹은 사용자에 대한 파악이 가장 중요하다. 아날로그 매체는 소비자에 대한 파악을 제대로 할 수 있는 시스템이 구축되어 있지 않기 때문에 이들이 원하는 콘텐츠의 내용과 형식을 파악하여 끊임없이 새로운 콘텐츠를 제공하는 것이 불가능하다. 뉴스의 경우 매체별로 거의 유사한 콘텐츠를 제공하는 경향이 있는데 해당 매체만의 특별하고 독특한 콘텐츠가 아니면 소비자들의 관심을 끌 수 없다. 국내 뉴스 소비유통 플랫폼의 주 창구인 네이버 뉴스의 경우 기사의 소비가 개별적으로 이뤄지기 때문에 독자들 입장에서는 어느 신문사의 기사인지 식별하기가 어렵다. 신문이나 방송의 경우 대부분 매체마다 자체적인 디지털미디어 사이트를 운영하고 있지만 수익에 있어서는 자체 수익모델이 거의 없는 이유가 지금도 기존 매체에서 수익을 내는 기업들이 많기 때문이며 디지털미디어는 부가적 수익 요소로 보는 경향이 강하기 때문이다. 즉 적극적으로 디지털 콘텐츠의 수익모델을 개발하기보다 명확한 수익모델 없이 무료로 콘텐츠를 서비스하는 것이 일반적이며, 경영진 입장에서는 디지털뉴스를 단순한 서비스품목으로 인식하고 있는 것이 현실이다. 최근 국내에서도 조선일보는 좋은 기사 공유캠페인, 중앙일보는 The JoongAng Plus 등 새로운 디지털 구독서비스로 유료화를 추진하고 있다.

03
인공지능(AI) 기술과 저널리즘

 4차 산업의 핵심 기술인 인공지능은 현실을 기반으로 하는 일상만이 아니라 상상을 기반으로 하는 분야에서도 큰 변화를 갖고 오고 있다. 그동안 창의성은 오직 인간 본연의 분야이며 인간의 심미의식이나 직관, 상상력을 통해 창출되는 것으로 인식되고 있었다. 그러나 기계 학습에 의해 다양한 예술 장르에서 보여준 인공지능의 창작물은 이러한 인간의 상상력에 새로운 가능성을 보여주고 있다.
 구글(Google)이 개발한 〈딥 드림(Deep Dream)〉은 빈센트 반 고흐의 작품을 모사하는 훈련으로 만들어진 인공지능 프로그램으로 2016년도에 총 29점의 작품을 그려 전시를 통해 9만7천 달러(약 1억 1,000만 원)에 판매되었다. 딥러닝(Deep Learning)과 같은 인공지능 학습 프로그램에 의해 제작된 미술품에 대해 평론가들은 원본과 구분할 수 없는 수준을 갖고 있다고 평가했다. 이러한 AI의 창작물은 회화에 그치지 않고 음악, 문학, 영상 등으로 확장되고 있으며 저널리즘 영역에서도 뉴스 문장 작성을 넘어서 인공지능 앵커 같은 가상 저널리스트의 등장, 맞춤형 뉴스 큐레이션 등 활용 영역이 확대되고 있다.

AI 연구는 최근에 등장했다기보다는 이미 1940년대 컴퓨터의 원형이 개발된 직후부터 시작되었다고 볼 수 있다. 초기 연구자들은 인간의 생각하는 과정을 자동화하는 수단으로서 계산 장치를 활용하여 정리 증명법(Theorem Proving)이나 체스 게임처럼 논리적으로 복잡한 일들을 컴퓨터 프로그래밍을 통해 효과적으로 수행하는데 사용하기 시작했다.

인공지능은 계산기인 컴퓨터를 활용한 기계처리에서부터 시작되었다. 컴퓨터의 원형을 제안한 앨런 튜링(Alan Turing)이 1950년 발표한 논문이 그 출발점으로 간주된다. 이후 1990년대까지 40년간 막대한 예산을 들여 많은 전문가가 인공지능을 구현하기 위해 노력했지만 대부분 실패했다. 그러다가 2000년대 중반 들어오면서 인공지능 개발의 가능성이 급속히 발전하기 시작했다. 그 핵심 동인은 컴퓨터, 데이터, 알고리즘 등 3대 핵심기술이 빠르게 발전했기 때문이다(윤상오, 2018). 새로운 미디어와 통신기술이 더 수준 높은 기계학습에 통합되면서 인공지능은 미디어와 커뮤니케이션 분야에서도 중요한 아젠다가 되었다 (Reeves & Nass, 1996). 컴퓨터 알고리즘과 로봇에이전트들로 구성된 소위 노우봇(Knowbots)이 콘텐츠와 미디어를 조정하고 해석하고 전달하고 있다.

전통적으로 미디어를 설명해오던 소위 S-M-C-R(송신사, 메시지, 매체, 수신자) 모델로 설명되던 사람과 사람 사이의 커뮤니케이션 모델이 사라질지도 모르게 되었다. 미디어는 이제 더 이상 사람과 사람 사이의 커뮤니케이션, 즉 수신자와 발신자로 설명될 수 없다. 컴퓨터를 매개로 이뤄지는 커뮤니케이션(CMC, Computer Mediated Communication) 연구자들에게 인공지능의 커뮤니케이션 과정에서의 조정과 해석은 새로운 커뮤니케이션의 미래를 가져오고 있다.

예를 들어 구글의 인공지능 번역 에이전트는 우리가 다른 언어를 사용하는 사람과의 대화를 시도할 때 스스로 매번 정보를 수정한다. AI 기술은 통역 과정에서 통역 정보를 최적화하여 더 나은 결과를 위해 강화하고 심지어 창조하기도 한다(Castelvecchi, 2016).

AI 기술이 커뮤니케이션 과정에 미치는 영향이 커지면서 전통적인 컴퓨터 매개 커뮤니케이션 연구는 인공지능 매개 커뮤니케이션(AIMC, AI Mediated Communication)으로 바뀌고 있다. 이제 송신자와 수신자라는 대인 커뮤니케이션은 단순히 컴퓨터 기술을 통해 전달되는 것이 아니라 알고리즘을 통해 강화되거나 생성되고 있다(Hancock, 2020). 핸콕(Hancock, 2020)의 이러한 인공지능 매개 커뮤니케이션에 대한 정의는 AI를 계산된 '이성적인 에이전트'로 묘사하고 주어진 입력(지각)에 따라 행동하여 최상의 커뮤니케이션 결과를 달성하는 것으로 상정한다(Hancock 등, 2020).

인공지능을 매개로 하는 커뮤니케이션은 알고리즘과 기계학습, 자연언어 처리와 다양한 컴퓨팅 시스템을 결합하여 사람이 작성한 정보, 통신 기록, 개인 정보 또는 기타 데이터 소스를 포함한 입력치를 분석할 수 있다. 또한 AI에이전트는 원하는 결과를 달성하기 위해 정보를 최적화, 수정 또는 생성할 수 있다. 앞으로의 미디어와 저널리즘에서는 AI 시스템이 송신자나 수신자 모두의 측면에서 개인화된 커뮤니케이션 결과물을 제공할 것이다. 심지어 AI 에이전트는 영상통화 중 통화자의 얼굴과 성별 등을 실시간으로 바꿀 수도 있다. AIMC는 정보 전송에 중점을 둔 기존의 CMC 기술과 다르며 단순히 텍스트를 작성하는 기계와도 다르다.

향후 광의의 AIMC가 커뮤니케이션에 미치는 영향은 일대일 커뮤니케이션(정보 전달)에서 일대다의 광범위한 커뮤니케이션에 이르기까지 다양해 질 것이다. 심지어 AI는 언어 처리와 생성 기술력이 향상되면서 가상 세계에서 참가자와 상호 작용하는(Burden, 2008) 수준까지 더 널리 보급되고 강력해질 것이다.

1) 기계학습과 딥러닝

기계학습은 컴퓨터 과학의 한 분야로 '컴퓨터가 이전의 데이터를 기반으로 프로그램을 작성하고 데이터로부터 학습'할 수 있도록 하여 복잡한 작업을 간소화(Samuel, 1959)하는 것이다. 기계나 컴퓨터가 개발자가 따로 프로그램을 작성하지 않아도 특정 임무의 수행 방법을 학습할 수 있게 하는 것이다. 기계학습에서 '학습'이라는 단어는 어떤 작업을 수행하는 알고리즘의 성능이 점차 향상되는 것을 의미한다. 즉, 기계학습에서 학습의 주체는 알고리즘 또는 소프트웨어이며 학습의 목표는 '컴퓨팅 성능향상'이다. 이러한 기계학습과정에서 인공지능 에이전트의 역할은 기계학습에서 결정을 내리거나 조언을 제공하는 것과 같은 특정 목표를 자율적으로 달성하게 하는 것이다.

미디어 분야의 이러한 기계학습의 예로 소셜 미디어 뉴스 피드의 새로운 기사가 가짜임을 사용자에게 경고하는 것을 들 수 있다(전광호·하선우, 2019). 기계학습과 인공지능을 이용한 가짜뉴스 해결 문제가 새롭게 등장했지만 이러한 기술들은 개인화 서비스의 형태로 미디어 분야에서 오랫동안 존재해 왔던 기술에 기반한다. 예를 들면 사용자의 검색 이력(디지털 브라우징 자취)에 따라 미디어 콘텐츠를 추천하는 검색엔진(Naver, Google등), 이용자가 관심 있는 항목만 보여주는 포털(Youtube, Netflix)등의 서비스는 이용자의 기존 검색이나 시청 습관에 맞는 콘텐츠를 추천하는데 이는 이용자가 서비스 사용 과정에서 남긴 디지털 흔적을 기반으로 한다(김지연, 2013; 유소엽·정옥란, 2015).

이러한 AI 에이전트의 긍정적 기능으로 과거의 컴퓨터나 인터넷 이용기록에서 식별할 수 없는 잠재적 규칙을 발굴함으로써 숨겨진 지식 가치를 발견할 수도 있다는 점을 들고 있다(최예림, 2006). 반면 이러한 AI 에이전트의 부정적 측면으로는 과거의 데이터를 학습한 후 생성되는 결과에 존재하는 차별 대우와 편견을 들고 있다(오세욱, 이소은, 최순욱, 2017). 즉 AI 에이전트는 학습한 콘텐츠를 기반으로 추천하는 데 이러한 제안은 문화적 가치와 상관없이 이전 데이터에서 얻은 결과를 기반으로 한다. 구글, 네이버, 다음 등 포털의 기사 자동배열에서 AI 에이전트는 뉴스 가치에 따라 뉴스를 배치하는 것이 아니라 뉴스의 조회 기록에 따라 대다수 또는 특정 사용자가 좋아하는 뉴스를 자동으로 추천한다. 사용자는 뉴스가 추천된 이유를 모르는 상황에서 뉴스를 소비하며 이러한 추천 방법은 '협업 필터링'[17] 알고리즘을 사용한 것이다(Rajaraman etal., 2012, p.58). 넷플릭스, 유튜브, 틱톡 등 동영상 플랫폼의 추천 알고리즘도 모두 비슷하다(유소엽·정옥란, 2015). 즉, 사용자는 그들의 과거 사용 상황을 기억하지 못하지만, 기계는 사용자의 시청 기록을 저장하고 학습하여 사용자가 동영상 콘텐츠를 시청하도록 유도하는데 이러한 추천 알고리즘은 긍정과 부정의 양면을 지니고 있는 것이다.

2) 딥러닝(Deep Learning)

최근 AI 기술은 컴퓨터에 의한 딥 러닝(Deep Learning)이라는 기술

---

17) 협업필터링(collaborative filtering) 알고리즘은 1992년 미국 제록스(Xerox)사의 팰러앨토 리서치센터가 구축한 정보 검색 시스템을 시작으로 미국 유즈넷 뉴스(USENET)의 뉴스 추천 시스템을 개발하면서 알려졌다. 이후 이 알고리즘은 아마존이 도서 추천 시스템에 적용하면서 유명해졌으며 이는 같은 콘텐츠나 도서를 좋아하는 사람은 취향이 비슷할 것이라는 가정에 기반한 알고리즘이다. 예를 들어 '갑'이 A·B 콘텐츠를 좋아하고 '을'이 B·C 콘텐츠를 좋아한다면 갑에게는 C를, 을에게는 A를 추천하는 방식이라 '협업 필터링'이라는 이름이 붙게 되었다. 이는 콘텐츠 평가에 참여하는 사람이 많아지고 데이터가 쌓일수록 추천 정확도가 높아지는 머신러닝 기술이 적용됐다.

을 통해서 획기적으로 진보하게 되었다. 딥 러닝은 기계 학습(머신러닝)의 일부로 기존의 인공 신경회로망(Artificial Neural Network, ANN)과 달리 계층구조를 가진 심층신경망(DNN: Deep Neural Network)을 기반으로 하여 더 빠르고 정확하게 사물이나 데이터를 군집화하고 분류하는 기술이다. 딥 러닝의 핵심은 분류를 통한 예측이다. 수많은 데이터 속에서 패턴을 발견해 인간이 사물을 구분하듯 컴퓨터가 데이터를 구분하게 된다.

이 같은 데이터의 구분과 분류 방식은 '지도 학습(Supervised Learning)', '비지도 학습(Unsupervised Learning)', '강화 학습(Reinforcement Learning)' 등 다양한 종류의 학습방식에 따라 진행되는데 이는 인간의 뇌신경을 개념적으로 모방한 것이라 할 수 있다. 즉 많은 양의 학습정보 데이터를 컴퓨터에 제공하여 통계학적 학습 알고리즘을 통해 인공지능이 스스로 해답을 찾아내도록 하는 학습 과정이라 할 수 있다.

초기의 머신러닝은 인간과 유사한 고도의 정신작용을 다룰 수 있는 능력을 목표로 하기보다는 부호화된 정보를 고속으로 반복 처리할 수 있는 능력을 목표로 했다. 1980년대 말까지도 인간의 지능 활동을 흉내 낼 수 있는 컴퓨터는 등장하지 않았으나 1990년대 이후 인공지능 연구는 인간의 의사결정과 언어이해, 자연어 처리, 이미지 인식, 기계학습, 딥러닝 등을 거쳐 인간의 지능과 유사한 업적을 달성하기에 이르렀다.

이러한 업적의 예로는 영화를 스스로 만드는 AI '왓슨(Watson)', 그림을 그리는 AI 화가 '아론(Aaron)', 음악 작곡이 가능한 AI '에밀리 하웰(Emily Howell)', 사람과 협연하며 관객에게 반응하는 AI 연주자 '시몬(Simon)', 인간과 비슷하게 만들어진 안드로이드 기반 로봇 연기자 '제미노사이드 F' 그리고 판소리 및 오페라를 노래하는 AI 가수 '에버(EveR)' 등을 들 수 있다.

3) AI의 창의성과 응용분야

전기와 인터넷이 처음 등장했을 때와 마찬가지로 인공지능(AI)은 등장 이후 모든 분야에 영향을 미치고 있으며, 특히 창의성이 요구되는 예술 창작 분야까지 그 역량이 확장되고 있다. AI는 기존의 인간-기계 상호작용(HMI)을 넘어서 AI 알고리즘과 예술 창작이 융합된 사례가 점차 증가하는 등 다양한 가능성을 보여주고 있다(강은정 등, 2018).

AI의 창의성과 관련된 다양한 사례들은 과연 인공지능이 신문기사 작성이나 방송뉴스 보도와 같은 자율적이고도 창의적인 분야에서도 가능할 것인가 하는 통찰력을 보여준다. 최근 연구에 따르면 사람들은 AI에 대해 명시적·암묵적인 편견을 가지고 있다. 통상적으로 추상, 감정 표현, 창의성 등 인간 고유의 능력으로 간주되는 분야에 AI가 사용될 때 AI에 대한 부정적 편견이 크게 작용한다(강승규, 2021; Hong, 2018).

지난 10년 동안 인공 신경망, 머신러닝, 생성적 적대 신경망(GAN)[18]이 발전하면서 예술적 창의성의 개념은 인간 본연의 것이라는 사실이 흔들리고 있다. 지금까지 예술적 창의성은 인간 고유의 특징으로 여겨져 인간의 작품에만 해당되었으나, 이제 AI가 창의력을 발휘하는 새로운 시대가 도래했다는 것이다(신춘성·정희용, 2021). 현재 예술 분야에서 AI의 혁신적 가치는 인정받고 있지만, AI가 만든 시각예술 작

---

18) 생성적 적대 신경망(Generative Adversarial Network)의 약자로, 진짜 같은 가짜를 생성하는 모델과 이에 대한 진위를 판별하는 모델의 경쟁을 통해 진짜 같은 가짜 이미지를 만드는 알고리즘을 의미. 기존에 인간이 정제한 데이터를 바탕으로 학습하는 지도 학습 방식에서 벗어나 스스로 답을 찾는 비지도학습 방식을 사용해 AI 연구의 새로운 장을 열었다는 평가를 받고 있다.

품에 대한 사람들의 반응·평가 등에 대한 선행연구는 충분하지 않다(Baas et al., 2015).

회화 분야에서는 AI 크리에이터의 회화 작품 'The Next Rembrandt'가 2016년 칸 광고제에서 두 개의 그랑프리를 수상했다(세계일보, 2018). AI 기술을 활용해 렘브란트 화풍을 재현한 이 프로젝트는 마이크로소프트, 네덜란드 델프트공대, 렘브란트 미술관이 2014년에 시작해 2016년에 완료했다. 또한 머신러닝 알고리즘 기반의 초상화 'Edmond De Belamy'는 2018년 10월 크리스티 경매에서 43만 2,500달러에 판매돼 높은 상업적 가치를 보여주기도 했다(Epstein et al, 2020). 문학 분야에서는 2016년 3월에 AI가 최초로 소설을 집필했으며, 현재는 AI 소설가끼리 경쟁하는 단계로 발전했다(박경수, 2021). 음악분야에서는 2016년 8월 10일 경기도 문화의 전당에서 인공지능과 인간이 대결한 바 있다. 경기필하모닉은 인공지능 작곡가 에밀리 하웰이 작곡한 '모차르트 풍 교향곡 1악장 알레그로'를 연주한 후 모차르트가 작곡한 '교향곡 34번 1악장 알레그로 비바체'를 각각 연주했다(김훈석, 2018). 빅테크(거대 기술기업)들은 한발 더 나아가 텍스트를 동영상으로 만들어주는 기술을 개발 중이다. 메타(페이스북 모기업)는 2022년 9월 메이크 어 비디오(Make-A-Video) 기술을 공개했다. '초상화를 그리는 테디베어'나 '폭우속을 걷는 젊은 부부'같은 텍스트를 넣어 만든 영상들을 보여줬다. 구글 역시 최근 공개된 논문을 통해 '이매진 비디오'라는 이름의 동영상 제작 AI기술을 개발 중이라고 밝혔다(조선일보, 2022).

이러한 사례들은 AI의 예술창작 작업에 기존의 창작자들이 위기감을 느낄 것이라고 예상된다. AI의 창작물은 제작 속도와 질적 향상을 거듭하고 있으며, 이 가운데 인간이 계속해서 예술가의 존엄성을 유지할 수 있을 것인가에 관한 의문점은 필수적으로 제기되어야 하는 사항이 되었다. 마찬가지로 미디어와 저널리즘 분야에서도 이러한 성과가 적용될 경우 저널리스트는 누구이며 저널리즘은 무엇인가에 대한 본질에 의문점이 필수적으로 제기되어야 할 것으로 보인다.

4) 인공지능(AI) 알고리즘과 맞춤형 뉴스큐레이션

대부분의 언론 기업들이 20억이 넘는 소셜 미디어 이용자들에게 실시간으로 콘텐츠와 뉴스를 공급하고 있고, 속보 위주의 서비스를 하는 대표 트위터 계정과 자사의 경제 기사나 사설, 영문판 기사를 특화한 복수의 SNS 계정들을 개설해 운영 중이지만 새로운 플랫폼이나 ICT기술, 보도 및 표현방식에 대한 이해와 전략 없이 수동적으로 SNS 채널을 운영하고 있는 것이 현실이다.

영국과 미국 등 해외에서는 기존 언론사의 뉴스를 사용자 개개인에게 맞추어 단순히 편집해서 제공해주는 뉴스큐레이션 기업이 유니콘 기업으로 등장한지 오래 되었으며 중국에서도 2012년 모바일 뉴스로 시작한 '진르터유탸오(今日头条)'는 인공지능(AI) 기술 기반의 사용자 분석을 통해 사용자가 관심을 가질만한 뉴스 및 콘텐츠를 미리 예측해 사용자에게 최적화된 정보를 신속하게 제공함으로써 독자적인 취재나 뉴스제작 없이 기존 뉴스와 정보를 큐레이션해 주는 것만으로도 유니콘 기업의 반열에 오르게 되었다.

국내 신문사의 구독률이 1990년대에 70%에서 2021년 현재 5%대로 주저앉은 것에 비교해보면 모바일 미디어의 열독률이 얼마나 높아졌는지를 실감할 수 있다. 국내에서 요즘 세대들이 신문이나 방송 뉴스를 보지 않는다는 다양한 통계들과 근거들이 제시되고 있지만, 사실은 뉴스를 종이신문이나 방송으로 보지 않는다는 뜻이지 중국의 경우처럼 인공지능이 나에게 꼭 맞는 뉴스와 정보를 맞춤형으로 제시해 줄 경우 하루 뉴스 소비 시간이 평균 76분, 하루 평균 열독 뉴스가 35건에 이른다는 데이터는 국내 언론사들이 눈여겨 봐야할 대목이다.

진르터우탸오의 경우 AI기술의 일종인 기계학습(machine learning)을 통해 컴퓨터 스스로 사용자의 소셜 플랫폼 데이터를 분석하고 개인 사용자의 읽기 행위 패턴을 분석하여 사용자의 기본적인 정보 등과 결합해 필요할 것으로 예상되는 뉴스 및 콘텐츠를 사용자에게 제공함으로써 이러한 성공을 가능하도록 만들었다. 이에 비해 국내의 언론매체들은 아직도 단순히 사용자들의 접속정보(예를 들어 쿠키정보)등에 근거해 조회 수가 많은 기사가 단순히 상위로 배열되게 하는 정도의 수준을 보여주고 있는 실정이다.

네이버의 뉴스플랫폼 또한 진르터우탸오와 유사한 뉴스 큐레이션 서비스라고 할 수 있지만 국내의 각종 법과 규제로 인해 중국이나 미국과 같은 AI 기반의 본격적 뉴스 제공은 하지 못하고 있는 실정이다. 이러한 점은 전통적 언론매체에게는 다행스러운 일일 수도 있으나 만약 언젠가 법과 규제가 풀려 네이버나 다음카카오 등이 뉴스콘텐츠를 마음대로 큐레이션 할 수 있게 된다면 기존 매체에게는 돌이킬 수 없는 악재가 될 수 있을 것이다.

이런 미디어 생태계의 출현으로 인해 전통적인 언론사들에게 뉴미디어 기업으로서의 브랜드 이미지 변신과 디지털 미디어로의 변환은 생존의 필수 조건이 되고 있다. 이러한 상황에서 '뉴욕타임스 혁신보고서(Innovation New York Times)'에서도 볼 수 있는 것처럼 기존 언론사들은 인터넷 환경에 이어 새롭게 구축되는 모바일 환경에서 생존하기 위해 콘텐츠 생산전략 혁신에서부터 모바일 공간에서 브랜드 파워 확보까지 다양한 변신을 시도하고 있다(최민재·신동희, 2014).

AI 기술뿐만 아니라 앞으로도 새로운 미디어 기술 혹은 디지털 기술은 끊임없이 출현할 것이다. 그러나 어떠한 기술이 출현하던 결국 앞으로의 미디어는 관심분야와 생활양식이 천차만별인 사람들의 다양한 관심을 모두 충족시키는 방향으로 진화할 것이다. 사용자가 원하는 시간에 아무 장소에서나 사용자가 좋아하고 보고 싶어 하는 콘텐츠를 자동으로 제공하는 미디어, 모든 사용자가 미디어의 주체이며 수용자인 미디어로. 이미 이러한 인공지능을 활용한 다양한 미디어 기술이 곳곳에 넘쳐난다. 아이폰의 시리, 갤럭시의 빅스비를 비롯하여 아마존의 알렉사, 구글 등의 인공지능 기술이 사용자의 요구와 행동, 모든 것을 기억하고 맞춤형으로 뉴스를 제공해줄 날이 멀지 않았다.

5) 인공지능의 저널리즘 활용 영역

세계 최대 통신사 중 하나인 AP(Associated Press)는 2017년 'The Future of Augmented Journalism: A guide for newsrooms in the age of smart machines'이라는 인공지능 활용 기술 가이드를 발간한 바 있다.[19] 인공지능에서 가장 기초적으로 활용하는 방법이 기계에 의한 학습인 'Machine Learning'이다. 기계학습 알고리즘을 이용하면 기자들은 방대한 자료를 처리해 손쉽게 기사를 쓸 수 있다.

- 기계학습(Machine Learning)과 저널리즘

기계학습은 사람의 지시 없이 시스템이 스스로 딥러닝이라고 불리는 과정에 의존하여 복잡한 데이터를 학습하고 분석하는 알고리즘이다. 그러나 기계도 결국 배우려면 기계를 가르쳐야 하는데 예를 들어 아이들이 성장하면서 부모의 표정을 지각하고 이해하는 법을 배울 때 그들은

---

19) https://insights.ap.org/uploads/images/the-future-of-augmented-journalism_ap-report.pdf

끊임없이 그들에게 노출되는 부모의 얼굴을 보고 그들의 어조를 인식함으로써 그렇게 한다. 컴퓨터 알고리즘이 같은 일을 하고 있다고 상상해보면 어린이는 사람의 얼굴 표정이 어떻게 어떤 감정을 전달하는지 배우는 데 3년이 걸리는 대신, 기계 학습 알고리즘은 수천 개의 이미지를 한 번에 처리해 그것들을 분류하기 때문에 불과 수 시간이면 이러한 감정을 분석해 낼 수 있다. 콜롬비아 대학의 Imani 교수는 2017년 1월 미국의 언론사 쿼츠(Quartz)사[20]의 사라 슬로빈(Sarah Slobin) 기자와 함께 트럼프 대통령의 취임 연설에 대한 기사에 기계학습을 이용해 트럼프의 얼굴 표정과 연설에서 표현된 감정을 판단해 기사를 작성한 바 있다.

아직까지 어떤 인공지능 시스템도 완벽하지 않지만, 그럼에도 불구하고 AI는 전통적인 뉴스 스토리에 대한 추가적인 관점을 제공할 수 있고 AI 기술이 계속해서 발전함에 따라 미디어에 적용할 수 있는 가능한 분야가 점점 증가하고 있다. 또한 앞으로 AI는 언론인들의 삶과 생산성을 높여주는 데 기여할 것이다. 최근 AP의 선거팀은 정치 경쟁 결과의 확률을 결정하는 데 도움을 줄 수 있는 자체 기계 학습 알고리즘을 구축했다. AP는 2016년 주 예비선거 때 이 방식을 광범위하게 테스트했고 10개 주에서 분석된 선거 중 예측률 100%를 유지했다. 구글, 마이크로소프트, IBM, 아마존과 같은 IT회사들은 클라우드 서비스로 AI의 기계학습을 제공하고 있는데 특히 미디어 업체와 AI 시스템 제공 업체간의 협력가능성은 앞으로 미디어 시장에 큰 변수로 작용할 것이다. 국내에서는 아직 언론사와 AI 전문 업체와의 협업은 극히 미미한 상황이다.

미디어 회사와 사용자가 만든 콘텐츠는 매일 20억 개 이상의 디지털

---

[20] https://qz.com. Quartz는 비즈니스 뉴스를 제공하는 언론사로 뉴욕에서 2012년 서비스를 시작했다. 아프리카와 인도에 지사를 두고 별도 콘텐츠를 제작하고 있다.

이미지와 10억 시간 이상의 비디오 시청 시간을 생성하는 것으로 추정되는데 이렇게 급증하는 비정형 데이터는 저장, 분석 및 활용이 필요하며, 앞으로 미디어 기업들은 구글이나 네이버 같은 IT 기술 회사들과 긴밀한 협력 관계를 맺고 기계 학습과 같은 분야에서 협업해야만 사용자들의 니즈를 제대로 반영한 콘텐츠를 제공할 수 있을 것이다.

- 자연어 생성과 처리(Natural Language Generation & Processing)

인공지능 저널리즘에서 또한 중요한 영역은 언어이다. 인공지능 분야에서 언어에 대한 연구는 꾸준히 이어지고 있는데, 언어 처리 분야 중에서도 저널리즘과 관련 있는 기술은 '자연어 생성'과 '자연어 처리'다. 자연어 생성은 쓰는 기술이며 자연어처리는 읽는 기술이라 할 수 있다.

자동으로 뉴스기사를 쓰는(생성하는) 것은 언론에서 매우 유용하게 사용할 수 있는 기술 중 하나다. 'LA Times'는 'Quakebot'이라는 지진 자동기사 생성서비스를 개발했다. 'Quakebot'은 자연어 생성 기술을 활용해 지역에서 지진이 일어난 순간, 이미 작성된 프레임에 맞춰 기사를 작성하며 완성된 기사는 트위터를 통해 자동으로 송출된다.

- 음성기사 변환(Speech)기술의 저널리즘 활용

인공지능을 뉴스에 도입한 또 다른 기능은 자동화된 음성기사(Speech)로 대화형 인터페이스나 음성뉴스의 전달과 유통이라 할 수 있다. 이미 AP, 월스트리트저널, BBC, 이코노미스트 등 여러 매체가 인공지능을 활용한 오디오 인터페이스 기술을 시도하고 있다.

인공지능 Speech 기술은 크게 두 가지로 나뉘는데 TTS(Text-To-Speech)를 활용한 문자 음성 변환서비스와 그 반대인 STT(Speech-To-Text)를 활용한 음성 문자 변환서비스이다. TTS를 활용하면 뉴스룸에서 제공하는 문자 기사를 음성으로 변환시켜 뉴스콘텐츠로 송출할 수 있으며 STT를 활용하면 음성을 문자로 변환시켜 기자들이 인터뷰 내용을 녹취하는데 소요하는 시간을 줄일 수 있다.

예를 들어 레이놀즈 저널리즘 연구소(RJI)[21]가 미국 언론인 100여 명을 대상으로 실시한 설문조사에 따르면 기자들은 1주일에 평균 3시간씩 인터뷰하는데 시간을 소비하고 인터뷰의 오디오 녹음에서 문장을 녹취하는 데 시간을 두 배로 쓴다고 한다. 따라서 AI 시스템이 이를 대신한다면 엄청난 시간을 절약하는 셈이다. 이미 수년전부터 아마존의 인공지능스피커인 에코(Echo)는 다양한 매체의 뉴스를 가정에서 맞춤형으로 제공해오고 있다.

- **영상처리(Vision)의 자동화**

듣는 것과 녹취하는 것을 넘어 눈으로 본 것을 기록할 수 있는 영상처리 기술을 활용하면 빠르고 쉽게 이미지 및 영상을 분류하고 정리할 수 있다. 심지어 인간의 눈이 볼 수 있는 것보다 훨씬 더 많은 것을 기록할 수도 있다. 최근의 인공지능기술은 영상편집과 제작까지도 알아서 할 정도로 발전하고 있다. 딥러닝을 활용한 인공지능 영상합성 편집 기술인 딥페이크(Deep Fake) 프로그램은 유명인의 얼굴을 영상에 합성하여 심각한 부작용을 낳고 있기도 하다. 일반인도 AI프로그램만 있으면 전문가 수준의 딥페이크 영상물을 제작할 수 있고, 심지어 진위를 파악하기 힘들 정도로 사실적인 가짜 영상을 만드는 것이 가능해 각종 사회적 부작용도 커질 수 있다는 우려가 나온다. AP는 인공위성으로 수집한 영상 데이터를 공급하는 'Digital Globe'라는 기업을 통해 동남아 선박의 고해상도 위성사진을 확보하고 이를 통해 노예선에 관한 탐

---

21) https://www.rjionline.org/

사보도에 필요한 결정적인 증거를 찾아서 2016년 퓰리처상을 수상한 바 있다.

또한 인공지능 기술의 세계 최강국인 중국은 2019년 초 관영 신화통신이 사람의 표정과 몸짓까지 모방한 인공지능(AI) 여성앵커[22]를 데뷔시킨 바 있으며 이 앵커를 세계 최초로 아랍어를 말하는 가상 앵커로 개발해 중동 국가에 수출한다고 밝힌 바 있다.

- 로봇(Robotics)과 드론의 인공지능 결합

인공지능이 로봇이나 드론기술과 만나면 미디어 하드웨어의 효용성을 극대화할 수 있는 장점이 있다. 로봇공학이 기계학습, 자연어처리, 음성인식, 시각화 등 AI와 결합하면 언론인들에게 전례 없는 시각적 혁신과 영상을 제공해줄 수 있다. 예를 들어 AP는 2016년 하계 올림픽 때 11대의 로봇과 16대의 원격카메라로 사진기자들이 물리적으로 접근하기 어려운 지역에 카메라를 배치하고 인공지능으로 조정하게 함으로써 단순한 이미지를 제공하는 것 이상의 효과를 거둔 바 있다.

일반적으로 로봇저널리즘(robot journalism)은 인간에 의해 설정된 알고리즘이 자율적으로 기사를 생산하는 방식을 일컫는다. 로봇저널리즘 환경에서 로봇이 사실 전달 업무를 대신해 주면 기자들은 심층 기사 작성에 보다 몰두할 수 있는 장점이 있다(김대원, 지영환, 2016). 또한 드론과 AI를 결합시킴으로써 물리적으로 접근하기 어려운 재난지역이나 산악지역 등의 취재가 가능해졌으며 대기 오염이나 촬영이 힘든 흐린 지역의 경우도 AI가 자동으로 밝기와 보정 등을 조정함으로써 보다 과학적이고 혁신적인 영상 제작을 가능하게 하고 있다.

이렇듯 인공지능은 미디어 산업과 저널리즘 영역에 전반적으로 긍정

---

22) https://youtu.be/5iZuffHPDAw

적인 영향을 주고 있으며, 이를 활용한 사례는 앞으로도 더욱 늘어날 것으로 전망된다. 그러나 AP의 가이드라인처럼 인공지능은 저널리즘의 도구일 뿐 저널리즘을 대체하지 않을 것이며 인공지능도 인간과 마찬가지로 편향적이고 실수를 할 수도 있다. 데이터가 모든 것을 결정하기 때문에 인공지능이 만병통치약은 아니며 최근 자율주행 자동차 사고 이슈처럼 기술이 극복하지 못하는 문제는 여전히 존재한다. 따라서 언론인들은 인공지능에 대해 더 많이 알아야 인공지능 활용 가능성의 문이 크게 열린다는 것을 명심해야 하며 인공지능이 발달한다고 해서 저널리즘의 기본 원칙이 변하지 않기 때문에 언제나 저널리즘 본연의 윤리와 기준을 지키는 것이 매우 중요하다고 하겠다.

- 미국 언론사들의 인공지능 저널리즘의 사례

뉴욕타임스는 2015년 〈Editor〉라고 불리는 실험적 AI 저널리즘 프로젝트를 시작한 바 있다. 이후 뉴욕타임스는 온라인 신문의 독자 코멘트(댓글과 유사한)를 관리하는 인공지능 프로젝트를 시작했다. 기존에는 14명의 독자란 관리 인력이 하루 1만1천개 가량의 의견을 검토하고 조정하는 강도 높은 작업을 하고 있었지만 이는 타임스의 기사 중 10%에도 미치지 못하는 분량이었다. 따라서 타임스는 AI 솔루션을 이용해 독자들의 의견을 관리하고 조종 하는 비용 효율적 방식을 찾기 시작했는데 그것이 구글의 계열사인 Jigsaw에 의해 개발된 AI툴을 사용한 것이다. 이를 통해 인공지능이 부작용이 있는 다양한 의견을 모니터링하고 정제해서 독자들의 의견을 일목요연하게 정리해줌으로써 사용자들의 의견을 읽고 상호작용하며 공격적이거나 모욕적인 의견을 피할 수 있도록 하는데 사용되고 있다.

워싱턴 포스트는 헬리오그라프(Heliograf)라고 불리는 소프트웨어를 사용한 자동화된 로봇저널리즘(Automated Journalism)을 2016년 선보인 바 있다. 리오(Rio) 올림픽 게임을 위해 개발한 헬리오그라프는 대용량의 올림픽 게임데이터를 분석하고 뉴스로 만들어 내기 위해 개발된 것으로 스토리 템플릿에 대입해 다양한 매체에 맞는 적절한 표현과 뉴스 스토리를 자동적으로 생성해 내는 로봇을 목표로 개발되었다. 처음에는 주로 스포츠와 금융 분야로 시작했지만 2016년 미 대통령 선거 과정에서도 사용되면서 각 주별, 선거구별로 실시간으로 상이하게 나오는 결과를 인공지능 로봇이 수집하고 작성하면서 진가를 발휘한 바 있다. 지난 2012년 선거에서 워싱턴포스트는 같은 일을 하는데 기자 4명이 25시간 동안 분석해 단 한 개의 기사(선거 결과)만 작성했지만 4년 후인 2016년 대선에서는 사람 기자의 개입을 최소화하고 헬리오그래프가 500개 기사를 작성, 50만 번의 클릭을 유발한 것으로 알려졌다. 앞으로 워싱턴포스트는 이러한 인공지능 기술을 활용해 그래픽 뉴스 자동화, 사용자 제작 콘텐츠 검증, 알림 수신, 콘텐츠 위치 파악 등의 뉴스룸 공정 전반을 자동화하는 데 총력을 기울이고 있다. 아울러 인공지능로봇이 작성한 기사는 데이터를 활용해 수백만 명의 독자에게 개인화된 스토리를 맞춤형 기사로 제공해줄 수 형태로 발전하고 있는 중이다.

AP는 일종의 자연어 처리엔진인 워드스미스(Word Smith)를 활용해 인공지능 로봇이 매달 수천 건의 기사를 생성해내는 오토메이티드 인사이츠라는 로봇저널리즘 뉴스통신사를 분사시킨 바 있다. 오토메이티드 인사이츠는 자동 기사 작성 소프트웨어(SW) 워드스미스(Word Smith) 기술을 누구나 사용할 수 있도록 공개(htttps://automated insights.com/wordsmith)하고 있으며 야후도 이 프로그램을 활용해 매달 수천 건의 로봇 기사를 쏟아내고 있다. 오토메이티드 인사이츠는 또한 최근 기사를 자동으로 작성하는 것을 넘어 아마존의 음성인식 인공지능 '알렉사(Alexa)'와 결합, 음성으로 인간과 대화할 수 있는 서비스도 개발 중이다.

이후 AP는 2013년부터 뉴스휩(Newswhip)이라고 불리는 AI분석 툴을 활용해 소셜 네트워크에서 벌어지고 있는 경쟁지들에 대한 실시간 벤치마킹, 기사의 키워드를 둘러싼 독자들의 관여 상황, 기사의 영향에 대한 주요 인플루언서 제공 등을 자동화하고 있다. 이네 뉴스를 작성하는 것뿐만 아니라 뉴스를 둘러싼 정보 검색과 분석, 정리까지도 인공지능이 담당해 30분에서 3년간의 기간 동안 작성하고자 하는 기사와 관련된 온갖 데이터를 정제해주고 있는 것이다. 뉴스휩과 같은 인공지능 분석 툴은 특히 가짜뉴스의 방지에도 적극적으로 활용될 수 있다. 즉 인공지능을 활용한 콘텐츠 분석과 의미 분석, 스마트 필터링 기술을 결합해 직소(Jigsaw)는 2017년 2월 머신러닝 기술을 활용, 온라인에서 악의적 댓글을 골라낼 수 있는 인공지능 기반기술을 선보이고 있다.

04
가상현실 기술과 메타버스 저널리즘

컴퓨터 내에 구축된 3차원 가상공간을 활용해 커뮤니케이션이 가능하게 한 가상현실(Virtual reality)은 새로운 인터페이스로서 주목받고 있다. 이는 종래의 CG 기술로 묘사할 수 없는 공간의 사실성이나 현장감에 근접하는 데 필요한 기술이 가능해지면서 저널리즘과 미디어 분야에서도 활용이 늘어나고 있다. 우리가 일상생활을 영위하는 현실세계가 갖는 정보와 뉴스를 가상공간에 도입함으로써 가상세계를 현실세계에 근접시키는 일과 눈앞의 현실세계에 컴퓨터가 만들어 낸 정보를 시각적으로 중첩시킴으로써 현실세계를 가상세계에 근접시키는 것이 가능하게 되었다. 가상현실은 컴퓨터 내부의 정보와 인간이 활동하는 현실공간 그 자체를 통합하고자 하는 특징이 있다. 눈앞의 현실세계에 컴퓨터가 만들어 낸 정보를 융합하는 기술은, 현실세계를 가상의 정보로 강화·확장한다는 의미에서 확장현실(augmented reality)이라고도 불린다.

한편 현실세계의 정보를 가상세계 안에 도입하려는 기술은 CG 분야에서는 폴리곤(polygon)으로 작성한 3차원 형상모델의 표면에 현실세계를 촬영한 실사화상을 붙이는 텍스쳐 매핑(texture mapping) 기술에서 시작되어, 본래 촬영되지 않은 시점에서 보이는 모습도 구체화하려는 이미지 베이스드 렌더링(image-based rendering)이라 불리는 기술로 전개되어 왔다. 물체와 정경을 다양한 시점에서 촬영한 화상을 바탕으로 자유 시점의 화상을 생성할 수 있을 뿐만 아니라 물체와 정경의 3차원 정보를 복원하여 그 3차원 형상모델을 구축하고자 하는 연구도 이루어지고 있다. 이것을 가상현실 세계를 생성한다고 받아들여 가상현실(virtualized reality)이라고 부르고 있다.

또한 현실세계에서 확장현실과 가상현실을 거쳐 가상세계에 이르는 공간을 명확한 경계선이 없는 연속체로 간주하여 이러한 전체를 포함하는 공간의 개념 및 그것에 의해 인간이 느낄 수 있는 감각을 복합현실(mixed reality)이라고 부른다. 복합현실에서는 관찰자가 현실세계와 가상세계가 융합된 복합 현실세계와 상호작용을 하는 것을 전제로 한다. 그로 인해 확장현실감 시스템에서는 현실세계와 가상세계의 융합처리를 실시간으로 할 필요가 있고 가상현실 시스템에서는 관찰자의 시점변화에 실시간으로 대응하는 것이 필요하다.

최근 이러한 가상현실이라는 개념은 메타버스 세계(Metaverse World)라는 단어로 대체되는 경향이 있다. 메타버스(Metaverse)는 1992년에 미국 닐 스티븐슨(Neal Stephenson)의 공상과학소설 스노우 크래쉬(Snow Crash)에서 처음 사용되었으며, '가공, 추상'을 뜻하는 그리스어 메타(Meta)와 '현실 세계'를 뜻하는 유니버스(Universe)의 합성어로 아바타(avatar)를 통해 실제 현실과 같은 사회, 경제, 교육, 문화, 과학 기술 활동을 할 수 있는 3차원 공간 플랫폼을 의미한다.

1) 가상현실 기술의 발달

가상현실의 기원으로 흔히 1차 세계대전 당시의 비행기 시뮬레이터의 개발을 꼽고 있다. 또한 헐리우드 영화 제작 초기인 1960년대 초에 모튼 헬리그(Morton Heilig)가 개발한 '센소라마(Sensorama)'라는 시스템은 사용자가 앉아서 디스플레이를 통해 뉴욕을 오토바이를 타고 돌아다니는 영상과 함께 좌석 진동과 바람 자극, 그리고 뉴욕의 골목 냄새까지 풍겨주는 최초의 가상현실 시스템을 구현하기도 했다. 요즘의 4D 영화관의 원형을 제안한 것이다.

비슷한 시기에 MIT에서 이반 서덜랜드(Ivan Sutherland)는 그의 박사학위 논문으로 현 컴퓨터그래픽스의 시초가 되는 'Sketchpad'라는 시스템을 개발하였는데, 몇 년 후 Utah 대학의 교수로 재직하면서 이를 HMD(Head Mounted Display)와 머리의 위치를 추적할 수 있는 장치를 연결하여 "Window on the World (WoW)"라는 개념을 창안하게 된다. 이는 컴퓨터 그래픽으로 만든 가상의 세계 속으로 들어가는 최초의 도구였다. 그러나 60년대의 컴퓨팅 능력으로는 실제와 비슷한 콘텐츠를 시뮬레이션 하기는 어려웠고, 각종 센서나 디스플레이 장치가 조악하여 90년대 초에 와서야 가상현실은 다시 각광을 받게 되었다. 90년대 이후 컴퓨터 처리용량의 증대와 디스플레이 기술의 발전, 각종 센서 기술의 발달에 따라 가상현실 기술은 비약적으로 발전하게 되었다.

가상현실은 초기 국방이나 산업 분야에서 활용되었으나 방송이나 광고, 컴퓨터 게임, 테마파크 등 일반 대중을 대상으로 한 서비스로 확대되어 왔다.

<표 3> 가상현실 활용 분야

활용 분야	주요 내용
의료 분야	가상 해부학 실습, 모의수술, 재활, 심리치료
국방 분야	항공 시뮬레이션, 항해 시뮬레이션
엔터테인먼트 분야	PC 게임, 아케이드 게임
제조 분야	공장 설계, 가상 프로토타이핑, 어셈블리 평가
로봇 분야	로봇 원격 조작, 로봇 프로그래밍
정보 가시화	기상 데이터 가시화, 분자 구조 가시화

인간에게 기술의 진화 과정은 감각의 확장 과정과도 같은데, 가령 과거에는 컴퓨터를 통해 혼자서 놀던 것에서 네트워크 기술의 도입에 따라 온라인 게임과 같이 다수의 사람들이 같이 놀게 되었다. 또한 감각의 영역에서도 과거의 매체는 문자적인 성격이 강했지만 점차 시각적인 성격이 더 강해졌으며, 최근에는 체감형 기술의 도입 같이 멀티미디어적 성격을 가짐으로 인하여 다양한 지각체험이 가능해졌다.

일반적으로 가상현실은 컴퓨터를 이용해 가상적인 환경을 만들고 그 환경 내에서 3차원의 의사체험을 가능하게 하는 기술로 알려져 있다. 즉 가상현실이란 컴퓨터를 통해 만들어진 가공의 상황이나 환경을 시각, 촉각, 후각 등 인간의 감각기관을 통해 느낄 수 있도록 하여, 사용자가 몰입감을 느끼고 상호작용을 할 수 있도록 하는 기술이다. 이로 인해 가상현실은 사용자로 하여금 실재하지 않는 것을 존재하는 것처럼 느끼게 하고 이를 활용할 수 있도록 하는 것을 의미한다.

가상현실은 연구기관, 사용목적, 구현기술 등에 따라 다양하게 분류되고 있다. 비영리연구기관 Acceleration Studies Foundation(ASF)[23]

에 따르면 가상현실(Metaverse)은 Augmented Reality(증강현실), Lifelogging(장소에 기반해 개인의 일상을 기록/공유하는 것), Mirror World(현실의 사물을 가상세계에 복제하는 것), Virtual World(사용자가 창조하는 가상현실) 등으로 구분된다.

기술 발달 단계로 볼 때 가상현실은 가장 기본적인 VR기술에서 이를 실제 환경으로 확장시킨 증강현실(AR, Augmented Reality), 그리고 현실의 정보를 기반으로 가상의 정보를 융합시켜 진화한 가상 세계를 만드는 기술인 혼합현실(MR, Mixed Reality)로 진화해왔다.

VR(Virtual Reality)이 가상의 영상과 사용자의 움직임을 결합해 3D로 구현된 생생한 현실을 제공했다면 AR은 실제 환경에 3차원 가상의 사물이나 이미지를 겹쳐 보여주는 기술로 '확장된 현실'이라고 할 수 있다. AR은 현실과 컴퓨터 그래픽으로 만들어진 가상의 콘텐츠를 원래 존재하는 사물처럼 보이게 구현해 새로운 경험을 할 수 있는 기술로 지리·위치 정보를 송수신하는 GPS 장치 및 중력 센서, GPS로부터 송수신된 정보가 저장되는 위치정보 시스템, 정보를 수신해 현실 배경에 표시하는 AR 어플리케이션, 이를 디스플레이로 출력하는 스마트폰, 태블릿 등의 IT 기기 등에 의해 구현된다. 2017년에 출시되면서 열풍을 이끌었던 〈포켓몬Go〉 게임이나 〈아이언맨〉의 주인공 토니 스타크가 아이언맨 슈트를 입으면 필요한 모든 정보가 눈앞에 데이터로 펼쳐지는 것 등이 AR의 대표 사례라 할 수 있다.

그러나 VR은 입체감이 뛰어나고 몰입감이 높지만 HMD(Head Mounted Display)와 같은 전용 VR안경이 필요하기 때문에 편의성이 떨어진다는 단점이 있다. AR 또한 공간적 제약이 적고 현실감은 높지만 입체감이나 몰입도가 떨어지기 때문에 이를 개선해 VR과 AR의 장

---

23) https://accelerating.org/

점을 결합한 기술이 MR이라 할 수 있다. 즉 기술적으로 보면 AR과 VR을 통합하고 사용자와의 인터랙션을 더욱 강화한 기술이 MR로 홀로그램 형태의 가상 이미지를 360도로 볼 수 있는 것이라 할 수 있다. 대표적인 사례로는 2018년 평창 동계올림픽에서 강릉역 ICT 스퀘어에 선보인 MR로 3D 안경 없이도 산의 지형을 형상화한 모형에 올림픽 경기장이 세워지는 과정을 입체적으로 볼 수 있도록 한 것을 들 수 있다.

2019년 4월 한국은 세계 최초로 5세대(5G) 통신 상용화 서비스를 시작했다. 5G 통신은 초고속, 초연결, 초저지연을 특징으로 하며 향후 스마트폰과 무수히 많은 기기와 연결 가능하며 데이터 전송시 4G보다 20배 빠른 데이터 전송속도를 가능케 해주었다. 또한 4G 대비 최대 100배 넓은 주파수 대역을 사용할 수 있다. 4G가 1차선 도로라면 5G는 100차선 고속도로인 것 이다. 이 같은 기술적 특징으로 인해 국내외 통신사들은 소비자들이 직접 체감할 수 있는 콘텐츠와 서비스를 개발하는 데 노력을 기울이고 있으며 그 가운데에서도 실감형 서비스인 VR 기반의 콘텐츠와 서비스가 5G 시대의 핵심 내용으로 떠오를 것으로 예상되고 있다.

5G 상용화에 따라 전 산업 분야에서 VR기술의 응용서비스가 출시되고 있지만 가장 활발하게 선보이고 있는 것은 미디어 서비스 분야이다. 2019년 2월 스페인 바르셀로나에서 열린 세계 최대 모바일 전시회 모바일월드콩크레스(MWC)[24]에서 마이크로소프트가 선보인 AR 기기 홀로렌즈2나, 스마트폰용 반도체 기업인 퀄컴(Qualcomm)[25]이 중국 AR 기기업체와 함께 선보인 AR안경 '엔리얼(Nreal)'[26]은 상호작용이 가미

---

[24] https://www.mwcbarcelona.com/
[25] https://www.qualcomm.com/
[26] https://www.nreal.ai/

된 AR장비로 일상생활을 하면서 공중에 영상을 띄우거나, PC나 스마트폰 없이 인터넷을 검색하고, 문서를 작성할 수 있게 해주는 수준으로 평가받고 있다. 일본 통신업체 NTT도코모는 3차원 홀로그램과 5G망을 활용해 전시관 다른 곳에서 노래를 부르는 가수와 홀로그램 캐릭터를 한 공간에 등장시킨 VR콘서트를 시연했다.

마이크로소프트는 삼성전자와 손잡고 증강현실(AR)과 가상현실(VR)을 동시에 구현할 수 있는 차세대 혼합현실 기기 홀로렌즈3을 개발하는 프로젝트를 진행해온 바 있다. 삼성전자는 기어VR, 오디세이 플러스 등 가상현실 기기를 개발하는 데 참여했으며 2021년 증강현실(AR) 스마트 글래스의 핵심 기술인 '웨이브가이드' 기술을 보유한 디지렌즈에 추가적으로 투자하기도 했다.

삼성전자와 마이크로소프트의 동맹이 깨어지자 VR기기 '메타 퀘스트 프로'를 내놓은 메타(페이스북 모회사)의 마크 저커버그는 메타와 삼성전자의 협업을 제안했다. 메타는 VR 뿐 아니라 현실 세계에 VR를 결합한 혼합현실(MR)도 가능해 이러한 전자·IT기기 제조 분야에서 세계적 경쟁력을 가진 삼성전자와 스마트폰 개방형 생태계 안드로이드가 협업할 경우 미디어 분야는 물론 사회 전반에 패러다임의 전환을 가져올 출발점이 될 것으로 예측된다. 특히 미디어 산업의 경우 현재의 2D 기반의 저널리즘 환경이 몰입형 3D 환경 기반인 메타버스 기반 저널리즘으로의 퀀텀 점프가 예견된다.

2) 가상현실의 구성요소와 특징

가상현실은 용어 자체가 모순되는 단어라 할 수 있다. 가상은 현실이 아니기 때문이다. 따라서 가상현실이란 용어는 사용자가 느끼기에 실제와 같은 혹은 실제 세계에서 얻기 힘든 경험을 인공적으로 제공한다는 뜻으로 해석할 수 있다. 사람이 실재감(實在感)을 느끼는 것은 결국 오감과 관련된 신경으로부터 달성하게 되는데 이러한 현존감(現存感, Presence)을 컴퓨터 그래픽스, 각종 디스플레이 장치, 실제 영상과 이미지, 음향, 촉각 등을 활용해 구현하는 것이다.

실재감을 구현하는 기술은 실제에 가까운 시각화 기술, 3차원 음향 등의 기술을 이용한 청각 기술, 피부의 접촉이나 물체의 역학을 느끼게 하는 햅틱(Haptic)기술, 인공향기를 이용한 후각 기술, 사용자로 하여금 가상환경과 자연스럽게 교류가 가능하게 하는 상호작용 기술 등으로 구성되어 있다. 그러나 이런 기술을 활용한 자극들은 제공되는 가상의 신경자극이 완벽하게 충실하지 않더라도 조작에 의해 사용자에게 최대한의 몰입감이나 임장감을 제공하여 충실한 가상경험을 제공할 수 있다. 왜냐하면 인간의 감각은 그 자체로 완벽한 것이 아니고 착시나 착각 같은 특질들을 갖고 있기 때문이다.

가상의 경험을 제공하는 것 이외의 가상현실의 또 하나의 중요한 목표는 인간이 갖고 있는 "지능의 확장(IA, Intelligence Amplification)"이다. 이는 가상현실의 개척자중 하나인 노스캐롤라이나 대학의 프레드 브룩스(Fred Brooks) 교수가 제안한 것으로 가상현실 기술을 이용하여 사람이 현실에서 하기 힘든 일을 도와주어 정신적 노동의 효율성을 극대화 시킬 수 있는 일종의 첨단정보표현 시스템을 구축하려는 것이다. 예를 들어 수술 부위를 가상으로 들여다보고 미리 시뮬레이션 해볼 수 있다면 어려운 수술을 할 때 많은 도움이 될 수 있을 것이다.[27]

이 같은 가상현실기술의 특징을 이용한 응용분야는 매우 많은데 교육과 훈련, 오락, 통신, 의료, 정보의 가시화, 프로토타이핑 등이 대표

---

[27] 국내에서도 최초로 의료수술 장면을 VR로 실시간 생중계하거나 로봇수술 장면을 편집해 3D 및 VR로 제공하는 의료영상콘텐츠 전문 플랫폼 기업인 쓰리디메디비전(3D Medivision)이 의료기관 및 의료인들을 대상으로 서비스하고 있다. http://www.3dmedivision.com

적이며 최근 미디어 분야에서도 단순한 오락기능을 넘어서서 실제로 뉴스 현장에 있는 것과 같은 임장감(臨場感)을 주는데 사용되기 시작했다.

<표 4> 가상현실 주요 구성 요소

요소	내용
몰 입 (Immersion)	피험자에게 제공하는 시각적 시뮬레이션 정도
임 장 감 (Navigation)	컴퓨터가 만들어 낸 사이버 스페이스로 탐험하는 능력
상호작용성 (Interaction)	사용자가 수신만이 아니라 가상현실 시스템과 정보를 교환하는 것

3) 가상현실과 저널리즘

이제까지는 VR 자체의 기술적 한계가 분명해 저널리즘 영역에 접목하는 것이 제한적이었지만 5세대(5G) 이동통신의 상용화와 AI 기술의 접목 등 4차 산업혁명 기술의 발달과 VR 저널리즘은 새로운 전기를 맞을 것으로 예상된다. 기존 통신망에 비해 데이터 전송 속도가 획기적으로 빨라져 대용량의 VR 및 AR 데이터를 순식간에 다운로드 받을 수 있는 것은 물론 즉각적인 상호작용이 가능해지면서 시청만 하는 게 아니라 참여할 수 있는 VR콘텐츠가 가능해졌기 때문이다.

가상현실 저널리즘에 있어 저널리즘의 본질인 '신뢰도'와 매체 형태에 대한 연구 결과(Erica등, 2017)는 스토리텔링이 풍부한 뉴욕타임스 기사보다 가상현실 뉴스에 대한 몰입도가 훨씬 더 높았지만 지나친 기술의 사용은 저널리즘의 신뢰도를 떨어뜨린다는 결론을 보여주고 있다. 미국 펜실베이니아주립대학교 미디어효과 연구소(Media Effects

Research Laboratory)에서 가상현실과 360도 회전카메라 영상, 활자로 된 기사를 접한 참가자들의 몰입도를 조사한 결과 실험 참가자들은 활자로 된 기사를 읽는 것보다 360도 회전 카메라로 촬영한 영상을, 이 보다는 가상현실로 접한 참가자들이 더 높은 몰입도를 보이고 더 큰 감정 이입도를 보였다. 참가자들은 스토리텔링이 풍부한 뉴욕타임스 기사를 사용해 실험을 했는데도 불구하고 가상현실을 접한 참가자들의 몰입도를 따라갈 수 없었다는 것이다.

다만 가상현실 속에서 지나친 그래픽 요소가 가미되면 오히려 독자들의 기사 신뢰도가 떨어진다는 결과를 보여주고 있다. 즉 체험감의 강도와 기사의 신뢰도는 직접적으로 결부돼있는 것이다. 가상현실 속 화면을 더욱 현실적으로 구현해낼수록 해당 가상현실에 대한 사람들의 신뢰도는 올라갔지만 이야기를 게임화 해버린다거나 너무 비현실적으로 만들어버려 현실감을 잃는 즉시 참가자들은 그 이야기의 신뢰도에 대해 의문을 품게 된다는 것이다.

뉴욕타임스는 2020년 초부터 5G 기술을 활용한 새로운 VR저널리즘을 선보이겠다고 밝힌 바 있는데 VR기술의 저널리즘 접목에 대한 다양한 시도와 뉴스에 이용자를 몰입시키는 방법에 대한 연구들이 갈수록 늘어날 것으로 보인다. 특히 일반 뉴스 콘텐츠가 수용자에게 보여주고 싶은 부분만 보여줬다면, VR뉴스에서는 수용자가 보고 싶은 장면을 선택해서 보게 되므로 언론의 고유기능이었던 의제설정(agenda setting)이 수용자에게 이동함으로써 정보를 어떤 상호작용 방식으로 전달하는가와 같은 새로운 스토리텔링 문법 연구가 필요하다.

가상현실 저널리즘의 대표적인 사례로는 뉴욕타임스(The New York Times)의 "Walking New York"[28] BBC의 "Jungle"[29] 가넷(Gannet)의

---

28) https://youtu.be/f0-89v4Fk-M
29) https://bbcnewslabs.co.uk/projects/360-video-and-vr/

"Harvest of Change"30) 그리고 Vice News의 "Millions March"31)와 "Waves of Grace"를 들 수 있다. 가상현실의 특징이 3D 입체영상이므로 책이라는 지면의 한계로 인해 대표사례를 보여줄 수 없으므로 해당 사이트를 접속해 보길 권한다.

가상현실 기술을 저널리즘에 활용하려는 'VR 저널리즘'은 VR저널리즘의 대모(代母)라고 불리는 엠블메틱 그룹(Emblematic Group)32)의 최고경영자 '노니 드 라 페나(Nonny de la Pena)'에 의해 널리 알려졌다. 그녀는 2013년 미국의 빈곤층의 삶을 시청자에게 직접 체험하게 하는 VR 활용 보도물 '로스앤젤레스에서의 굶주림(Hunger in Los Angeles)'33)을 제작하여 무료급식소 앞에서 한 당뇨병 환자가 줄을 서서 기다리던 중 굶주림을 견디지 못하고 쓰러져 경련하는 현장을 재현해 큰 반향을 일으킨 바 있다. 또한 두 번째 작품인 '프로젝트 시리아(Project Syria)'34)를 통해 시리아에서 민간인에게 로켓포가 떨어진 현장을 VR로 구현해 그동안의 뉴스가 단순히 정보를 전달하는데 집중했다면 독자에게 그 사건 현장에 직접 가 있는 듯 한 감정 이입을 가능하게 한 바 있다.

이 이전에도 2012년 제레미 베일렌슨(Jeremy Bailenson) 스탠퍼드대 교수와 미국 라디오 NPR의 바버라 앨런(Barbara Allen) 기자가 미국 남부를 덮쳐 1000명 이상의 사망자를 낸 역대 최악의 허리케인 카트리나를 VR영상으로 구현해 폭풍우에 처한 이재민들의 공포와 고통을 실감나게 느낄 수 있도록 한 바 있다.35)

---

30) https://www.desmoinesregister.com/pages/interactives/harvest-of-change-nomination/
31) https://docubase.mit.edu/project/vice-news-vr-millions-march/
32) https://emblematicgroup.com/
33) https://youtu.be/SSLG8auUZKc
34) https://emblematicgroup.com/experiences/project-syria/
35) https://www.youtube.com/watch?v=Did_GtgY-eI

이후 뉴욕타임스도 VR제작업체와 함께 잡지 커버 제작과정을 담은 VR영상인 'Walking New York을' 선보인 이후 2015년 종이신문 구독자를 대상으로 스마트폰에 삽입해 간이 VR 헤드셋처럼 이용할 수 있는 카드보드를 무료로 증정하기도 하는 등 VR저널리즘의 보급과 실험에 앞장서고 있다. 뉴욕타임스뿐만 아니라 워싱턴 포스트, AP통신 등 글로벌 미디어회사들도 VR 전용 페이지를 마련해 VR뉴스를 제공하고 있다.

국내에서도 조선일보가 2016년 국내 최초로 다양한 영상을 360도로 촬영해 편집하여 보여주는 VR 전용 모바일 애플리케이션인 'VR조선'과 VR 콘텐츠 웹사이트(vr.chosun.com)'를 개설했으며 유튜브를 통해서도 VR뉴스를 제공하고 있다. 그러나 이들 사이트를 수년간 운영한 결과 일부에서 VR과 저널리즘의 접목은 발전가능성이 있다는 의견이 있지만 아직까지도 VR과 저널리즘의 융합에 있어 뉴스 등의 콘텐츠를 VR로 제작하여 큰 효용을 만들 수 있는 소재는 제한적이라는 의견이 우세하다. 가상현실(VR)이 영화, 드라마, 의료 등 다양한 영역으로 활용 분야를 확장하고 있지만 기술 특성상 엔터테인먼트적인 소재에는 접목 가능성이 높지만 뉴스와 같은 소재에는 활용이 제한적이기 때문이다.

가상현실(VR)과 증강현실을 저널리즘에 도입하는 것도 이뤄지고 있다. 삼성, 오큘러스, 구글은 가상현실 컨트롤러와 함께 소비자 VR 헤드셋을 개발하여 대중화하고 있다. 광폭의 파노라마 이미지와 비디오, 360도 몰입 형태의 3D 비디오 등을 활용한 VR 영상과 뉴스는 현재 뉴욕타임스, 로스앤젤레스 타임스, PBS 등에서 탐색적으로 사용되고 있으며 국내에서도 조선일보가 VR영상을 별도로 제작해 서비스하고 있다. 그러나 아직까지도 VR저널리즘을 가르치는 대학 학과들은 없는 실정이며 이러한 기술을 활용한 서사기법, 상호작용성 구현, 저널리즘적 가치 등에 대해 연구할 필요가 있다.

- 오감(MR) 미디어 사례

스티븐 스필버그 감독이 만들어 2018년 3월 말 국내에도 개봉된 영화 '레디 플레이어 원(Ready Player One)'. 여기에는 2045년 컨테이너 빈민촌에 사는 사람들이 가상 세계인 '오아시스(OASIS)'에 접속해 즐기는 장면이 등장한다. 이들은 머리와 손에 디스플레이(HMD)와 열 감지 촉각 장갑(haptic glove)을 각각 착용하고 오아시스에 들어가 모험과 오락의 스릴을 만끽한다. '일본가상현실협회' 설립자인 스스무 다치 게이오대 교수는 "21세기 중반이면 대부분의 사람이 컴퓨터 영상과 현실 세계가 혼재된 사이버 세계에 살 것"이라고 했다. 영화에서처럼 컴퓨터로 만든 가상 세계를 실감 나게 체험하는 '가상현실(VR)'과 현실 세계에 디지털 이미지를 겹쳐 보여주는 '증강현실(AR)'을 넘어 현실 세계와 가상 세계가 상호작용하는 '혼합현실(MR)' 시대가 열린다는 얘기다. 이는 컴퓨터의 시각화 처리 기술, 오감(五感)을 감지하는 센싱 기술, 현실감을 더하는 디스플레이 기술이 눈부시게 발달한 덕분이다.

2017년 7월 일본 게임사 반다이남코가 도쿄에 오픈한 테마파크 'VR 존 신주쿠'는 가상현실의 진수(眞髓)를 보여준다. '마리오 카트' 탑승자는 마치 게임 속에 들어온 듯 허공에 이리저리 손을 뻗어 화면 속 바나나를 던지고 뽕망치를 휘두른다. '드래건볼'에 나오는 필살기 '에네르기파(일종의 뜨거운 장풍)'도 체험할 수 있다. 손과 발, 허리에 센싱 장치를 착용하고 온 힘을 다하면 가상 화면에서 에네르기파(波)가 분출돼 눈앞의 바위가 깨진다. 고야마 준이치로 반다이남코 VR존 총괄은 "낭떠러지에서는 한 발짝도 못 내딛겠다며 절규하는 사람도 많았다"고 했다. 2018년 4월 미국 디즈니가 공개한 '포스(force) 재킷'은 혼합현실을 구현한 시제품으로 화제를 모았다. MIT, 카네기멜런대와 협업해 만든 이 재킷은 에어백과 고주파 진동으로 신체에 크고 작은 감각을 제공한다. 재킷을 입고 가상현실 안경을 쓰면 뱀이 몸통을 휘감거나 괴물한테 얻어맞는 등 가상 세계의 다양한 감각을 실제 피부로 확인할 수 있다. 마이클 툴리 UC샌디에이고대 교수팀이 퀄컴과 함께 개발한 스마트 장갑도 흥미롭다. 장갑에 내장된 일종의 로봇 근육이 스프링처럼 반응해 손가락이 움직일 때 힘을 가한다. 사용자가 허공에 대고 피아노를 연주해도 실제로 건반을 누르는 것처럼 몰입하며 촉감(觸感)을 느낄 수 있다.

한국과학기술기획평가원(KISTEP)은 2018년 전 세계 AR·VR 시장 규모가 2022년에는 1050억 달러(약 119조원)에 달할 것이라는 보고서를 내놓았다. AR이 전자상거래와 광고 시장에 폭넓게 이용되면서 이 시장 규모가 VR 시장보다 6배나 클 것으로 전망한 것이다. 이 분야에서 한국의 기술력은 미국에 1년7개월, 일본에 7개월 이상 뒤처졌다고 평가원은 밝혔다. 미치오 카쿠 뉴욕시립대 교수는 "앞으로 가상현실 안경이 콘택트렌즈만큼 작아질 것"이라며 "사람들은 세계 어디에 있든 마음만 먹으면 한 자리에 있는 것처럼 놀고 회의하고 악수할 수 있게 된다"고 했다. 한 예로 돌아가신 아버지가 가상으로 등장해 자신의 손자와 놀아줄 수도 있다. 녹음된 목소리의 패턴을 학습하는 인공지능을 활용하면 고인(故人)의 목소리도 상황에 맞게 생생하게 재현할 수 있기 때문이다(류현정, 2018).

4) 가상현실의 미래 : 감성미디어 인터페이스와 메타버스

인간 상호간의 커뮤니케이션에서는 감성이 개입되지 않는 정보의 전달과 교환만이 아니라, 감성과 관계되는 정보의 전달과 교환이 흔히 행해지고 있다. 이러한 감성의 기능을 다루는 인터페이스를 감성형 인터페이스(affective interface)라고 부른다. 특히 감성의 기능을 다루는 정보통신기술과 소프트웨어, 콘텐츠 등을 더욱 넓은 의미로는 감성형 미디어(affective media)라고 부른다. 감성형 인터페이스와 감성형 미디어에 의해 취급되는, 감성과 관계되는 정보를 감성정보(affective information)라고 하며 인간의 감성정보는 다음과 같은 자료에 의해 측정할 수 있다.

① 피부저항, 심장박동수, 혈압, 체온 등 생리적인 정보: 예를 들어 공포를 느끼면 혈압이 상승해 심장박동수가 올라간다. 이들 정보는 인간의 감성상태를 이용하는 감성형 인터페이스에 대한 입력정보로서 중요하다고 볼 수 있다.

② 제스처, 미묘한 행동, 음성의 억양 등 행동적 정보: 예를 들어 긴장하고 있으면 주먹을 꽉 쥔다거나 얼굴이 굳는다. 또 화를 내거나 놀라면 갑자기 음성의 피치(고저)가 올라간다. 이들 정보를 인터페이스가 정확하게 인식하는 것은 간단하지 않지만 매주 중요해질 가능성이 있다.

③ 자연언어의 의한 발화 내용, 얼굴 표정 등의 인지적 정보: 예를 들면 어떤 사람이 상대에게 상처를 줄 것 같은 발언을 했다든가 어떤 사람이 언제 어떤 사람과 함께 있다는 정보 등은 발화자나 발언중인 인물의 감성을 추정하는 데 이용할 수 있다.

그러나 최근에는 이와 같은 생체 신호 외에도 뇌전도 바이오피드백과 같은 생체신호 피드백 기술도 개발되고 있으며 미디어 분야에서는 시선의 움직임과 같은 안구신호도 활용되고 있다. 이 같은 생체 신호 기반 감성인식 기술은 가상현실(VR : Virtual Reality)분야의 산업화 및 실용화 가능성이 높은 것으로 인식되고 있다. 다양한 생체신호 피드백 인터페이스 기술은 영화나 게임 같은 콘텐츠 분야에서도 바이오피드백 인터페이스를 활용한 몰입형, 오감형 디지털콘텐츠를 등장시키고 있다. 디지털 콘텐츠는 기존의 시청각 위주에서 촉각, 공간감, 생체 신호 등을 포함한 오감형 콘텐츠로의 진화가 진행되고 있어 생체 신호 인식을 통한 바이오 피드백 인터페이스 기술에 대한 연구와 투자가 세계적으로 급증하고 있는 실정이다.

이러한 감성인터페이스가 가상현실과 만나는 메타버스는 미디어와 저널리즘의 패러다임을 뿌리째 바꿔버릴 것으로 예상된다. 2022년 개최된 사우스바이사우스웨스트(SXSW) 컨퍼런스에서 메타버스 기술이 보여준 실감형 콘텐츠는 사용자들은 메타버스 공간에서 인간의 오감을 극대화해 현실과 유사한 경험을 제공한 바 있다. SXSW에서 시연된 실감형 콘텐츠인 다큐멘터리인 〈당신이 깨어난 아침에(On The Morning You Wake)〉는 2018년 하와이에서 탄도 미사일 경보가 있었던 날을 추적한 몰입형 VR 다큐멘터리로 당시 상황을 겪었던 사람들의 증언을 바탕으로 끔찍했던 현장을 가상현실로 재구성했다. 이처럼 실감형 콘텐츠는 이미 게임과 음악, 영화를 넘어 저널리즘 분야까지 영역을 점차 넓혀가고 있다. 메타버스 상에서 이미 뉴스 사용자들은 직접 방문하거나 경험할 수 없는 전쟁과 난민 위기, 테러 등을 직접 경험한 것처럼 생생하게 경험하고 있다.

AR(증강현실) 역시 뉴스 콘텐츠로 활용되는 데 많은 잠재력을 가진 실감형 기술로 사용자들의 뉴스 소비 방식을 바꾸고 있다. 여행을 하면서 해당 지역의 뉴스를 찾는 등 지역 언론에서도 AR 기술이 등장하고 있는데 점차 고도화되고 있는 하드웨어와 감성 인터페이스는 메타머스 상에서 아바타를 활용해 단지 게임이나 뉴스를 즐기는 데 그치지 않고 실제 현실과 같은 사회·문화적 활동을 하면서 다양한 참여까지도 이끌어내는 방향으로 진화할 것이다.

05
블록체인기술과 미디어 산업의 변화

1) 블록체인 시장의 급성장

가트너(Gartner)의 '2018년 10대 전략 기술 트렌드 보고서'는 블록체인이 디지털 혁신 플랫폼으로 진화하고 있다고 명시할 만큼 블록체인은 기존 산업 생태계의 질서를 뒤바꿀 수 있는 파괴력을 가진 것으로 평가되고 있다. 우리나라도 2016년 12월, 국내 금융권에서 블록체인 기술의 상용화를 위해 '금융권 공동 블록체인 컨소시엄'을 구성하였으며 2018년부터 블록체인 활성화를 저해하는 각종 법규나 규제들을 검토하고 있으며, 국내 대기업의 경우 LG CNS, SK C&C, 삼성 SDS 등이 자체적으로 프라이빗 블록체인을 개발하여 물류 사업 등에 적용하여 새로운 사업모델을 개척하고 있다.

블록체인 세계 시장 규모는 2015년 1억 3,000만 달러에서 연평균 성장률 61.5% 성장하여 2022년 37억 4,000만 달러 규모에 이를 것으로 전망되고 있다. 국내 블록체인 시장 규모는 세계 시장의 약 10분의 1 규모로 2015년 1,000만 달러에서 연평균 성장률 61.5% 성장하여 2022년 3억 2,000만 달러 규모에 이를 것으로 전망된다.[36]

<표 5> 블록체인 기술 도입에 따른 경제적 효과
(출처 : 국제무역연구원, 2018.4)

NO	제목	내용
1	IDC	블록체인기술로 금융업계의 비용절감 규모가 2022년 약 200억 달러에 달할 것으로 전망됨 기존 레거시 시스템 이용시 글로벌 금융기업의 전산 시스템 비용은 연간 4.6%씩 증가
2	가트너	블록체인 관련 비즈니스 규모는 2022년 약 500억 달러 규모로 성장 디지털 비즈니스 혁신을 도모하는 208개 기업을 대상으로 조사한 결과 52%가 블록체인이 자사 비즈니스에 영향을 미칠 것이라고 답변
3	맥킨지앤컴퍼니	블록체인 기술을 금융시스템에 활용하면 고객 데이터베이스 관리와 보안 등 관련된 금융 비용 절감 효과가 여난 23조원에 이를 것으로 전망
4	산탄데르 은행	블록체인 기술은 은행의 인프라 비용을 2022년까지 매년 15억~20억 달러 절감시킬 것으로 예상
5	베인앤컴퍼니	금융업계 종사자 중 80%가 블록체인이 2020년내 도입될 것으로 예측함

해외에서는 블록체인에 대해 규제를 강화하는 국가가 있는 반면 정부가 주도적으로 기술 개발을 지원하고 공공 부문에의 도입에도 적극적인 나라도 존재한다. 미국은 블록체인에 대해 각 주마다 다른 입장을 취하고 있는데, 2015년 뉴욕은 비트코인 규제로 '비트라이센스(BitLicense)'를 도입해 비트코인 취급을 허가제로 만들었으며 캘리포니아, 노스캐롤라이나 등에서도 동일하게 추진되고 있다.

EU 집행위는 다양한 형태로 블록체인 관련 정책 및 연구 활동을 지

---

36) 한국과학기술정보연구원(2017), "KISTI 마켓리포트 2017-24:블록체인 - 표준화 및 법제도 완비 시급."

원하고 있는데, 2013년부터 EU의 연구 지원 프로그램인 'Horizon 2020'을 통해 다양한 블록체인 관련 프로젝트를 지원하고 있으며 2020년까지 3억 4,000만 유로를 블록체인 프로젝트에 지원하고 있다. EU는 블록체인 기술 발전과 촉진을 위한 'EU Blockchain Observatory and Forum'을 2018년 2월 발족하여 블록체인 관련 정보 수집, 경향 분석, 도전 과제 해결, 블록체인이 보유한 사회 경제적 잠재력에 대한 탐구 등을 통해 블록체인 전문 생태계를 조성하고 있다.

이처럼 블록체인은 금융, 산업, 공공부문, 콘텐츠, 미디어 등 다양한 분야에서 경제적, 사회적 가치를 창출할 것으로 전망된다. 금융 분야에서는 금융거래 인증 및 검증과정이 간소화됨에 따라 거래의 청산이나 결제에 소요되는 시간 단축 및 대규모 시스템 구축 및 관리비용이 절감될 것으로 전망되고 있다. 제조 및 유통 부문에서는 공급사슬관리 측면에서 유통과정에서의 신뢰성과 정보의 투명성 확보에 기여할 것으로 전망되며 공공부문에서는 정부 예산집행의 투명성과 효율성 증대의 효과를 가져 올 것으로 기대된다.

음원 및 콘텐츠 산업에 있어서 블록체인의 도입은 산업내 지작권 침해 문제를 방지하고, 유통·수익구조에 근본적인 변화를 초래할 수 있으며 카쉐어링(Ride-sharing), 자동차 리스서비스, 부동산 거래, 스포츠 매니지먼트, 상품권 및 포인트 제공 등에 있어 블록체인의 분산화된 시스템은 기존의 상품 및 서비스가 제공되던 방식과는 다른 방식의 변화를 가져올 것으로 예상되는바, 콘텐츠 유통 구조 개선과 수익구조의 변화로 창작자와 저작자의 수입 증대가 예상되며 특히 블록체인 기술 기반의 새로운 미디어 출현은 기존 매체가 의존하던 광고 수익이나 판매 수익 기반의 수익원에서 전혀 다른 수익원으로의 이동을 예고하고 있다.

특히 블록체인 기술은 사람-사람, 사람-사물, 사물-사물을 모두 연결하는 초연결사회(Hyper Connected Society)의 등장을 가속화시키는 요인으로 경제, 사회, 교육, 의료 등 산업 전 분야의 근간을 뒤흔드는 '파괴적 혁신 기술'이 될 것으로 예측되고 있어 미디어 분야에서도 이에 대한 신속한 대응이 필요하다.

블록체인 시장의 급성장으로 금융, 유통, 미디어, 의료, 바이오, 문화콘텐츠 등의 산업분야에서 기획, 개발, 관리자 등 전문 인력에 대한 시장의 수요는 급증하고 있으나 국내의 경우 관련 인력이 턱없이 부족한 상황으로 블록체인 전문 인력 양성이 되지 않을 경우 국내 4차 산업혁명 전반에 걸친 혁신성이 결여되고 국가 경쟁력이 저하될 것으로 예상되어 이에 대비한 전문 인력 양성 현황 분석 및 대응방안에 대한 정책 마련 또한 시급하다.

2) 블록체인 기술의 미디어 적용

블록체인은 네트워크 내의 참여자가 공동으로 정보 및 가치의 이동을 기록, 검증, 보관, 실행함으로써 데이터의 신뢰성을 확보하는 기술이다. 특히 데이터를 중앙집중식으로 관리하던 기존 구조에서 탈중앙식·분산식으로 바뀜에 따라 중개자 없이도 신뢰도 확보가 가능하다. 블록체인의 가장 큰 강점은 거래에 참여하는 모든 사용자에게 거래 내역을 보내주며 거래 때마다 이를 대조해 데이터 위조를 막는 방식을 사용한다는 점이다. 이러한 특성으로 인해 블록체인은 주로 가상화폐에 적용되어 폭발적으로 성장해왔지만 앞으로 미디어 분야에서도 매우 큰 잠재력을 갖고 있다.

이러한 특성으로 인해 블록체인기술은 미디어 산업 생태계에서 중계자(플랫폼) 없이 콘텐츠 생산자(기자, 매체 등)와 소비자(독자, 사용자)

가 직접 만날 수 있는 환경을 구축하고 있다. 블록체인을 통해 콘텐츠 생산자가 콘텐츠 가격을 책정할 수도 있고 광고나 저작권 수익과 같은 이익 과정을 매개자 없이 배분할 수도 있다. 또한 이러한 수익창출과 배분과정에서 거래 비용이 거의 들지 않으며 스마트 계약을 기반으로 수익 분배를 자동화할 수 있다.

이처럼 블록체인 기술이 미디어 산업에서 새로운 혁신기술로 인정받는 이유는 현재의 미디어 산업이 겪고 있는 여러 가지 문제들, 예를 들어 창작자에게 정당한 대가가 돌아가기 어려운 이익 구조와 유통의 불투명성 등의 문제점에 대한 해결책을 제시해줄 것으로 기대되기 때문이다. 중개자 없이 콘텐츠 생산자와 소비자가 직접 만날 수 있다는 장점은 기존 콘텐츠 창작자와 배급 유통 플랫폼 사이의 불공정한 수익 분배와 저작권 침해 등 미디어 산업의 난제들을 효과적으로 해결하고 광고 전달의 효율성을 높일 수 있는 방안이 될 수 있다.

이러한 특징으로 인해 블록체인 기술은 광고, 음악, 영화, 게임, 뉴스미디어, 가상현실(VR) 등 다양한 분야에서 새로운 서비스를 선보이고 있으며 앞으로 더욱 활용도가 높아질 것으로 예측된다(유경한, 2018).

3) 블록체인 미디어 사례

뉴스분야의 대표적인 블록체인 미디어로는 시빌(Civil)[37]과 스팀잇(Steam IT)[38]을 들 수 있다. 시빌은 블록체인 기술 기반 뉴스플랫폼으로 기자와 독자가 직접 뉴스를 거래한다. 시빌 뉴스룸은 탈중앙화 자치조직(DAO, Decentralized, Autonomous, Organization)으로 운영되며 뉴스룸에는 저널리즘 자문위원회, 관리자, 뉴스제작자, 시티즌, 팩트체커 등 다섯 종류의 참여자로 구성된다. 스팀잇(Steemit)은 SNS의 일종

---

37) https://civil.co/
38) https://steemit.com/

으로 사용자가 올린 콘텐츠에 대한 보상을 가상화폐로 지급하는 플랫폼이라 할 수 있다. 스팀잇은 일종의 콘텐츠 보상 플랫폼으로 콘텐츠 생산자가 광고 없이 콘텐츠 그 자체로 수익을 얻을 수 있다. 생산자가 게시물을 올리면 다른 사용자로부터 투표를 받는데 투표를 많이 받을수록 스팀잇에서 사용되는 암호 화폐를 보상으로 받는다. 이렇게 발생한 수익의 75%는 콘텐츠 생산자에게, 25%는 투표한 사용자에게 돌아간다.

이 같은 블록체인 뉴스 미디어는 기존의 뉴스생산조직을 보다 유연하고 실험적으로 운영하면서 기존의 뉴스생산조직의 역할과 기능의 상당부분을 참여자와 공유한다. 참여자는 암호 화폐를 통해 참여에 대한 보상을 얻게 되고, 이는 뉴스의 구독에 이용된다. 또한, 참여자는 관리자, 뉴스 소비자, 팩트체커, 검색자, 자문위원회 등으로 탈중앙화 취지에 맞게 분산화되어 데스크가 통제하는 게이트키핑 관행의 개선도 기대할 수 있다(한수연, 2018). 또한 블록체인 미디어는 플랫폼은 있는데 플랫폼 사업자는 없는 상태가 되어 페이스북과 구글, 네이버 등 플랫폼 사업자가 가져가던 중개 수수료를 콘텐츠 창작자와 사용자에게 재분배할 수 있어 혁신적인 미디어 생태계를 탄생시킬 것으로 기대되고 있다.

4) 블록체인 기반 NFT 산업의 성장과 미디어산업 적용사례

NFT(Non-Fungible Token; 대체불가토큰)는 블록체인 기술을 활용하여 이미지 등 디지털화된 자산에 고유한 값을 부여한 인증서로 디지털 토큰(token)의 형태로 발행되는 자산 또는 인증 방식을 의미한다. 따라서 NFT는 해당 자산의 소유권, 구매자 정보, 거래 기록 등을 저장하고 그것이 유일무이한 원본임을 증명하는 용도로 사용된다. 통상의 디지털 자산(암호화폐)이 대체가능한 반면 NFT는 대체가 불가능하나,

그림이나 부동산의 조각을 NFT로 발행할 경우 NFT가 대체 가능한 증권의 특성을 갖기 때문에 이를 유가증권 규제 하에 증권으로 규정해야 하는 지에 대해서는 논란이 계속되고 있다.

NFT는 디지털 이미지와 같이 실물이 없고 비교적 복제가 용이하다는 이유로 가치를 인정받지 못했던 순수 예술분야 변방의 디자인 파일들을 투자와 거래가 가능한 예술품으로 변모시켰다는 점에서 미증유의 혁신적 상품이라고 볼 수 있다. 예컨대 조잡해 보이는 간단한 픽셀로 구성된 벡터 이미지를 미술작품처럼 가정하여 원본으로 인증하고, 소유권 개념을 생성하여 판매하는 방식인데, 이는 세상에 존재하는 수많은 이미지와 기록물, 영상 등에 이르는 각종 디지털 파일에 응용할 수 있는 것이다. 더구나 블록체인기술 및 산업에 대한 이해가 부족한 각국 규제기관들의 관리 혼선을 틈타 산업계는 부를 축적하기 위한 스토리 발굴과 신생 아이디어의 장이 되고 있다.

상기와 같은 기술 덕에 근래 투자자산으로 가치를 인정받기 시작한 디지털 예술품은 범위를 한정하기 어려울 정도로 다각화되어 진화하고 있는데, 게임, 아트, 미디어, 스포츠, 부동산, 금융, 엔터테이먼트 등 다양한 산업에서 사례가 관측되고 있으며, 이른바 메타버스·블록체인·NFT를 결합한 신기술 융합비즈니스를 MBN으로 명명하기도 한다.

2021년 가장 화제를 모은 대표적인 NFT 프로젝트는 '크립토펑크'(CryptoPunks)와 '지루한 원숭이 요트 클럽'(Bored Ape Yacht Club; BAYC) 등으로 각 프로젝트는 각각 약 18억 달러와 17억 달러 규모의 거래액을 달성하였다. BAYC 제작사인 유가랩스는 모자, 눈, 의상 등 170가지 다른 특성을 가진 1만개의 NFT 작품을 출시했는데 희소성이 높을수록 더 비싼 가격에 거래되고 있다. NFT는 보유자, 즉 홀더들간의 인증과 커뮤니티 활동이 가치를 유지하는데 중요한 작용을 하며, 스눕독, 에미넘, 마돈나, 저스틴 비버, 스테픈 커리 등 유명인들이 소셜 네트워크를 통해 BAYC NFT의 홀더임을 인증하며 커뮤니티 활동에 참여하고 있다.

국내에서도 상당한 수의 기업들이 NFT사업에 직간접적으로 참여하고 있다. 카카오는 자회사 그라운드X의 '클레이튼(Klaytn)' 메인넷을 기반으로 한 클립드롭스(Klip Drops) 플랫폼에서 하루 한 개씩의 NFT를 공개하고 있다. 이외에도 위메이드, 컴투스홀딩스, 아프리카TV, 서울옥션, 네이버, 하이브, SM엔터테인먼트, KT 등의 게임, 미디어, 엔터, 통신 기업들이 NFT 플랫폼을 구축하거나, 자사의 서비스와 접목한 시스템을 오픈하고 있다.

글로벌 NFT 전문 사이트인 '논펀지블닷컴'에 따르면 2021년 거래된 NFT 총액은 176억 9,500만 달러(약 21조 9,600억원)로 2020년보다 2만1,350% 증가했으며 판매량 역시 전년 대비 1,836% 늘어난 2,741만 건에 달하는 것으로 발표하였다. 또한 라인의 블록체인 전문 자회사 라인테크플러스는 전 세계 NFT 시장의 규모가 2021년 20조원에서 2025년에는 230조원 규모로 성장할 것으로 전망하고 있다.

NFT 시장에서 가장 규모가 크고 선도적인 NFT 거래소 오픈씨(OpenSea)의 2022년 1월 거래액은 36억 5,000만 달러(약 4조 3,430억원)를 돌파했으며 기업가치는 2021년 8월 15억 달러에서 9배 가량 성장한 133억 달러(약 16조원)에 달하는 것으로 평가받고 있다.

<표 6> 국내 기업들의 NFT 추진 현황 (출처: 삼성증권)

기업	사업유형	사업 내용
위메이드	NFT 마켓플레이스	위믹스 월렛 내 NFT 마켓플레이스 도입
	NFT 사업	그라운드 X의 블록체인 메인넷 '클레이튼'을 기반으로 위믹스 플랫폼 개발 및 P2E 게임 '미르 4 글로벌' 런칭
컴투스 홀딩스	NFT 마켓플레이스	테라 블록체인 기반 NFT 마켓플레이스 출시 및 게임 플랫폼 '하이브'를 블록체인 전문 플랫폼으로 만들며 전자지갑과 NFT 거래소 기능을 합칠 예정
	NFT 사업	거버넌스 상위 토큰 C2X 발행 계획 및 메타버스 가상 도시 컴투버스 출시 계획
카카오 게임즈	NFT 마켓플레이스	NFT 마켓플레이스 '투데이즈' 출시
	NFT 사업	보유 중인 게임 라인업에 자회사 '프렌즈게임즈'가 개발한 보라 코인을 기반으로 P2E 시스템 접목 예정
펄어비스	NFT 사업	신작 게임 '도깨비' 내 메타버스 콘텐츠 도입
갤럭시 아머니트리	NFT 마켓플레이스	갤럭시아메타버스를 통해 NFT 디지털갤러리 '메타갤럭시아' 정식 오픈, 옥션 서비스 오픈 예정
아프리카TV	NFT 사업	NFT 마켓 'AFT 마켓'을 운영중, 최근 아프리카 TV 스타 인플루언서 BJ의 NFT 아바타가 255이더리움에 거래
	NFT 마켓플레이스	메타버스 플랫폼 '프리블록스'를 운영
서울옥션	NFT 사업	서울옥션의 관계사 '서울옥션블루' 21년 5월 두나무와 NFT 파트너십에 대한 업무협약을 체결, 경매형식 기반의 오픈마켓 플랫폼 '블랙랏'을 론칭
	NFT 마켓플레이스	서울옥션블루'의 자회사 'XXBLUE'를 통해 <업비트 NFT 베타>에 NFT 디지털 아트 큐레이션 사업

네이버	NFT 사업	NFT 생태계 개발과 확장을 전담할 신규 법인 라인 넥스트(LINE NEXT)를 설립 라인 넥스트는 한국과 미국을 거점으로 글로벌 생태계 혁신 및 확장에 주력
하이브	NFT 사업	두나무 전략적 파트너십 체결 및 소속 아티스트 NFT 굿즈 제작 계획
SM엔터테인먼트	NFT 사업	디어유 메타버스 플랫폼화, 솔라나 기반 NFT 사업 추진, 메타버스 세계관 'SM 컬처 유니버스'

또한 2022년 루나와 테라의 폭락이후 NFT 시장도 위축되어 1월 170억 달러 거래규모에서 9월 4.7억 달러로 97% 감소하며 리스크가 부각되기도 하였다. 그러나 투자펀드 판테라캐피탈 최고경영자(CEO) 댄 모어헤드는 토큰2049(Token2049; Singapore September 2022) 기조연설에서 NFT를 비롯해 디파이(탈중앙화 금융), 웹3, 메타버스 애플리케이션의 잠재적 성장 가능성과 가치를 강조했고, 암호화폐 투자 플랫폼 매트릭스포트(Matrixport) 공동 창업자인 신시아 우(Cynthia Wu)는 최근 코인텔레그래프와의 인터뷰에서 "향후 5~10년 안에 거의 모든 종류의 실물 자산이 NFT 형태로 토큰화될 수 있다"고 전망하는 등 블록체인 산업계나 투자펀드계에서는 2022년 미국 연방준비제도(Fed)의 금리인상과 통화긴축에 의한 일시적인 위축을 극복할 것이라는 긍정적인 견해를 보이고 있다(https://www.token2049.com/).

게임, 엔터테인먼트, 금융기업들의 긴박한 움직임과는 달리 미디어와 언론사들은 NFT를 활용한 신규 사업에 신중한 편이다. 이유는 지난 30여 년간 인터넷 포털과 디지털 미디어가 산업을 변화시키는 동안 변화의 방향성에 대한 오판으로 레버리지가 충분하지 못했었는데, 더구나 최근 10년간은 유튜브와 OTT의 등장으로 구독자의 외면과 구조조정에 직면해 있는 상황에서 새로운 블록체인 생태계에 전략적으로 안착하기 위한 행보라고 볼 수 있다.

　최근 언론사의 NFT 사업은 블록체인 기술 기업과 협업하여 기사, 사진 등 내부 콘텐츠를 시범적으로 NFT화하고 시장의 반응을 살펴보는 중이라고 볼 수 있다.

　뉴욕타임스는 Tech 전문 칼럼리스트 케빈 루즈(Kevin Roose)가 작성한 'Buy This Column on the Blockchain' 칼럼을 NFT화여 56만 달러에 판매했다고 발표하고 판매금 전액을 Neediest Cases Fund에 기부하였다.

　AP통신은 2021년 11월 블록체인 기술 파트너사인 Xooa와 함께 AP 기자들이 작성한 기사와 사진을 NFT 거래소에 공개했는데 여기에는 2021년 11월 1일 스페인 카나리아 라팔마섬에서 폭발한 화산재에 덮인 집의 사진과 유대인 정착민이 2006년 2월 1일 요르단강 서안지구 아모나에서 이스라엘 보안요원에 도전하는 사진 등 역사적으로 의미있는 NFT 작품 15개를 공개하였다. 이 기간에 AP가 출시한 NFT는 8,165달러에 최종 낙찰됐으며 NFT 경매 수익금은 미국 공군우주 미사일 박물관 재단(Air Force Space and Missile Museum Foundation)과 가넷 재단(The Gannett Foundation)에 기부되었다.

　USA투데이는 1971년 우주로 배달된 TODAY 특별판에서 영감을 받아 2021년 6월 22일, 아폴로 14호의 우주 비행사 앨런 셰퍼드(Alan Shepard)의 달 착륙 50주년을 기념해 시각 저널리스트 팻 섀너핸이 참여한 300여개의 사진과 그래픽, 삽화를 모은 NFT 작품을 출시하였다.

　타임은 4종류의 NFT 수집품(TIMEPieces)과 NFT로 발행된 잡지(magazine issue)를 판매하고 있으며 타임 NFT 소유자는 2023년 타임 론칭 100주년까지 타임 온라인 뉴스 사이트(TIME.com) 무제한 접속권한과 오프라인 행사 초대 등 다양한 혜택을 받을 수 있다.

상기와 같이 미국에서는 정부가 관망하는 사이 전통적인 미디어 기업이 시범적인 사업을 진행하는 것과 달리 중국은 정부가 사기와 거품 발생 가능성 등을 이유로 블록체인 기술과 NFT에 대해 비판적 입장을 고수하면서 암호화폐 보유와 거래를 엄격하게 금지하고 있는 상황이라 더욱 조심스러운 편이다.

따라서 중국은 NFT를 투자자산이 아닌 디지털 수집품으로 정의하면서 정부의 감시하에 기술적 검증을 하고 있는 단계이다. 2021년 12월 중국 국무원 산하 관영 매체 신화가 디지털 사진 NFT를 발행했다. 텐센트의 블록체인 기술을 검증하기 위한 방안으로도 볼 수 있는데, 신화가 보유한 뉴스 사진 중에서 11개 컬렉션(1만 건씩 탑재)과 특별 에디션 1건을 발행하는 수준이었다.

한편 중국의 알리바바가 소유하고 있는 110년 전통의 홍콩 언론사 사우스 차이나 모닝 포스트(SCMP)는 2021년 7월 '아티팩트(ARTIFACT)'라는 NFT 프로젝트를 출시하면서 홍콩이 중국으로 반환된 1997년의 역사적 사건 보도를 묶어 발행한 NFT '1997 프리미엄 시리즈'를 두 시간 만에 완판하는 성과를 내기도 하였다. 이 컬렉션은 1997년 7월 1일 홍콩 반환식을 비롯해 아시아 금융 위기, 홍콩 조류독감 발병, 중국 지도자 덩샤오핑 사망, 영국 다이애나 왕세자비 사망 등을 다룬 신문 1면 보도로 구성되었다.[39]

국내에서는 지상파 방송 및 미디어 사업자들이 아카이빙 자료를 NFT화 하여 판매하는 등 새로운 시도를 하고 있다. MBC는 아트토큰과 제휴를 체결하고 인기 방송 콘텐츠인 무한도전 IP를 NFT 작품으로 전환하는 새로운 프로젝트를 진행하고 있으며, 성태진 작가가 만든 무

---

39) https://biz.chosun.com/international/international_economy/2022/03/16/2ZVYSEMVTNAPJMPYNACOZGT47U/

한도전 '돈 가방을 갖고 튀어라' NFT 작품에서 출연진들을 각각 태권브이, 마징가 제트, 다스베이더, 그레이트 마징가, 배트맨, 아이언맨으로 재현하여 판매하고 있다.

또한 JTBC는 신규 사업으로 '제보 NFT'를 출시하였다. JTBC는 '제보 NFT'라는 사업명으로 시청자들이 JTBC에 보내준 제보가 실제로 기사화되면 NTF로 돌려주기 위해 블록체인 기반 테크미디어기업 '퍼블리시'와 업무협약을 맺었다. 즉 제보자가 자신의 제보로 만들어진 기사를 희소성을 갖는 디지털 자산으로 갖게 되는 것이다 (http://www.mediatoday.co.kr). 기사당 NFT 번호는 1번부터 3번까지 발행하며, 1번은 제보자에게만 부여한다. 다만 초기에는 저작권 등 충분한 법적 검토와 함께 내부 기준을 거쳐 선정한 기사에 대해서만 NFT로 제작한다.

2022년 9월 중앙일보가 '노느니특공대엔터테인먼트'와 함께 '중앙일보X미묘 FIRST NFT'를 500개 무료 민팅을 한 사례도 있으며 (https://www.joongang.co.kr/article/25101871), 그 외에도 한국경제, 영남일보, 매일경제 등의 미디어 기업들이 NFT 사업을 접목하고 있다.

06
유튜브와 OTT, 그리고 저널리즘

1) 유튜브와 OTT의 급성장

OTT는 Over-the-top의 약칭으로 여기에서 top은 TV 셋톱박스(set-top box)를 뜻한다. 즉 OTT 서비스는 원래 셋톱박스를 통해 케이블 또는 위성 방송 서비스를 제공하는 것을 의미하였으며 이후 광대역 인터넷과 이동통신의 발달로 셋톱박스 없이도 스트리밍 서비스가 가능해짐에 따라 지금은 PC, 스마트폰 등 다양한 기기로 송출되는 콘텐츠 서비스로 그 개념이 확장되었다.

OTT는 기본적으로 이제 셋톱박스 없이도 인터넷을 통하여 방송 프로그램, 영화, 자체 제작 프로그램 등의 다양한 미디어 콘텐츠를 제공하는 온라인 동영상 서비스를 지칭하게 되었다. OTT 서비스가 주목받기 시작한 것은 2007년 미국의 대표적인 OTT 플랫폼 넷플릭스가 서비스를 시작한 것을 기점으로 잡는다. 글로벌 인터넷 통신망의 발달, 스마트폰 보급률 증가 및 성능 향상 등에 따른 미디어 시청 환경의 변화가 사업의 성장 배경이 되었고, 서비스 가능 단말기 범위 확대, 콘텐츠의 방대한 양과 다양성, 독점적 콘텐츠 제작·공급 등이 성장을 촉진시켰다.

이처럼 OTT서비스는 기본적으로 인터넷 기반의 미디어 서비스이며, 유튜브를 포함하여 넷플릭스 등의 10여개의 주요 사업자들이 경쟁을 하고 있는데, 코로나 19 이후 비대면의 확산으로 인해 급격한 성장을 이루는 계기가 되었다. 기본적으로 스마트폰 이용시간이 늘면서 OTT의 이용시간이 늘어나 매출증가에 기여하였고, OTT 사업자들은 콘텐츠에 투자하면서 차별화된 서비스 발굴에 집중하고 있다. 한국콘텐츠진흥원의 보고에 따르면 OTT 이용자의 39.6%가 코로나 이후 이용을 시작했으며, 2019년 41.0% 이용에서 2021년 81.7% 이용률로 증가하였다(KOCCA, 2022, OTT 서비스 변화와 콘텐츠 이용전망 분석).

구글은 2022년 유튜브의 가치를 1,800억 달러(252조 원)로 추산하고 있는데, 이는 2006년 10월 구글이 유튜브를 인수한 16.5억 달러의 100배가 넘는 규모이다(https://www.google.com/search?q=youtube+value+2022). 데이터 에이아이(data.ai)는 2022년 1분기 유튜브 앱의 1인당 월평균 사용시간이 안드로이드폰 기준 23.2시간이라고 보고하였으나 국내 이용자들은 이보다 많은 이용을 하는 것으로 예상이 된다. 이미 2020년 10월 발표된 IGA웍스와 모바일 인덱스의 조사에서 안드로이드와 iOS 합산기준으로 국내 이용자 1인당 29.5시간을 이용한다고 보고하였고, 2021년 1월 와이즈앱은 1인당 30.5시간 가량을 이용한다고 하였다. 또한 틱톡과 같은 짧은 동영상의 수요가 늘면서 유튜브와 페이스북은 각각 쇼츠와 릴스의 이용률을 높이기 위해 노력을 하고 있다.

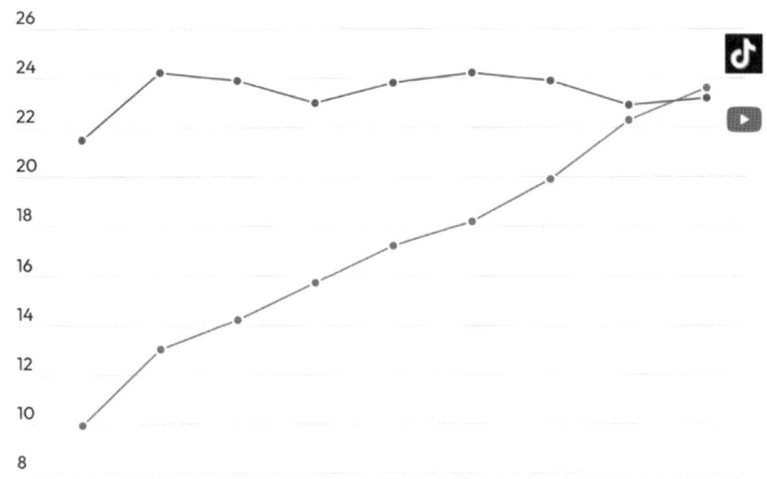

<그림 3> 유튜브와 틱톡의 이용 시간 변화
(data.ai, 2022, 사용자당 월평균 이용시간)

국내 출시된 OTT를 유형별로 구분해보면 아래 표와 같다. 웨이브, 시즌, 티빙 등과 같이 기존 TV기반 유료 디지털방송과 거의 유사한 실시간 및 VOD 콘텐츠를 제공하는 유형을 실시간 종합형으로 구분하였다. 그리고 넷플릭스와 같이 방송 콘텐츠, 영화 등을 중심으로 VOD를 제공하는 유형을 구독형으로 구분하고, 유튜브, 틱톡과 같이 이용자들이 영상을 만드는 UGC와 방송 콘텐츠가 혼재된 광고기반 서비스를 광고 기반형 등으로 구분할 수 있다(방송통신위원회 내부보고서의 일부를 보완함).

<표 7> OTT 사업자의 유형별 구분

OTT 명	사업자	주요 서비스	서비스유형
1. 스포티비 나우	스포티비	스포츠 경기 생중계	실시간 종합형
2. 시즌(Seezn)	KT	실시간 채널 및 방송콘텐츠·영화 등 VOD 제공	실시간 종합형
3. 웨이브(WAVVE)	지상파3사, SKT	실시간 채널 및 방송콘텐츠·영화 등 VOD 제공	실시간 종합형
4. 유플러스모바일TV	LG U+	실시간 채널 및 방송콘텐츠·영화 등 VOD 제공	실시간 종합형
5. 티빙(tving)	CJ ENM	실시간 채널 및 방송콘텐츠·영화 등 VOD 제공	실시간 종합형
6. 넷플릭스	넷플릭스	방송콘텐츠, 영화 등 VOD 제공	구독형
7. 디즈니플러스	디즈니	방송콘텐츠, 영화 등 VOD 제공	구독형
8. 모바일 B tv	SKB	방송콘텐츠, 영화 등 VOD 제공	구독형
9. 왓챠	왓챠	방송콘텐츠, 영화 등 VOD 제공	구독형
10. 애플tv플러스	애플	오리지널 only 방송콘텐츠, 영화 등 VOD	구독형
11. 쿠팡플레이	쿠팡	방송콘텐츠, 영화 및 스포츠 경기 생중계	구독형
12. 네이버TV	네이버	방송 및 웹 전용 콘텐츠	광고기반형
13. 아프리카TV	아프리카TV	UGC나 기존 방송 콘텐츠 클립	광고기반형
14. 틱톡	바이트댄스	UGC나 기존 방송 콘텐츠 클립	광고기반형
15. 유튜브(Youtube)	구글	UGC, 기존 방송 콘텐츠, 영화 VOD 및 실시간	광고기반형
16. 네이버 시리즈온	네이버	방송콘텐츠, 영화 등 VOD 제공	기타형

국내의 OTT 시장 규모는 2020년 20.2억 달러에서 2021년 34.9% 증가한 27.3억 달러로 비공식 집계되고 있으며, 그중 유튜브와 같은 광고기반 OTT의 매출이 30.4% 증가한 18.9억 달러, 넷플릭스와 같은 구독형 OTT의 매출이 51.8% 증가한 7.9억 달러 수준으로 나타나 광고기반 OTT의 시장규모가 큰 반면, 성장세는 구독형 OTT가 큰 것을 확인할 수 있다(Omdia, 2022, TV & Online Video Intelligence Database).

국내에 신고 된 2021년 매출기준으로 보면 넷플릭스는 매출 6,317

억, 영업이익 171억 원, 구글은 광고수수료 매출 2,924억, 영업이익 294억 원 수준으로 두 기업 모두 3년 연속 흑자인 반면, 국내 웨이브, 티빙 등의 OTT 사업자들은 영업이익이 수년간 마이너스인 것으로 보아 글로벌 사업자의 수익성이 국내 토종 OTT에 비해 양호한 것으로 보인다.

그러나 이용자의 인식에서는 웨이브와 같은 실시간 종합형 OTT가 기존의 유료방송과 유사하다고 인식하는 경우가 많았으며, 구독형 OTT에 비해 실시간 채널 제공에 대한 충성도가 매우 높은 것을 확인할 수 있었다(방송통신위원회 내부보고서의 일부를 참고함). 따라서 국내 OTT가 매출과 이익 측면에서 글로벌 사업자 대비 열악한 면이 있음에도 불구하고, 모회사로부터 재정적 지원이 가능한 실시간 종합형 OTT는 이용자들의 지속적인 선택과 만족을 유지할 수 있을 것으로 예상된다.

2) 유튜브와 OTT 저널리즘

유튜브를 포함하여 나양한 유형의 OTT 서비스가 서닐리즘에 합당한 미디어인지 논의하던 시기는 코로나 19 이전이라고 할 정도로 유튜브와 OTT는 팬데믹을 거치면서 사회 전반에 아주 중요한 영향을 미치는 주요한 서비스라는데 이견이 크지 않을 것이다. 그러나 스크린, TV, 모바일 미디어가 등장하던 초기에 늘 그랬듯이 공공적인 사실이나 사건에 대한 정보를 보도하고, 논평하는 등의 저널리즘이 가능한가 하는 논란이 있어온 것도 사실이다.

대개의 기존 주류 언론이 형식과 내용적인 측면에서 정부의 강력한 통제를 받고 있고, 인허가 여부에 따라서는 법인이 해산되는 등의 제재가 가능한 반면, 유튜브와 OTT는 대부분의 국가에서 아직 서비스의 정의나 규제의 범위조차 정하지 못하고 있기에 상기와 같은 제재는 불가능에 가깝다고 할 수 있다. 심지어 중국과 같이 타국 OTT의 서비스가 불법으로 규정된 국가에서조차 VPN 등의 우회 네트워크를 이용한 OTT 시청은 더이상 비밀이 아닌 것이다.

기존 유료방송 서비스를 그대로 옮겨놓은 실시간 종합형 OTT는 그 자체로 스마트폰으로 구현된 저널리즘 미디어라는 것을 부인할 수 없겠지만, 유튜브가 과연 저널리즘 미디어인가 하는 논란은 존재하였다. 그러나 유튜브가 저널리즘 미디어로 등장하게 된 것은 복잡다단하게 변모하고 있는 국제 및 국내 정치의 변화, 그리고 기존의 주류 미디어와 유료 방송산업계의 영향 때문이었다고 볼 수 있다. 지역 미디어로 신뢰도가 높았던 지상파가 시청자들로부터 외면당하고, 뒤이어 등장한 종합편성 채널도 대안 미디어로서 역할이 감소하는 시점에 유튜브는 시청자의 갈증을 풀어줄 확실한 이동경로가 되어준 것이다. 기존 언론에서 볼 수 없는 과격한 표현, 극단의 정치적 색깔, 실시간 시청자와 소통하는 진행자, 전문가 수준의 평론과 해설 등은 이념적으로 양극단 분리된 시청자들에게 기성 언론이 제공해주지 않는 공적 사안에 대한 정보를 제공하는 저널리즘 창구로 작용한 것이다.

물론 이론적으로 저널리즘은 뉴스를 탐사하는 취재과정, 데스크의 게이트키핑, 뉴스룸과 미디어 플랫폼을 통한 정론 보도 등을 통해 사실을 객관적으로 확인하고 공정성, 공공성의 원칙을 준수하는 지속적이고 정기적인 활동이어야 하므로 유튜브의 정치 채널들이 형식적인 측면에서 저널리즘에 미흡하다는 것은 오랜 시간 약점으로 작용했을 것이다. 그러나 최근 들어 기성 언론과 유튜브는 서로의 정보를 교차하여 보도하는 사례가 늘어났고, 특정 분야에서는 유튜브가 기성 언론보다 전문적이며, 세부적인 분석과 해설이 가능한 것을 확인시켜 주었다.

유튜브 개인채널이 타 언론사의 보도화면을 인용하는 것이 직접취재가 아니어서 저널리즘에 위배된다고 할 수도 없을 뿐더러 기성언론보다 심층적인 분석, 다양한 측면의 해설과 전망을 하는 것을 허구적인 상상력이라고 단정할 수 없을 정도로 상당한 수준으로 발전이 된 것도 사실이다. 특히 언론이 정치적 상황에 의해 제 기능을 못하고 있다고 여기는 소수자의 입장에서 유튜브의 채널은 가뭄속의 단비와도 같은 진실하고 균형 잡힌 정보라고 인식할 수도 있을 것이다. 전쟁 중인 국가나 북한과 같은 독재권력 치하에서 공공언론의 기능이 상실되었다면 유튜브는 저널리즘이 구현된 미디어로 기능을 하고 있는 것이라 볼 수도 있는 것이다.

그러나 한편 유튜브와 OTT가 갖는 태생적 한계도 분명함을 인식해야 할 것이다. 기존의 레거시 미디어가 지향하는 '좋은 저널리즘'의 형식은 영상에 투입되는 자본의 규모에 따라 향상되겠지만 내용 측면의 신뢰성은 상당한 시간과 시청자의 경험이 축적되면서 가치가 더해가는 것이므로 단기간에 극복하기 어려운 면이 있다. 자극적 내용으로 조회수를 올리는 것이 기본이다 보니 사전에 부정확한 정보 혹은 의도된 거짓 정보를 걸러내는 것이 용이하지 않은 구조적 문제가 있는 것이다. 기존 레거시 방송의 뉴스를 그대로 재전송하는 실시간 종합형 OTT의 경우도 뉴스 및 시사 콘텐츠와 관련해서는 '충격', '속보'와 같이 자극적인 타이틀로 시청자의 판단을 흐리게 해서는 안 될 것이다.

07
빅데이터 기술과 저널리즘

 제타(Zetta) 바이트급의 데이터와 정보가 넘쳐나는 세상에 이제 단순히 정보만을 전달하는 것은 의미가 없게 되었다. 전통적 언론에게는 남들이 가지지 못한 새로운 정보를 취재하는 것이 중요했지만 이제는 넘치는 정보 중에서 새로운 가치를 가진 그 무엇을 찾아내는 능력이 언론인에게 갈수록 중요해지고 있다.
 저널리즘과 데이터 양(量)의 관계를 굳이 따지자면 초기에는 텍스트 중심의 킬로(Kilo) 바이트 시대를 거쳐 사진과 그래픽 중심의 메가(Mega) 바이트 시대, 그리고 동영상 중심의 기가(Giga) 바이트 시대를 맞이했다고 할 수 있다. 특히 컴퓨터와 디지털 통신 수단의 등장으로 이러한 데이터의 양은 사회 전반에 걸쳐서 급격히 늘어났다고 할 수 있으며 이는 미디어 시장에도 예외가 아니다.
 컴퓨터가 등장한 초기 저널리즘 활동에 컴퓨터를 비롯한 각종 ICT기술을 활용하는 소위 컴퓨터 활용 저널리즘(CAJ : Computer-Assisted Journalism)이 등장했다. 이후 뉴스의 생산과 유통, 소비와 관련된 다양한 저널리즘 활동에 관해 CAR(Computer-Assisted Reporting),

DDJ(Data-Driven Journalism), CJ(Computical Journalism)등의 다양한 용어와 개념이 등장했다. 일반적으로 CAR은 사회과학적 방법과 공공부문의 지향성에 기반을 두고 있는 반면 DDJ는 이야기와 대중적 역할로 특징지어지며 CJ는 정보의 자동화에 강조점을 두고 있다.(Lewis & Usher, 2013).

또한 이와 유사한 개념으로 컴퓨터 활용 저널리즘, 데이터베이스 저널리즘(Database Journalism), 데이터 저널리즘(Data Journalism), 컴퓨테이셔널 저널리즘(Computational Journalism), 정밀 저널리즘(Precision Journalism)등이 등장했는데 이들 용어는 모두 컴퓨터로 상징되는 디지털기술과 ICT기술을 활용하는 새로운 저널리즘의 한 경향이나 사조라고 할 수 있다.

1) 초기 스몰데이터 시대의 컴퓨터 활용 저널리즘

컴퓨터의 등장 초기 컴퓨터 활용 저널리즘은 '특정 사건이나 정보를 취재 보도하는 과정에서 컴퓨터로 관련 자료나 정보를 검색, 검사, 조사하고 수집한 자료나 정보를 분산하고 통계 처리하며 참고문헌이나 검색 자료를 조회 확인하며 관계자를 인터뷰하는 등의 행위를 총칭하는 용어'로 정의되었다. 즉 컴퓨터의 특수한 기능 즉, 커뮤니케이션(Communication)·데이터베이스(Database Management)·통계분석(Statistical Analysis) 기능들을 취재보도 활동에 이용한 것이다.

이러한 기자들의 취재활동을 돕는 단체와 기구, 연구소들이 지속적으로 컴퓨터 활용 저널리즘을 지원하고 있다. 미국 미주리 대학 부설 The National Instituted for Computer-Assisted Reporting(NICAR)[40]은 CAR을 연구하는 대표적인 기관으로 미국 전역에 걸친 네트워

---

40) https://www.ire.org/nicar

크를 통해 각 언론사와 기자들의 컴퓨터를 활용한 취재보도 활동을 지원하고 취재 교육 및 자료수집과 법적 분쟁 등을 대행해 주고 있다.

인류는 유사 이래 다양한 기술의 변화를 겪어 왔지만 컴퓨터와 디지털 기술이 등장한 이후 경험한 변화의 속도는 훨씬 빨랐으며 지금은 더욱 급격한 변화의 소용돌이 속에서 인공지능 컴퓨터에 고도의 통신 기술이 융합된 소위 4차 산업혁명의 시대를 맞이하고 있다. '에너지 중심'의 사회에서 '정보 중심'의 사회로 변하면서 정보가 중요한 재화가 되고 정보기술이 사회의 하부구조로서 중요한 역할을 했듯이, 이제는 빅데이터와 인공지능 기술이 디지털미디어와 만나 상상도 못했던 변화와 혁신을 가져오고 있다. 정보화 시대의 CAR이 바로 정보기술의 발전이 언론의 취재 및 보도 업무에 도입된 제한된 의미였다면 4차 산업혁명의 시대의 CAR은 빅데이터와 인공지능, 블록체인 등 핵심기술이 미디어 콘텐츠의 생성, 유통, 소비에 도입되는 것을 의미한다.

언론은 정보사회를 맞아 그 재화가 되는 엄청난 양의 정보, 즉 데이터를 효율적으로 수집하고 가공하여 전달해야 하는 입장에 처했으며 그것은 정보회 사회의 핵심도구인 컴퓨터의 도움 없이는 불가능하다. 급변하는 정보사회에서 엄청난 정보의 양을 처리하는 것도 문제지만 질적으로도 기존의 단순한 관심 또는 흥미 위주의 정보전달이나 계도적 기능만으로는 더 이상 수용자들을 만족시킬 수 없게 된 것이다. 따라서 다양한 사회현상을 분석 진단하고 처방까지 내려 정책 결정의 자료를 제공하는 기능을 필요로 하로 있으며 사회의 흐름에 한발 앞서 종합적이고 심층적인 안목으로 변화의 방향을 이끌어 가야 하는 능력까지 요구받고 있다. 이를 위해 컴퓨터로 대변되는 디지털 기술과 ICT 기술은 없어서는 안 될 도구가 됐다. 컴퓨터의 획기적인 정보 검색·이동·저장·가공 능력에 기대지 않을 수 없게 된 것이다.

2) 빅데이터 시대의 저널리즘

인터넷과 포털, SNS 등의 등장으로 언론의 유통망이 바뀜에 따라 과거와 달리 새로운 정보와 지식을 얻기 위해서 굳이 전통적 언론의 유통망이 아니어도 되는 시대가 열렸다. 따라서 기자는 이제 정보의 전달자로서의 역할도 애매한 현실이다. 물론 기자가 정보전달 역할의 중심을 차지하고 있는 것은 사실이나 SNS의 등장은 누구나 기자처럼 취재원과 직접 맞닥뜨릴 수 있는 환경이 되어버렸다.

따라서 이러한 시대의 도래는 언론의 입장에서는 새로운 변신을 요구하고 있다. 이러한 환경은 역설적으로 언론인들로 하여금 깊이 있는 전문적 지식과 정보보다는 자극적이고 단발적인 정보제공을 하게 되는 폐해를 가져올 우려를 낳고 있다. SNS로 인해 뉴스의 유통망을 뺏긴 전통적 언론과 기자는 이제 정보 과잉의 시대를 맞아 단순히 정보를 전달하는 것만으로는 생존하기 힘들게 되었다. 정보독점이 깨지고 누구나 동등하게 정보를 접할 수 있는 시대에 언론의 차별성은 그 정보에 전문적 분석과 해석을 가미한 통찰력을 부여하는 것이 될 수 있다. 이런 점에서 데이터 저널리즘은 의미를 지닌다고 할 수 있다.

다양한 정보를 수집, 선별하고 사용자에게 맞춤형으로 제공해주는 뉴스 큐레이션도 중요하지만 현재 네이버 등 포털에게 종속되다시피 한 언론사에게는 큐레이션보다 빅데이터로 기사에 새로운 가치를 부여하는 것이 훨씬 부가가치를 높이는 전략이라 할 수 있다.

미디어의 기본 임무는 정보와 지식을 사람들에게 전파하는 것이지만 이제는 주어진 정보와 데이터를 재가공하여 그 의미와 가치를 사람들에게 전파하는 것이 바로 데이터 저널리즘인 것이다. 데이터(Data)와 저널리즘(journalism)이 결합된 단어인 데이터 저널리즘은 특히 데이터를 스토리화하여 시각적으로 보여준다는 특징이 있다. 데이터를 스토리화하여 시각적으로 보여준다는 점은 기자에게 통계학과 디자인, 프로그래밍, 그리고 이를 스토리화할 수 있는 통찰력이 융합된 능력을 요구한다.

- 빅데이터 저널리즘의 정의와 역사

일반적으로 빅 데이터(Big Data)는 데이터베이스(data base)체계가 저장, 관리, 분석할 수 있는 범위를 초과하는 대규모 데이터를 일컫는다(McKinsey, 2011). 미국의 시장조사 컨설팅업체인 가트너(Gartner)는 2011년 빅 데이터의 등장과 관련 '신기술 발생단계'로 주목하면서 그 성장을 예측하고, 데이터의 방대한 양(Volume), 데이터 유형의 다양한 형태(Variety), 빠르게 처리되는 속도(Velocity)라는 속성과 새로운 가치(Value)의 자원이 될 수 있다는 관점에서 빅 데이터를 4V로 요약하고 처리기술의 복잡성(Complexity)을 추가했다.

그밖에도 데이터에서 경제적 가치를 발굴하는 차세대기술(IDC, 2012), 대규모 데이터와 관련된 기술(SERI, 2012) 또는 의미를 찾아내는 네이터 처리기술(LG경제연구원, 2012)로 정의되면서 '빅(Big)'이라는 뜻에서 연유하는 양의 개념이거나 통신기술을 지칭하는데 머물지 않고 사회적 활용으로 확장하려는 새로운 기술적 의미가 강조되고 있다(최정윤, 권상희, 2014).

데이터 저널리즘의 대표적 사례로 간호사 나이팅게일의 보고서를 들기도 한다. 나이팅게일은 1854년 크림전쟁 당시 위생 상태에 의해 사망하는 사람이 많다는 점을 알아냈고, 이를 설득하기 위해 여러 시각자료를 활용하여 위생을 개선하여 42%의 사망률을 2%까지 줄일 수 있다는 점을 장미 모양의 도표로 표현하였고, 800장의 복잡한 보고서를 단순한 시각자료로 축약해 보여줄 수 있었다.

이후 언론사들은 복잡한 데이터를 단순한 시각적 기사로 제시하는데 노력을 기울여왔고 뉴욕 타임스와 가디언 지는 데이터 저널리즘 전담팀을 운영하며 각종 이슈를 시각화하여 보여주고 있다.

우리나라의 경우 우리나라 최초의 데이터 저널리즘은 제민일보의 4.3사건 보도로 알려져 있다. 컴퓨터가 본격적으로 보급되기 전인 1990년대 초 제민일보는 4.3사건의 증거자료를 데이터베이스화 하여 대량의 데이터를 저장하고 분석해 4.3특별법까지 제정시키며 데이터 저널리즘의 힘을 보여주었다. 이후 중앙일보 등 많은 언론들이 데이터의 중요성을 깨닫고 데이터베이스 전담팀을 구축하는 등 노력을 기울이고 있지만 메이저 언론사들은 데이터 저널리즘보다는 디자인에 중점을 두어 시각화하는 인포그래픽에 더욱 의미를 두는 경향이 강하다. 즉 아직도 데이터 저널리즘을 시각화와 동일시하며 데이터 저널리즘의 중요성에 대한 인식이 부족하다고 할 수 있다. 아직 데이터를 다루는 부서나 종사자는 뉴스룸 안에서 주변부로 인식되고 있으며 뉴스룸 최고 의사결정자들이 디지털 숙련도가 떨어지고 빅데이터의 중요성을 높게 인식하지 못하는 점이 문제이다.

과거에는 강력한 컴퓨팅 환경이 없었기 때문에 수천만 개, 혹은 수억 수조 개 이상의 데이터를 분석하여 패턴화하고 시각화하는 것이 불가능했지만 이제는 누구나 컴퓨팅 도구들을 활용하여 전문가의 도움 없이도 빅데이터 분석 기법들을 수행할 수 있다. 대표적인 오픈 소스인 R[41]등을 이용할 수도 있고 태블로(Tableau)[42] 등과 같은 여러 상용

---

[41] 오픈 소스(Open Source) 프로그래밍 언어 가운데 하나인 R은 뉴질랜드 오클랜드 대학의 Ross Ihaka와 Robert Gentleman에 의해 1993년부터 개발되었다. R은 기존의 데이터 분석용 객체지향언어인 S 언어에 그 뿌리를 두고 오픈 소스임에도 고성능의 컴퓨팅 속도와 데이터 처리 능력, 각종 소프트웨어 및 구글, 아마존 클라우드 서비스와의 API 등 호환성이 좋아서 클라우드 컴퓨팅과 빅 데이터(Big Data) 분석에 주로 사용된다.
[42] 빅데이터 분석 및 시각화 회사인 태블로는 데이터를 시각적으로 분석할 수 있게 해

소프트웨어들을 사용할 수도 있다. 이렇게 통계와 컴퓨터 그리고 뉴스와 디자인이 만났을 때 강력한 효과를 발생시키는 것이 빅데이터 저널리즘이며 이는 지금의 시대가 필요로 하는 인문학과 공학, 예술이라는 상이한 분야의 지식이 융합되어 만들어내는 새로운 융합저널리즘이라 할 수 있다.

- 미디어 기업과 빅데이터

빅 데이터(Big Data)는 디지털 기술의 발달로 인해 파생된 디지털 흔적이다. 일반적으로 빅 데이터(Big Data)는 데이터베이스(data base) 체계가 저장, 관리, 분석할 수 있는 범위를 초과하는 대규모 데이터를 일컫는다(McKinsey, 2011). 빅 데이터는 기술 분야 뿐 아니라 우리 사회의 다양한 분야에서 여러 가지 방법으로 사용되고 있다. 특히 기업들이 오랫동안 고민해 온 난제에 대한 해결책을 제공해 줄 뿐 아니라, 프로세스와 조직, 산업 전반, 심지어 사회 자체를 변화시킬 수 있는 새로운 방법까지 제시하고 있다(박상익외, 2016). 우리가 살아가는 모든 영역에서 발생하는 데이터들을 기반으로 하는 방대한 디지털 흔적인 데이터를 분석하여 사회의 움직임을 예측하여 새로운 가치를 창출하는 빅 데이터 기술이 다양한 분야에서 성과를 내고 있다.

김동완(2013)은 분야별 빅 데이터 성공사례를 정치, 사회, 경제 및 경영, 문화, 의료, 미디어 분야별로 소개했다.

구체적으로 빅 데이터를 활용하여 성공한 미디어분야의 기업으로는 가입자의 취향과 서비스 이용 데이터에 기반한 추천서비스를 제공하는 것으로 유명한 비디오(영화/TV)시리즈 콘텐츠 스트리밍 사업자인 넷플

주는 데이터 분석 플랫폼이라고 할 수 있다. 엑셀과 비슷하게 주어진 데이터를 파이, 차트, 도표 식으로 다양하게 확장할 수 있는 태블로 소프트웨어는 2019년 세일즈포스에 157억 달러(약 18조 원)에 인수되었다. 시애틀에 본사를 둔 태블로는 버라이즌, 넷플릭스 같은 대기업을 포함해 8만6000여 업체를 고객으로 두고 있다.

릭스(Netflix)가 있다. 넷플릭스는 시네매치(Cinematch)라는 개인 맞춤형 추천 알고리즘을 적용 분석하여 가입자가 선택할 만한 매력적인 아이템을 미리 예측해서 추천해주는 것으로 유명하며 자체 콘텐츠 제작을 위한 부분까지 빅 데이터를 활용하여 작품 흥행 수준까지 예측하고 있다.

월 순방문자수가 1억 5천만 명을 넘어선 버즈피드 역시 빅 데이터를 이용하여 성공한 대표적인 미디어 기업이다. 웹 사이트 방문자의 성별과 나이는 기본이고 기사를 페이스북, 트위터, e-mail 등에 몇 번을 공유했는지, 페이스북에 접속된 상태인지까지도 분석한다. 이러한 데이터를 바탕으로 이용자들이 공유를 원하는 콘텐츠 유형, 키워드 등을 판별해낸다. 구글은 검색로그라는 사용자에게 필요 없는 데이터 폐기물로부터 검색어 제안 기능이나 손 글씨 입력기 기능, 구글 번역, 음성검색 등 가치 있는 서비스를 차례로 만들어냈다. 이런 기능 서비스에는 통계적인 학습방법을 적용한다. 대량으로 축적된 비정형화된 데이터를 분석하면 통계적으로 가장 적합한 결과가 도출된다. 미국의 온라인 콘텐츠 회사인 오토메이티드 인사이트(Automated Insights)[43]는 로봇을 빅 데이터와 결합시켜 초당 9.5개의 기사를 생산하여 2013년에는 총 3억 개에 이르는 기사를(월평균 1만 5천개) 미국 주요언론사에 판매했다(유재복, 2014).

국내에서도 미디어 분야의 경우 일부 빅 데이터 연구에 대한 함의 정도의 연구들이 진행되고 있다. 박대민(2013)은 방송콘텐츠 영향력 도출을 위한 빅 데이터 분석체계에 관한 연구에서 소셜미디어 상에서 대용량의 텍스트 데이터로 존재하는 빅 데이터는 알고리즘에 기초한 분석이 가능하기 때문에 시간이나 인력의 절약, 표본오차의 부재, 결측값

---

43) https://automatedinsights.com

(value unknown at present)의 정확한 측정, 코더간의 신뢰도 문제 해소, 다채로운 관계분석, 연구자 편견 개입불가 등 다양한 장점이 있다고 주장하였다. 이재현(2013)은 빅 데이터 기술이 사회과학에 어떤 함의를 가지고 있는지에 대해 특히 방법론 차원에서 빅 데이터의 수집, 분석, 표현에서 제기될 수 있는 문제들을 각각 표집, 지표구성, 시각화를 중심으로 연구한 바 있다.

빅데이터 전략은 미디어 회사들에게 있어 차세대 전략으로 정의할 수 있다. 빅데이터는 대규모 데이터 집합44)과 관련된 다양한 전략과 전술, 그리고 이러한 엄청난 데이터 집합에서 새로운 분석결과를 도출하는 기술을 일컫는다. 데이터 분석 프로세스를 자동화하고 단순화하는 새로운 기술은 미디어 분야가 아니라 경영학이나 자연과학 등에서 먼저 활성화되어왔다.

신문, 텔레비전, 잡지 및 인터넷 미디어 회사의 경우 빅 데이터는 고객을 더 잘 이해하고 공략할 수 있는 청중 분석, 저널리즘 스토리텔링을 위한 공용 및 개인 데이터베이스 분석, 폭발적으로 증가하는 비디오, 소셜 미디어 및 기타 컨텐츠 관리, 광고 및 경영 효율성 제고 등에 활용될 수 있다.

이러한 여러 활용 분야 가운데 특히 뉴스에 빅데이터를 적용하는 것은 새로운 수익과 저널리즘 비즈니스 차원에서 잠재적 가치를 갖고 있다고 할 수 있다. 미디어 기업에서 "작은" 데이터와 빅데이터는 뚜렷이 다른 특징을 갖고 있다. 작은 데이터는 주로 기가바이트 이하의 저장

---

44) 미국 정부의 공공 데이터 사이트인 data.gov에 따르면 월 단위의 데이터 통계 자료는 SNS의 급격한 확산으로 비정형 데이터의 양이 폭증하고 있다. 페이스북(Facebook)에서만 매월 이용자 한 명당 평균 90개 이상의 콘텐츠를 업로드하고 있으며, 유튜브(YouTube)에서는 1분마다 24시간 분량의 비디오가 업로드 되고 있다고 한다. 이 같은 데이터의 양이 2011년에 이미 제타바이트(Zettabytes)를 넘었으며 매 2년마다 2배씩의 증가가 예상된다.

용량을 가지며 개인용 컴퓨터에 저장될 수 있는 반면, 빅데이터는 용량이 커서 개인용 컴퓨터에 저장할 수 없으며 대부분의 빅데이터는 테라바이트, 페타바이트, 제타바이트 이상으로 클라우드나 다른 대용량 저장 시스템에 저장해야 한다.

예를 들어 고화질 비디오는 1기가바이트의 스토리지를 필요로 하지만 100만 기가바이트에 해당하는 1페타바이트는 13.3년 분량의 고화질 비디오를 저장하는 용량을 필요로 한다. 구글의 동영상 사이트인 유튜브는 하루에 24페타바이트가 넘는 빅데이터를 처리한다.

미디어 회사들은 광고/판매, 독자/사용자 관계/구성원, 콘텐츠, 회계 등 조직의 모든 영역에서 매 분마다 수많은 데이터를 생성, 관리한다. 미디어 회사들은 또한 비디오, 사진, 텍스트, 그래픽 형태의 데이터를 끊임없이 생산한다.

- 빅 데이터 저널리즘의 사례

CNN의 빅데이터 저널리즘은 뉴스 속보를 위한 조기경보 시스템, 방대한 시청자가 어떻게 기술을 사용하고 있는지 실시간으로 파악하는 방법, 데이터 세트를 정제해 저널리즘 스토리 제작에 반영하는 등 세 가지 측면에서 활용되고 있다. CNN은 데이터저널리즘 기술을 뉴스 속보 시스템으로 활용하는 한편 협약을 맺은 정보 기술 회사가 고객의 주요 활동 정보를 실시간으로 파악하는 데이터 알고리즘을 사용한다. CNN은 또한 공정하고 균형 잡힌 저널리즘 스토리를 제작하기 위해 최근 20개국 1만9000여명의 패널들이 넬슨 만델라의 사망 이후 삶에 대해 설문조사를 하는 등 보스턴에 본사를 두고 있는 기술회사와 지속적으로 여론 조사를 벌이고 있다.

월스트릿 저널도 빅데이터 저널리즘을 데이터 시각화 기법을 통해 다양하게 선보이고 있다. 지난 70년간 미국의 각 주별로 바이러스 백신이 도입된 이전과 이후의 각종 질병 발병 건수를 분석한 아래의 데이터 시각화를 보라. 이 사례의 경우 각 주별로 지난 70년간 홍역 발병건수를 보여주고 있는데 백신 도입 전과 후의 사례가 현격히 줄어들고 있음을 데이터 시각화를 통해 독자에게 전달하고 있다.

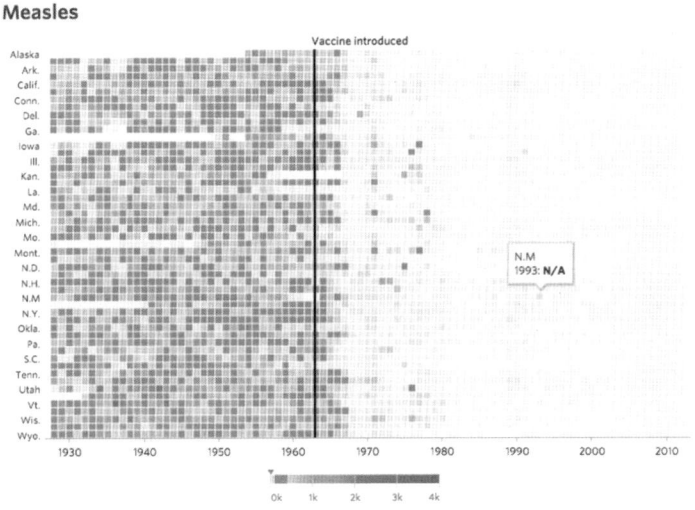

<그림 4> 지난 70년간 미국 주별 홍역발병의 백신도입 전후 비교(월스트릿 저널)

블룸버그는 이해하기 쉽고 유용하며, 상호작용성이 가미된 빅데이터 저널리즘을 위해 데이터 그래픽 섹션을 편성하여 제공 중이다. 데이터 시각화 섹션은 매일 흥미 있는 데이터 분석 결과들을 그래픽과 함께 제공하며 독자들의 눈을 확 끌어당기는 내용으로 가득차 있다. 아래의 사례 <미국에서 가장 위험한 직업>은 지난 2006년부터 2013년까지 7년간의 미국 노동부 데이터를 분석해 상호작용 방식으로 제공한 것이다. 사용자는 우선 어떤 노동자가 가장 죽을 위험이 큰 지를 묻는 질문이나 월급에 비해 사망재해가 일어날 가능성이 높은 직업군등과 같은 질

문을 받게 되며 이에 대한 답변 형식의 빅데이터 분석 결과를 아래의 그림과 같이 제공하고 있다.

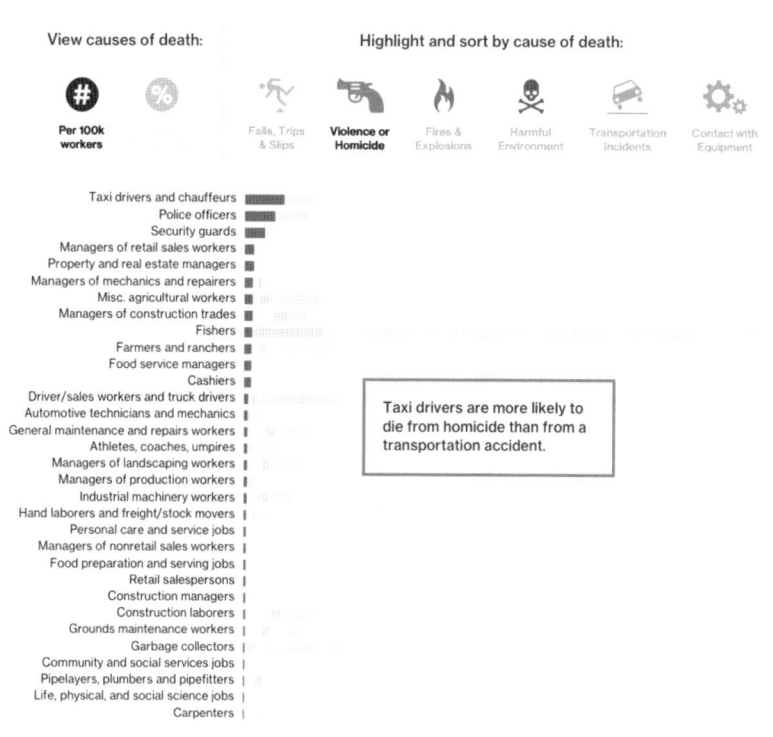

<그림 5> 블룸버그의 데이터 저널리즘 사례

08
양자컴퓨터와 퀀텀 저널리즘

WEB 3.0

1) 양자컴퓨터(퀀텀컴퓨터)의 진화[45]

양자물리학 이론이 컴퓨터에 적용될 수 있다는 가능성을 보인 것은 양자이론을 처음 제시한 막스 플랑크(Max Planck, 1900)와 양자와 원자의 모형을 제시한 닐스 보어(Niels Bohr, 1913)의 연구 이후 50여년이 지나 리처드 파인만(Richard Feynman, 1918-1988)의 이론적 연구였다. 그는 1965년 노벨상 수상이후 1981년 MIT에서 '컴퓨터를 이용한 물리학 시뮬레이션'이라는 주제의 강연을 통해 퀀텀컴퓨터의 개념을 최초로 제안했었다.

하드웨어 기술도 점차 발전하여 2000년대 들어 IBM이 소인수분해 15에 성공(2001년)후 한동안 소인수 분해 21에 머물던 기술이 2011년 캐나다 디웨이브시스템사가 개발한 128큐비트(qubit·quantum bit) 성능의 최초 사용 퀀텀컴퓨터 디웨이브(D-Wave)를 구현하고, 구글과 美 항공우주국(NASA)이 2013년 516큐비트 성능의 디웨이브2를 대당

---

[45] 이상호(2019), 야만의 회귀-유튜브 실체와 전망, 저서의 내용을 일부 업데이트하여 옮겼음

1500만 달러(약 170억 원)로 구매하여 외계인 연구, 인공지능 연구에 활용하면서 주목을 받게 된 것이다. 2017년 출시된 4세대 디웨이브 2000Q는 2048큐비트까지 개발되었다.

그러나 디웨이브는 최적화된 연산문제에만 특화되어 일반컴퓨터와 차별적인 연산능력이 보이지 않는다는 실험결과로 인해 비판을 받게 되었다. 이후 2016년 구글은 자체적으로 초전도 회로 '시커모어'를 이용하여 9큐비트에서 시작해 2019년 54큐비트 퀀텀컴퓨터를 구현하였다. 한편 퀀텀컴퓨터 개발의 다른 한축은 IBM이 담당하고 있는데, 2019년 CES에서 20큐비트 프로세서를 장착한 퀀텀컴퓨터 'IBM Q 시스템 원'을 구현하여 선보였다. 그리고 가장 최근에는 2020년 12월 중국에서 시커모어 보다 100배 빠른 양자컴퓨터 시제품 지우장(九章) 개발하여 발표하기도 하였다.

퀀텀컴퓨터 하드웨어 구현의 가장 큰 난제는 큐비트 교란을 방지하는 안정적인 시스템의 구현이다. 양자는 약간의 교란에도 중첩과 얽힘이 무너지므로, 양자 프로세서는 절대온도 0.015도(영하 273.135도C) 수준의 극저온 상태에서 진공 또는 초전도 회로에서 작동해야 하는 것이다. 또한 퀀텀컴퓨터가 연산해 내는 무수한 결과 값(예컨대, 50큐비트는 2의 50승 =1천조 개의 연산이 가능)에서 정답을 찾아내는 방법도 지속 개발되어야 한다.

따라서 기초과학이 갖춰진 대학과 기업에서 퀀텀컴퓨터 관련 기술의 개발을 추진하고 있지만 천문학적인 예산이 소요되고 있어 퀀텀컴퓨터의 상용화와 소형화는 10년 혹은 그 이상 걸릴 것이라는 전망을 하고 있다.

2) 퀀텀 저널리즘

양자물리학에 기반한 퀀텀컴퓨터는 IBM 메인프레임 대형 컴퓨터가 정부, 대기업 등에서 사용을 시작했듯이 그 순서를 그대로 따라 갈 것이라고 전망하고 있다. 개인화된 컴퓨터로 그 연산의 속도감을 경험하기엔 시간이 다소 소요될 것이라고 예상되지만, 메인프레임 컴퓨터와 같이 중앙에서 연산을 해주는 체계로 가게 된다면 간접적으로 그 속도를 체험하게 될 것이다.

저자는 퀀텀컴퓨터가 상용화되어 여러 대기업들이 한둘 구매하는 시기가 된다면 현존하는 0과 1로 연산하는 디지털컴퓨팅의 세계는 급속도로 무너지면서 큐빗의 조합으로 연산하는 엄청난 속도의 인공지능을 만나게 될 것이라고 기대한다.

수퍼컴퓨터로 수백 년 걸려 해결할 문제를 단 몇 분 안에 연산하는 능력으로 인공지능이 신경망 기계학습을 하게 되면 아마도 우리 사회 대부분의 영역에서 인간의 역할이 상당수 필요 없어질 가능성이 높을 것이다. 예컨대 원시적인 아날로그 데이터를 수집하는 역할 정도만 해주면, 그 데이터들 기반으로 기사를 작성하고, 사상인물을 통해 영상을 만들고 뉴스를 내보내는 정도의 업무는 컴퓨터가 대신할 수 있을 것이다. 다만 여기서 인간의 역할을 추가한다면, 초기에 올라온 뉴스들을 데스킹하는 게이트 키핑과 정성적인 기사의 평가, 광고주와의 인간적 소통 정도가 아닐까 싶다.

또한 컴퓨터와 인간의 소통이나 인간 대 인간의 소통을 설명할 때 사용할 이론도 진화할 것으로 예상이 된다. 사실 원래 인간의 소통은 매우 복잡한 과정을 거치지만 이를 단순화해서 이론을 만들었을 뿐이다. 그러나 퀀텀컴퓨터의 등장이후 인간이 교실에서 이해할 정도의 이론은 보다 현실적인 이론으로 복잡다단하게 진화할 수 있는 것이다. 즉 관찰되지 않기에 시각적으로 알 수 없는 순간의 상황을 포착하여 커뮤니케이션의 과정을 설명하는 것이다.

(예1) 퀀텀 커뮤니케이션의 사례 1

송신자는 자신의 메시지가 떠오르기 이전에 이미 수신자가 보여주는 비언어적 메시지를 확인(관찰)하게 된다. 이를 확인하고, 그에 적합한 자신의 생각을 메시지(1이라고 하자)로 송신한다. 그리고 수신자는 메시지를 받는 순간 자신의 생각(1 혹은 0의 중첩상태)과 송신자의 생각(1)을 동시에 떠올리며 어느 방향의 메시지인지 내용을 해독한다. 그러나 수신자 머릿속의 두 가지 생각이 1 혹은 0 어느 방향이 될지는 수신자가 자신의 메시지를 정하기 전까지는 알 수 없다. 수신자가 자신의 생각(0이라고 하자)을 회신하지만 이 메시지가 당초 송신자에게 1 혹은 0 어느 방향으로 해독될지는 송신자가 해독을 마치고 다시 메시지를 보내기 전까지는 알 수 없다.

(예2) 퀀텀 커뮤니케이션의 사례 2

나는 잘 알고 있는 길을 걷고 있다. 그런데 내 앞에 지도를 들고 길을 헤매는 여행자A를 지나치게 된다. 이때가 그 여행자가 (원하든 아니든 무관하게) 나와 주변인들에게 비언어적 메시지(1이라고 하자)를 보내는 순간이다. 그가 나에게 어떤 말도 하지 않았지만 난 그의 불편한 상황을 짐작하게 된다. 그를 도울 것인가 말 것인가. 이러한 상황이 나와 주변인들에게 벌어진 첫 번째 메시지 전송의 과정인 것이다. 이는 양자가 어느 곳에 위치하는 지 정확히 알 수 없지만 동시에 두 군데 이상의 위치에 존재할 수 있는 것과 같다. 그의 비언어적 메시지는 모든 주변인들에게 동시에 전달된 것이다. 그러다 그가 B에게 길을 묻는 메시지 전달의 과정이 본격화되면 수신자는 직접 말을 들어주는 B와 그 주위에 있는 모두가 된다. 주변인들 모두 그의 말을 들었지만 한명의 수신자인 B는 해독하여 자신의 생각을 메시지로 전달한다. 이때 주변인들 모두 0 혹은 1이라는 메시지를 생각했을지라도 B는 자신의 생각을 0 혹은 1이라고 보내게 되고, 그것이 A에게 전달되어 해독이 되었을 때 0 혹은 1이 될지는 메시지를 개봉하여 해독하는 A만이 알게 되는 것이다. 그러나 나와 주변인 모두 그 메시지가 0 혹은 1이 될지 알 수 없다. A의 입에서 나오는 다음 메시지를 듣기 전까지는 양자가 중첩되어 있듯이 그 위상을 알 수 없는 것이다.

상기의 퀀텀 커뮤니케이션 이론의 예시는 양자물리학의 이론을 접목하여 상상을 해본 것이다. 저자 역시도 아직 디지털 컴퓨팅의 세계에 머물러 있기 때문에 퀀텀 컴퓨팅이 일상화 된 세상의 상황을 예측하기는 용이하지 않다.

아마도 컴퓨터를 이용하는 인간의 작은 움직임에도 감정선의 변화를 읽고 파악해내면서, 비언어적 메시지를 접수하는 등 원래 인간이 표현하고자 했던 내용보다 더욱 풍부하게 언어를 기술해내기도 할 것이다. 퀀텀컴퓨터의 능력은 인간을 대신하여 영상기록을 남기고 대중의 반응을 체크하면서 스스로 판단하여 내용을 보정하는 것까지 도맡아 할 수 있을 지도 모른다.

09
5G, 6G 통신기술의 진보와 저널리즘

WEB 3.0

1) 미진한 5G를 두고도 6G를 개발하는 이유

전장의 퀀텀컴퓨터가 한참 후에 벌어질 미래 기술 같아도 과거 기술의 진화를 떠올려보면 불과 수년 내에 도래할 미래가 될지는 아무도 알 수 없는 것이다. 본 절의 통신기술도 그런 의미에서 얼마나 빨리 우리 현실에 도래할지 알 수 없는 것이지만 10년 앞을 내다보고 기술 개발을 해야 하는 기반기술이기에 전 세계의 주요 국가들이 앞 다투어 투자를 하고 있는 것이다.

오늘날 현실에서 5G의 속도를 체감하며 초당 20Gbps의 속도로 데이터를 전송받는 이용자는 거의 없을 것이다. 심지어 4G LTE시절 통신기업에서 주장하던 1Gbps의 속도는 아직도 요원한 것이 사실이다.

	4G	5G	6G
최대전송속도 (Gbps)	1	20	1,000
사용자 경험속도 (Gbps)	0.01	0.1	1
지연시간	10ms	1ms	100μsec
4K 영화 다운로드 시간	2분 40초	8초	0.16초

<그림 6> 통신기술 세대별 전송속도 비교
(정보통신기획평가원)

일반적으로 통신기업에서 언론을 통해 홍보하는 전송속도는 최종 소비자인 이용자가 체감하는 그것과는 상당한 격차가 있다. 그것은 실험실에서 기술 규격을 정해 특정 주파수를 이용해 전송하는 해당 기술방식이 세계적인 표준화 기구를 통해 차세대 기술로서 인증되고, 국내에서는 그 기술방식을 바탕으로 통신기업이 정부로부터 5G 혹은 6G 서비스를 할 수 있도록 허가했을 뿐, 전송속도 그 자체를 허가해주는 것이 아니기 때문이다. 통상적인 4G LTE 기술로 통신망을 구축하여 전송하면 실험실 수준에선 초당 1Gbps로 데이터를 전송할 수 있는 것인데, 실제 이용자의 이용 환경은 주위에 빌딩과 여러 전파 장애물 등으로 인해 초당 속도가 그렇게 나오지 않더라도 (경험 속도라는 근거가 희박한 기준이 있음에도 불구하고) 그것이 이용에 현저히 방해가 되지 않을 정도면 기업과 이용자 모두 수용하고 마는 수준인 것이다.

통신기업들이 국내 5G 기지국을 전국에 구축하도록 약속한 시기가

2023년인데 여전히 이용 중간에 5G에서 LTE구간으로 넘어가는 구간이 많은 것으로 볼 때 의구심이 들 수밖에 없는 것이다. 이미 5G 이용 속도에 요금에 불만을 가진 이용자들이 모여 집단소송을 하고 있음에도 결과를 예측하기는 용이하지 않다. 국내 통신기업들은 사활을 걸고 이 사안에 대응 중인데, 국내의 통신상황이 전 세계 어디와 비교해도 월등히 좋은 상황이라는 점, 국내에서의 판결이 글로벌 기술선도 지위에 미치는 영향 등을 최소화하기 위해 잡음을 줄이고자 하고 있다.

최근 해당 소송 판사와 통신기업 측 변호사가 동일한 법무법인 출신이라는 점을 들어 논란이 일고 있는데다 소송이 시작된 2021년 6월 이후 1심의 결과도 나지 않은 점 등으로 볼 때 집단소송 초반 쉽게 끝날 것 같던 분위기는 사라지고, 점차 소송의 동력이 약해지고 일정은 지체되는 것으로 보인다.

그런 상황에서 통신기업과 가전사, 주요 통신관련 연구소들은 6G 개발에 돌입하고 있다. 10년 주기의 세대교체를 준비하는 차원이기도 하지만, 이미 전송용량에 한계점에 도달할 것이라고 예상되는 비대면 비즈니스와 홀로그램, XR데이터 등의 콘텐츠 영역과 항공 및 해상 분야 신규 사업, 해저공간에서 대규모 데이터의 안정적인 전송 등이 요구되기 때문이다.

구체적으로 5G와 6G의 비즈니스 측면의 차이점을 정리하면 다음과 같다. 실감 영상 콘텐츠 측면에서 5G는 모바일 AR, VR 영상 전송에 적합하다고 하였으나 다자간의 비대면 홀로그램 회의를 끊김 없이 진행하기 위해서는 6G의 속도가 보장되어야 하는 것이다. 또한 5G 기반의 초저지연 통신은 자율주행 자동차의 차량 간 통신에 활용될 수 있으나 현재의 5G 속도와 안정성만으로는 완벽한 자율주행을 보장하기도 어려울뿐더러, 드론 카 등 자동차와 드론 간에 주고받아야 하는 데이터의 지연 통신 수준에 미치지 못하기에 6G 수준이 되어야하는 것이다.

5G가 4G에 이어 차세대 이동통신과 스마트미디어가 진화할 수 있도록 기반이 되어준 것이라면, 6G는 본격적으로 연관 산업이 융합되어 성장하는 것을 돕고, 그 규모도 기업에서 도시급으로 확대시킬 수 있도록 해준다는 차이로 설명할 수 있을 것이다. 앞서 언급한 비즈니스 측면을 넘어 도시 안에서 완전한 물류와 교통 통제 체계를 구축하고, 모바일로 건강정보를 전송받는 수준을 넘어 원격 수술을 할 수 있을 정도의 정밀한 통신기술 접목이 가능해지기 때문인 것이다.

삼성전자는 6G 백서를 통해 사람뿐 아니라 기계 역시 주요한 이용자가 될 것으로 전망하였고, 테라헤르츠의 초고주파 대역을 활용하게 되면 지상과 항공, 해저 등을 넘나드는 통신공간의 확장이 가능하다고 보았다.

물론 여전히 제기되는 5G, 6G의 기술적 단점도 극복해야 하는 이슈이다. 초고주파 통신의 특성상 전송거리가 짧고, 콘크리트 벽 등의 장애물에 대해 통과하거나 휘어지는 등의 회절성이 약해 4G에 비해 촘촘한 네트워크를 구성해야 하는 점 등이 그것이다. 그러나 5G에서 장거리 전송은 유선광망(Fiber Network), 라스트마일에서는 MIMO (multiple input multiple output) 장비를 구축하는 방식인데 6G에서도 이러한 전송방식을 응용할 것으로 예상된다.

일찍이 중국이 화웨이 중심의 연구개발로 5G 특허부문에서는 전 세계 1위를 차지하고 있고, 미국의 견제에도 통신시장 점유율 1위를 고수하고 있다. 이미 중국은 2020년엔 6G 백서를 발간하고 그해에 6G 테스트를 위한 인공위성을 발사하여 5G에 이어 6G도 세계 기술을 선도하여 '통신 기술 굴기'의 완성을 추구하는 것으로 보인다.

미국은 2020년 '넥스트G얼라이언스'를 출범시키면서 한국의 삼성, 스웨덴의 에릭슨, 핀란드의 노키아 등의 글로벌 통신장비 기업과 시스코, 퀄컴, 인텔, 벨, 마이크로소프트, 벨, 페이스북 등의 자국 IT기업, AT&T, 버라이즌 등의 통신기업을 대거 참여시켜 연구개발에 주력하고 있다.

2) 5G, 6G 시대의 저널리즘

4G LTE 시절 스마트폰의 성능향상과 더불어 다양한 혁신적 비즈니스가 출현했던 것을 기억하는 이용자들에게 5G 시대에 5G만의 고유한 서비스가 없다고 평가절하 하는 것은 충분히 예상되었던 점이었다. 홀수 세대에 혁신기술이 적용되고, 짝수 세대에 비즈니스나 콘텐츠가 꽃을 피우는 통신기술 진화주기상의 특성을 감안해 볼 때 5G는 통신기술 측면에서 기술적 진보에 초점을 맞춘 기술혁신이었기에 콘텐츠 측면의 변화가 크지 않았다는 점을 이해할 수 있을 것이다. 즉 6G는 비즈니스와 콘텐츠 중심의 혁신이 진행될 것이라고 볼 수 있다.

앞에서 전술한 비즈니스와 같이 대용량의 영상 및 홀로그램 전송은 방송과 같은 미디어의 뉴스와 실시간 스포츠 중계, 선거 개표방송 등의 전송에 혁신을 이룰 것으로 예상된다. 시청자 측면에서 미디어의 외형과 이용행태가 완전히 바뀌는 것이다. TV나 스마트폰의 스크린을 뛰어넘어 3차원 공간에서 방송이 양방향으로 진행되는 것을 경험하는 것은 이용자 측면에서는 전무후무한 새로운 저널리즘 충격이 될 수 있고, 이러한 이용자 경험은 새로운 저널리즘 미디어를 진화시키는 동력이 될 것이다.

또한 방송과 통신의 구분이 무의미한 상황에서 거의 모든 방송 콘텐츠에서 커머스가 결합되고, 초저지연 무인 자율주행자동차 안에서의 활동이 자유로워지면 시청자는 본인이 운전을 해야하는 이동 중의 전방

주시 의무 제약마저 사라지므로 원활한 양방향 소통이 더욱 빈번해질 것이다. 이때 AI를 활용한 가상인물을 시청자의 아바타로 설정하고, 공간의 활용성이 커지는 양방향 홀로그램 소통까지 이뤄지게 되면 이용자 자신이 저널리즘의 주체 혹은 일부가 되는 상황까지 발전할 수 있는 것이다.

현장의 보도 취재원들도 상황이 달라질 수 있다. 기자나 아나운서의 경우에 언제든 최상의 피부 컨디션 상태를 유지하고 있는 가상 아바타가 홀로그램 상에 대기하고 있고, 6G 기술을 이용한 초저지연으로 현장의 화면과 목소리를 최상의 상태로 변조하여 전송할 수 있게 되는 것이다. 6G와 AI 기술은 서로의 부족한 부분을 채워가며 계속 진보할 것이며, 물리적인 활동은 로봇기술이 보완하면서 인간의 역할을 거의 대체할 수준으로 발전할 것이라고 예상할 수 있다. 따라서 언론사의 현장 요원들은 신체적 결함이나 물리적 장애가 발생하더라도 시청자에게 안정적인 보도를 할 수 있게 되고, 현장의 목소리는 보다 빠르고 생생하게 시청자에게 전달되게 될 것이다.

10
드론(Drone)과 백팩(Backpack) 저널리즘

현재의 저널리즘은 신문이 등장한 이후 400년 동안 진화해온 결과물이다. 그러나 최근 수십 년간 첨단 미디어 기술의 발명은 미디어 콘텐츠와 그것의 생산 과정은 물론 사람들이 미디어를 사용하는 방식도 바꾸었다. 그러나 언론사들이 광고수입 및 독자수 감소 등에 직면하자 언론의 위기를 경제적인 측면에서 극복하려는 대안으로 시장 중심의 저널리즘이 등장하고 미디어 환경 또한 융합미디어 환경으로 바뀜에 따라 언론인들의 역할 또한 1인 다역을 요구하게 되었다.

이러한 1인 다역 저널리스트의 등장에 대해 "여러 가지를 잘 하지만 하나도 제대로 못하는" '평범 저널리즘'을 가져올 것이라고 우려하는 목소리도 있으나 이미 방송국에서는 새로운 저널리스트들, 즉 비디오카메라를 작동할 줄 알며, 방송카메라 앞에서 리포팅하고, 신문기사를 쓸 줄 알고 방송스크립트도 작성할 수 있고 애니메이션과 사진가공, 그리고 오디오녹음과 편집을 할 줄 아는 만능언론인(do-it-all journalist) 혹은 원맨밴드(one-man band)가 등장했다.

뉴스 제작 예산의 삭감, 급속하게 진화하는 미디어 기술 등을 바탕으로 등장한 이러한 새로운 저널리즘은 이미 오래전부터 있어왔다. 신문의 경우 기자 조판제라는 이름으로 취재기자가 편집, 조판까지 하는 제도를 도입한 바 있고 방송의 경우 프로듀서가 촬영, 제작까지 하는 카메듀서(Cameducer) 제도를 도입한 지 오래다. 저널리스트가 1인 3역을 하는 새로운 저널리즘은 다양한 의미로 진화하고 있는데 경제적으로 보면 한 사람이 여러 사람 분량의 일을 하도록 하는 것은 비용이 적게 든다는 장점이 있다. 언론사의 입장에서는 백팩 저널리즘의 도입으로 더 많은 자원을 투입할 수 있게 된다. 그러나 기계 속의 톱니바퀴 부품처럼 백팩 저널리스트의 역할은 매우 스트레스를 받는 것으로 변질될 수 있다.

언론사에 백팩 안에 취재 노트북은 물론 카메라, 영상편집장비 등을 넣어 다니는 1인 다역 백팩(Backpack) 저널리즘이 등장한지 오래됐다. 한편에서는 디지털 카메라와 녹음기, 컴퓨터 송신기기에 카메라까지 백팩에 넣고 다니며 사진과 동영상을 찍고 기사를 작성하고 편집과 온라인 송고까지 하는 백팩 저널리즘 등장에 대해 오히려 기존의 언론인들은 전문화의 길을 걷게 해주고 있다(Stone, 2002)는 평가도 있다.

또한 일인 미디어 시대를 상징하는 백팩이란 용어에 대해 방송 통신 컨버전스 시대를 맞아 DMNG(Digital Mobile News Gathering) 방식의 출현이라는 새로운 현상을 해석하는 시각도 있다(정경렬, 2017). 4G와 5G 휴대폰 기술은 스마트폰 한 대로 방송용 화질의 구현이 가능한 환경을 제공했으며 그 결과 과거 중계차 한 대가 출동해야 하는 상황을 백팩 하나로 구현하는 것이 가능해졌기 때문이다. 이런 관점에서 백팩 저널리즘을 '기자 혹사하는' 기술에서 백팩 하나로 이동식 중계를 가능하게 하는 '간편 기술'로 보는 관점이 생겨난 것이다. 심지어 백팩에 촬영용 드론까지 넣어다니는 새로운 취재보도 환경이 등장해 드론 저널리즘이라는 새로운 용어도 생겨났다.

1) 백팩 저널리즘의 확산

다양한 디지털기술의 발달은 기자들이 백팩 안에 취재장비로 비디오와 오디오, 사진, 기록자료 등 다양한 정보들을 전송할 수 있는 장치는 물론 음성인식 소프트웨어를 설치한 노트북과 휴대용 카메라, 스캐너, 스마트폰을 통해 실시간으로 취재한 내용을 언론사의 중앙 서버를 통해 동료 기자들과 상의하고 전송할 수 있게 해주었다. 전통적인 아날로그 방송이 ENG 카메라 시스템이 상징하는 대형 고급 영상 취재시스템이라면 백팩 저널리즘은 기존 방송시스템이 가방 하나에 다 담긴 DMNG(Digital Mobile News Gathering) 시스템으로 발전한 것이다. 즉 방송과 통신의 디지털 융합 결과인 DMNG 기술은 이동식 중계방송 장비를 백팩에 넣을 정도로 가벼워 졌다는 뜻으로 표현할 수 있다.

백팩 저널리즘을 가능케 한 것은 LTE로 대표되는 기존 4G 무선 이동통신 및 5G 통신기술의 발달이다. LTE는 시속 120킬로미터로 달리는 자동차에서 700Mbps 성능의 데이터를 3분 안에 다운로드할 수 있는 속도의 통신이 가능하기 때문에 기존 방송장비와 결합한 TV생중계가 가능할 정도의 고화질 영상을 제공할 수 있다. 이후 등장한 5G 통신은 2기가 바이트가 넘는 영화 한편을 순식간에 다운로드 받을 수 있을 정도의 속도와 초고해상도 전송이 가능하게 해주고 있어 향후 미디어 취재, 송출, 보도 환경을 획기적으로 바꿀 것으로 예상된다.

국내에서 백팩 저널리즘은 2011년말 종합편성채널(이하 종편채널)의 출범과 함께 뉴스 현장에 도입되면서 본격화되었다. 기존의 공중파 방송들이 전통 중계방식인 영상신호를 마이크로웨이브(M/W·초단파)로 통신하는 방식을 고집하는데 비해, 자본력과 인력이 열악한 종편 채널의 경우 고가의 중계차와 중계인력이 없이 간이 장비만으로 스포츠, 재난뉴스 등을 실시간으로 생방송 할 수 있어 수용자의 정보 욕구를 충족시킬 수 있는 대안으로 떠오른 것이다. 특히 2019년 2월 베트남 하노이에서 열린 트럼프와 김정은의 미북 정상회담과 2022년 9월 윤석열 대통령 해외 순방 관련 보도도 국내 방송사들은 'HB 수신영상'과 '백팩(DMNG) 공동중계'를 통해서 해외 생방송을 한 바 있다.

현재 방송사에서 널리 사용하고 있는 대표적인 백팩 송수신 기종은 'TVU Network'사와 'Live U'사의 제품이다. 이들은 이동통신망을 이용한 방식으로 최대 1080P까지 전송이 가능하며 LTE, 3G, 와이브로, WI-FI 등 다양한 무선망에 접속할 수 있는 장비로 구성되어 있다.

<표 8> 백팩 사양 비교(출처: 정경열, 2017)

구분	TVU	LIVE U
제조사	TVU Networks	LiveU
제품명	TVUPack TM8100HD	LU-60HD
부팅시간	5분 내외	약 20분
구동방식	Linux	Windows
구성	본체, 배터리, BNC	본체, 배터리, BNC, 연결라인
장점	빠른 부팅, 조작단순	고화질 전송, 터치스크린
단점	저화질과 불안정성	오랜 부팅시간과 복잡한 조작
제품사양	통신: 4G/LTE, Wifi, Ethernet 가능, 최대 10개 무게: 5Kg(Battery 제외) Battery: Gold-Mount Type 이중화 최대 전송률: H.264 10Mbps OS: Linux	통신: 4G/LTE, Wifi, Ethernet 가능 최대 14개 무게: 5Kg(Battery 제외) Battery: 내장 전용 Battery, 이중화 가능 최대 전송률: H.264 10Mbps OS: Windows
비고	SBS, YTN, 채널A, JTBC 사용 가격:3천만원	KBS, TV조선 사용 가격:3천만원

백팩 생방송 중계는 주로 재난재해와 같은 야외 사건 현장에서 간이 장비만으로도 생방송을 할 수 있는 장점이 있어서 중계지역에 한계가 사라짐에 따라 생방송 중계를 위한 접근 시간과 비용을 절감할 수 있는 장점이 있다. 백팩 저널리즘이라는 용어에 대해 풀뿌리 혹은 시민 저널리즘으로 정의하는 관점도 있다. 기존 전통매체의 전문 기자들은 복잡한 조직 구조와 값비싼 기술이 필요한 대규모 언론 환경에서 일하고 있지만 컴퓨터와 인터넷, 디지털 기술은 저널리즘 활동을 전문 언론인에게서 일반인들도 가능한 길을 열어주고 있다는 관점이다.

2) 드론(Drone) 저널리즘

드론(Drone)이라는 기계에 굳이 저널리즘이라는 사조(思潮)를 붙여야 하는가 하는 반론이 있으나 그만큼 드론이 미디어 산업에서 취재와 보도 과정에 끼친 영향이 상징적으로 크다는 것을 알 수 있다.

드론의 사전적 의미는 '벌떼 같은 것들이 윙윙거리는 소리'이며 이는 드론 비행 시 발생하는 시끄러운 날개 회전소리에서 비롯했다. 군사용으로 개발되기 시작했던 드론의 회전날개 소리가 엄청나게 컸기 때문에 붙여진 이름이지만, 최근 상업용 드론이 등장하면서 드론의 사전적 의미는 퇴색하고 있다(편석준·최기영·이정용, 2015).

드론은 '무선전파로 조종 가능한 무인항공기'를 뜻하며 기술적으로는 무인비행체(unmanned aerial vehicle: UAV), 원격조종비행체(remotely piloted aircraft: RPA), 무인항공시스템(unmanned aerial systems: UAS) 등의 다양한 명칭으로 불리고 있다.(오세일, 2015; 이원규, 2015) 드론과 'RPV(Remotely Piloted Vehicle, 혹은 RPA)'를 구분하기도 한다.(장두현, 2006) 둘 다 UAV이지만, RPV는 원격조종으로 비행되는 무인비행기이며 드론은 사전에 입력된 프로그램에 의해 비행하는 무인비행기를 뜻한다. 또한 드론은 사물인터넷에 이동성(mobility)이 더해진 것으로 볼 수 있다(편석준, 최기영, 이정용, 2015).

이처럼 드론의 기원은 2차 세계대전 직후 낡은 유인 항공기를 공중 표적용 무인기로 변환하는 과정에서 개발된 무인기이며 최근까지도 약 90% 이상의 드론이 군사적 목적으로 활용되고 있다. 드론은 작은 장난감 모형에서부터 촬영용 드론, 비즈니스용 드론, 군사 작전을 위한 드론에 이르기까지 다양한 용도로 활용되고 있다. 드론의 활용목적에 따른 용도 분류는 항공촬영, 통신 산업, 농업 산업, 여가용, 물류 서비스 등 다양한 분야에서 활용되고 있다. 과거에 드론은 무인 비행체만 지칭하는 용어였으나, 최근에는 수중 탐사용 드론, 1인용 운송 드론 등 다양한 드론의 개발로 드론의 정의가 점차 확대되고 있다(유성현, 안춘기, 김정훈, 2017).

특히 최근 드론산업은 다양한 기술과 결합하여 발전하고 있는데 가상현실(VR), 자율주행, 물류 등 목적에 따라 다양한 첨단 기술과 융합하고 있다. 드론 기술의 세계적인 기업으로는 중국의 DJI[46], 프랑스의 Parrot[47], 미국의 3D Robotics[48] 등 세 업체가 전 세계 민간 드론시장에서 선두를 형성하고 있다.

드론은 점차 다양한 분야에서 폭넓게 활용되고 있는데 공공 부문에서는 재난안전현장에서 현장상황을 파악하거나 구조가 필요한 자를 수색하는 데 사용되며, 교통정보를 수집하거나 재난 현장에 구호품을 운송하기 위해서도 사용되는 등 다양한 공적 목적을 위해 활용되고 있다. 민간 부문에서는 물류배송, 통신 중계, 농약 살포, 영화 촬영 등 다양한 용도로 그 사용범위가 확대되고 있다(김중수, 2015).

드론 시스템이 소형화, 대중화되면서 다양한 분야에 적용되기 시작하였다. 가장 활발한 분야가 촬영용으로 사람이 접근할 수 없는 높이야 위치에 날아가 촬영하여 영상을 전공하고 있으며 주로 방송이나 영화에서 가장 많이 활용하고 있다. 재난구조에도 활용되고 있는데 구조대가 접근하기 어려운 위치에 고립된 인명을 구출하기 위해 주변을 촬영하여 전송하거나 생존자의 수색, 생존자를 위한 간단한 구호품을 전달하는데도 활용되고 있다.

드론을 영상취재에 활용하는 드론 저널리즘(drone journalism)은 최근 몇 년 사이 보도영상취재의 중요한 수단으로 자리 잡았다. 특히 낮

---

46) https://www.dji.com/
47) https://www.parrot.com/
48) https://3dr.com/

아진 드론 활용 기술 및 비용 장벽은 신문과 방송 가릴 것 없이 드론을 활용할 수 있도록 수용성을 제고하고 있으며 기자의 취재 범위를 확장시키고 있다. 단순한 취재 영역의 확장을 넘어서 인간 시야각을 수평에서 수직으로 변환시키는 영상문법을 바꾸는 시각 혁명을 가져왔다고 할 수 있다.

드론의 역할은 '부감(俯瞰, high angle)'의 편의성을 제고하는 수단적 의미에만 한정되지 않는다. 드론의 최대 장점은 '높이'가 아니라 '자유로운 움직임'에 있다. 높이라는 특정한 지점은 드론이 움직일 수 있는 수많은 공간적 축(axis)들 중에서 선택 가능한 하나의 축일 뿐인 것이다(이재섭, 김대원, 2017). 이러한 점에서 진닐드(Gynnild, 2014)는 드론 저널리즘을 파괴적 혁신(disruptive innovation)의 사례로 보고 드론이 기존 영상저널리즘에 대한 개념을 뒤바꿔 놓았다고 평가하고 있다.

드론 저널리즘은 무인 비행기나 헬리콥터를 활용하여 기자가 접근할 수 없는 지역에 들어가 사진이나 비디오 촬영은 물론 그밖에 중요한 자료를 수집하여 취재보도에 활용하는 행위로 정의된다. 드론 저널리즘의 4가지 핵심 영역은 ① 속보·일상 정보(daily news)·스포츠, ② 탐사 저널리즘, ③ 분쟁·재난·전쟁, ④ 포토(photo) 저널리즘으로 분류될 수 있다(박승근, 2014; Alexandra, 2013). 드론 저널리즘이 가능하게 된 배경에는 비교적 저렴한 고성능 무인 비행기가 속속 등장하고 또한 가벼운 고화질 카메라 장착이 가능하게 되었다는 점이다(이민규, 2012). 드론저널리즘 이전에도 유무인 항공기를 통한 촬영이 있어왔다. 항공 촬영은 인간의 비행체 탑승 여부에 따라 유인촬영과 무인촬영으로 구분된다. 취재를 목적으로 한 유인 촬영에는 헬기가 주로 쓰였으며 무인 항공기는 체공 시간이 5~7분에 불과하고 바람이나 기온 등 날씨 환경에 영향을 많이 받기 때문에 항공촬영은 주로 유인항공이 사용되었다. 그러나 무인촬영은 유인 항공기로는 수행하기 어려운 저공 촬영의 장점과 상대적으로 저렴한 비용 등의 요인으로 인해 주목받기 시작했다.

현재 드론 저널리즘에 사용되는 대부분의 무인기는 '배터리를 동력으로 사용하는 회전익 멀티콥터로서 GPS 센서와 짐벌을 장착한 총 무게 25킬로그램 이하의 드론'이다. 현재는 비행 안정성과 이륙 중량에 따라 쿼드콥터, 헥사콥터, 옥토콥터까지 주로 3가지 형태가 언론계에서 촬영용으로 주로 사용되고 있다.

그러나 드론저널리즘은 이 같은 장점 못지않게 다양한 문제점을 낳고 있다. 우선 드론은 기존에 취재 가능 영역에 포함되어 있지 않았던 사생활에도 접근을 가능하게 함으로써, 결과적으로 취재 대상의 사생활 침해 우려 강도를 높였다. 드론의 충돌로 인해 문화재가 훼손되거나 드론의 추락으로 인명 피해가 발생하는 등 드론의 운용 과정에서 일부 문제점이 노정됐다. 드론의 사유지 비행에 따른 소유권 침해에 대해서도 법적 차원의 논의의 필요성이 제기되고 있다(김대환, 지영환, 2016).

무인으로 하늘을 나는 장점이 있는 만큼 위험성도 많이 내포하고 있다. 위험물질을 싣고 특정지역으로 날아가 테러를 감행한다든지, 마약과 같은 불법적인 물건을 나르는 데 활용하거나 개인의 사생활을 침해하는 용도로 사용하는 등 개인이나 사회에 피해를 초래할 수 있는 용도로 이용당할 수 있다. 해킹에 의한 위험성도 내포하고 있다. 또, 의도적이지 않더라도 배터리의 방전, 운전 미숙 등으로 추락하여 예기치 않는 사고를 일으킬 수 있다. 실제 이러한 사건들이 번번이 일어나고 있다(이진천, 2015).

- 드론 저널리즘 사례

드론을 활용한 저널리즘 사례는 지속적으로 늘어나고 있지만 대표적인 것으로는 디지털혁신서밋(Digital Innovation Summit)에서 수상한 다양한 사례들을 들 수 있다. 이들 수상작들은 주로 재난과 환경오염등과 같은 사례들이 많은데 우선 데일리 텔레그라프(Daily Telegraph)의 필리핀 태풍현장 영상[49]을 들 수 있다. 태풍과 같은 재난 현장은 헬리콥터처럼 고공에서 보다는 드론을 활용한 적절한 높이의 영상이 훨씬 실감나게 전달이 가능하다. 또한 러시아의 체르노빌 원자력 사고 현장에 드론으로 접근하여 찍은 Danny Cooke의 영상[50]은 핵이 녹아서 내려 앉아 접근할 수 조차 없는 현장을 드론을 활용해 생생하게 담아냈다는 평가를 받는다. 이외 해외 언론들은 터키의 반정부 시위 현장, 이스라엘 공격으로 파괴된 팔레스타인 가자 지구의 참상, 체르노빌 원전 사고로 유령도시가 된 우크라이나 현지 모습 등 다양한 사건 및 사고 현장을 생생하게 담아내기 위해 드론을 활용하고 있다. 뉴스뿐만 아니라 자연 다큐멘터리, 스포츠 중계 등 다양한 방송 및 취재 분야에서도 드론이 사용되고 있다(박아란, 2018).

국내의 경우 2014년 경주 마우나오션 리조트 체육관 붕괴사고 당시 방송사들은 드론을 이용하여 붕괴 현장의 처참한 상황과 당시 강당 지붕에 얼마나 많은 눈이 쌓여 있었는지를 효과적으로 보여주었다. 2015년 인천 영종대교의 106중 추돌사고 현장에서도 짙은 안개 속에서 드론은 사고 현장의 생생한 모습을 담아낼 수 있었다.

---

[49] https://youtu.be/bkZg7U6jbvg
[50] https://vimeo.com/112681885

2부

웹3.0 시대의 미디어와 저널리즘 新이슈들

11
사용자 인터페이스(UI)와 경험(UX)의 변화

미디어 시장의 생태계 변화로 인해 미디어기업이 만들어 내는 콘텐츠의 유통과 소비방식은 급격하게 변화하고 있으며 특히 사용자의 특성과 기호가 개별적으로 반영되는 스마트 미디어의 사용이 늘어남으로써 콘텐츠의 생산과 가공도 맞춤형 방식으로 전개되고 있다.

이러한 미디어의 유통 및 전달방식이 효율적이 되기 위해서는 디지털 미디어의 사용자 인터페이스가 중요하다. 디지털 미디어 인터페이스도 다른 인터페이스 디자인과 마찬가지로 1)기본구조, 2)타이포그래피(Typography), 3)시각물들, 4)레이아웃등의 분야와, 여기에 기능(Function)이나 계층(Hierarchy), 상호작용성(Interactivity) 같은 무형의 표현요소와 사운드 같은 청각적 요소까지 고려해야 하는 것이 디지털 미디어 사용자 인터페이스라고 할 수 있다.

인터넷 신문이나 인터넷 방송과 같은 디지털미디어의 사용자 인터페이스는 이러한 요소 외에도 가독성(Readability), 정보성(Informatives), 조직성(Gestalt)과 같은 언론 고유의 요소까지 함께 생각해야 한다.

이렇게 1) UI디자인의 고유요소에다 2) 인지공학적 요소, 그리고 3) 미디어와 저널리즘의 고유한 본질까지도 고려해야 하는 것이 디지털미디어 시대의 저널리즘 혹은 뉴스 인터페이스라고 할 수 있다.

일반적으로 시각 디자인의 미적 원리로 강조되는 대조, 균형, 비례, 리듬, 통일 등은 아날로그 종이신문이나 영상물의 화면구성 등에 적용되었고 이는 곧 디지털 미디어로 이식되었다. 가로 배너(Banner)와 세로 스텁 (Stub) 방식의 레이아웃을 국내 미디어 사이트들이 즐겨 사용하는 것도 이와 같은 시각디자인 인터페이스 원리를 준수하려는 경향 때문이다.

디지털 미디어에서 사용자 인터페이스(UI, User Interface) 디자인의 목적은 저널리즘 본연의 기능을 극대화 하려는 것이다. 즉 시각적 도구와 각종 기능적 요소를 사용해 독자와 시청자들을 기사와 프로그램으로 유도하고 이들의 디지털미디어 읽기(혹은 보고 듣기)를 효율적으로 만들기 위함이다.

미디어 혹은 저널리즘은 가독성과 정보성이라는 모순된 두 가지 원리를 동시에 추구한다. 미디어의 목적은 독자에게 정보를 많이, 그리고 효과적으로 전달하는 것 이다. 종이 신문에서의 레이아웃이 여백의 미가 없이 사각형의 모듈라로 빽빽하게 문자가 들어차게 하는 것은 보다 많은 정보를 독자에게 전달하려는 의도이다. 그러나 가독성을 높이기 위해 여백을 시원하게 주고 사진을 크게 쓰는 것은 결국 정보량의 감소를 가져온다.

20세기 후반 많은 학자들이 연구를 통해 타이포그래피를 포함한 가독성을 높이기 위해 안구운동의 속도, 피로, 독서중력, 중력 역행 등 다양한 연구들을 행하였다. 예를 들면, 사람의 안구로 한순간 볼 수 있는 범위는 가로 세로 1인치 즉 12포인트 활자 6자폭이라든지, 가독성이 가장 높은 글의 길이가 최소 3.7cm, 최대 8.6cm 사이라고 하는 연구결과 등이 그것이다. 이러한 연구결과로 최적 칼럼길이 포맷 등이 미국 신문에 도입되었다.

그러나 이 같은 결과들이 디지털미디어에도 적용될 수 있는지(상호작용성과 계층성 등과 같은 요소들과의 결합 효과 때문에) 과학적 접근이 부족한 실정이다. 최근에야 휴먼-컴퓨터 인터페이스(Human Computer Interface) 분야에서 과학적 접근을 시도하고 있지만 국내의 디지털미디어 사이트나 앱들을 보고 있으면 이러한 세 가지 분야의 각종 요소를 고려한 디자인이라기보다 기존의 시각 디자인의 논리를 답습한 것과 같은 느낌이 든다.

그렇다면 웹3.0 시대의 디지털미디어와 저널리즘은 어떤 사용자 인터페이스를 가져야 하는가? 사용자 측면에서 알기 쉽고 보기 쉽고 사용하기 쉽도록 정보를 디자인하여 전달하는 것이 효과적인지를 알려면 결국 사용자의 사용성(Usability)과 경험(User eXperience) 테스트를 통해 검증할 수밖에 없다. 이러한 테스트는 주로 제품 디자인 분야에서 행해져 왔던 제품 평가 테스트의 일종이다. 이를 웹디자인과 같은 디지털미디어 분야에도 다양한 적용이 이뤄지고 있는데, 예를 들어 어떤 특정 미디어 사이트의 유저빌리티, 즉 조작성이나 사용성은 사이트의 구조나 링크관계, 내비게이션, 배경이나 버튼의 색상, 위치, 문자표현 등 다양한 요소를 조합하여 검증한다. 어떤 사이트의 컨텐츠나 서비스가 아무리 매력적이어도 조작성이 나쁘면 사용자는 두 번 다시 그 사이트에 접속하지 않을 가능성이 높다. 또한 특정 사이트의 유저빌리티 테스트 결과가 동종, 또는 유사한 사이트에 일반화시켜 적용하기는 곤란한 점도 있다. 그만큼 복잡하다. 따라서 일반론적인 시각 디자인 요소로서 웹사이트의 유저빌리티를 판단하는 것은 무리다.

종이신문은 그 취재와 보도, 제작에 있어서 뚜렷하고도 명백한 규칙과 관행들이 있었다. 예컨대 신문기사는 역피라미드 식으로 작성하는 것이 잘 읽혀지며 가로쓰기의 경우 독서중력[51]은 지면의 좌측 상단에서 우측하단으로 이어진다는 것 등이 그것이다. 그러나 디지털 미디어에도 이러한 법칙이 적용될 수 있는지, 혹은 디지털미디어의 새로운 법칙과 관행이 존재하는지에 대해서는 연구가 활성화되어 있지 않다. 이러한 문제에 관한 지금까지의 연구는 저널리즘으로서의 디지털미디어보다는 디자인의 측면에서 다루어 온 경향이 강하다.

또한 신문이나 방송은 명백히 언론이 갖는 본연의 이념과 편집, 제작관행, 그리고 저널리즘이 갖는 일반 법칙들을 갖고 있다. 그러나 디지털 미디어의 경우 언론으로서의 제작 규칙보다는 이제 디자인(영상, 시각, 콘텐츠 디자인) 관점에서의 규칙과 관행을 따라서 제작되는 것이 일반적이다.

이제까지 신문이나 TV는 '보는' 것이었다. 여기서 '본다'라는 행위는 정확하게 말하면 '읽거나(Reading)' 시청하는 것을 의미한다. 신문을 읽는 행위는 시각을 바탕으로 한 일련의 정보 인지과정이라 할 수 있다. 종이라는 인쇄매체가 갖는 한계점으로 인해 신문은 텍스트(Text)와 그래픽, 사진이라는 3가지 표현요소를 가질 수밖에 없었고 따라서 독자의 행위는 종이에 인쇄된 뉴스를 읽거나 보는 것을 의미했다.

그러나 디지털 미디어의 등장으로 독자의 행위는 읽기에 덧붙여 '클릭(Click)'하고 '스크롤(Scroll)'하며 뉴스를 소리로 '듣는' 공감각적 행위가 추가되었다. 모바일 IPTV의 등장으로 TV도 클릭하며 대화하는 형태로 바뀌고 있다. 종래의 종이신문 읽기나 TV시청행위가 일방적인

---

[51] 독서중력(reading gravity)의 원리는 시선의 움직임이 좌측상단 코너인 주시지역(primary optical area : POA)에서 시작하여 우측하단 코너인 종점지역(terminal area : TA)까지의 대각선을 의미하며 독자는 이러한 독서중력 이외의 지역에는 눈을 덜 돌리게 된다는 이론이다.

과정이었다면 디지털미디어를 읽거나 보는 과정은 컴퓨터나 모바일 기기를 '사용'해 원하는 정보를 획득하고 처리하기 위해 컴퓨터와 상호작용(Interaction)하는 양방향적 과정이라 할 수 있다.

따라서 디지털 미디어에 있어서는 글자의 크기나 자간, 형태 등에 추가해 정보의 구조나 기능(Function)과 같은 상호작용적 요소까지도 고려해 제작되어야만 한다. 매스미디어로서의 전통매체들은 상호작용이 거의 없이 일방적으로 제공되는 정보를 받아들이기만 하는 수동적 수용자를 전제로 한다면 디지털 미디어는 컴퓨터와 모바일 미디어를 능동적으로 '이용'하는 '사용자'를 전제로 한다. 이러한 의미에서 전통매체의 열독이나 시청행위에 대한 평가를 열독행태(Readership) 혹은 시청률 분석이라 칭한다면 디지털 미디어의 소비행위에 대한 평가는 '사용성(Usability)' 평가라 칭할 수 있을 것이다.

1) 미디어의 사용성

사용성은 사용자가 목표로 하는 기능이나 동작을 효율적으로 수행하도록 만들어 사용자와 사물 사이에 최적의 인터랙션(Interaction)을 구현하게 하는 것이며 인터랙션은 인간을 둘러싼 기기, 공간, 활동 등 인간과 상호관계를 갖는 것들을 디자인하는 것이다(강성중, 2002). 인간이 도구를 사용한 이래로 '사용성'의 문제는 항상 존재해 왔다. 구석기시대부터 현재까지 인간이 사용하는 도구 발전의 키워드는 '보다 사용하기 쉽게'였으며, 그 저변에는 도구를 사용하는 인간의 '경험'이 새로운 도구를 창조해 냈다고 할 수 있다. 인터넷과 같은 도구를 사용한 디지털미디어도 마찬가지로 사용자의 '경험'이 새로운 디지털미디어를 만들어내는 순환과정을 밟고 있다. 디지털 매체로 만들어진 모든 사물들은 이미 수립되어 있는 것과 같은 동일한 유형의 인터랙션을 제공하지는 않는다. 즉 그들은 인쇄매체 등에서와 같이 사용자가 기존에 익숙한 같은 방식으로 반응하지 않는다(김옥철, 1999, 26쪽). 종이신문에서는 2차원평면의 정보매체를 통해 자신이 원하는 정보를 찾거나 신문지면을 넘기거나 하는 정도에서의 인터랙션이 존재했지만, 컴퓨터와 같은 디지털 기기는 보다 적극적이고 다양한 인터랙션이 존재한다. 따라서 디지털미디어는 종래 종이신문의 '읽기 쉽게'를 넘어서 다양한 인터랙션에 기반해 '사용하기 쉽게' 만들어져야할 필요가 있다.

디지털미디어를 소비하는 행위는 결국 컴퓨터와 인간의 상호작용이라는 행위를 전제로 한다. 이러한 인간과 컴퓨터의 상호작용(Human-Computer Interaction, HCI)이란 인간이 컴퓨터를 사용해 어떤 과제(task)를 수행할 때 발생하는 디자인 행위로 정의되어 진다(Schneiderman, 1992). 인간과 컴퓨터라는 두 상이한 시스템이 서로 커뮤니케이션 하는 채널을 유저인터페이스(User Interface)라 부르며 이러한 인터페이스는 효율적인 커뮤니케이션을 위해 반드시 사려 깊게 고안되어져야 한다. 왜냐하면 인간과 컴퓨터는 매우 다른 방식의 커뮤니케이션 수단을 갖고 있기 때문이다. HCI의 목적은 유용하고 사용성이 높은 인터페이스를 개발하려는 것이다. 국제표준화기구(International Organization for Standardization, ISO)는 사용성이 높은 인터페이스란 "특정한 상황에서 일련의 작업들을 수행할 때 사용자들이 얻을 수 있는 만족도와 효율성"이라고 정의하고 있다(ISO 9241).

인터페이스(Interface)란 원래 두 개의 다른 세계가 접하는 곳에서 발생하는 면(面)을 가리키는 화학 용어를 의미한다(박영목·이동연역, 1998, 37쪽). 다른 두 개의 물질이 접하는 면이라는 것에서 경계면이라고도 번역된다. 여기에서 파생되어 사람과 도구 및 기계와의 접점을 의미하는 것으로도 쓰이게 되었다. 미디어에 있어서 시각적인 인터페이스에 대한 연구가 폭 넓게 이루어지고 있는 것은 시각을 이용한 정보전달이 인간의 오감 중 약 80%를 차지함으로 시각을 통한 정보 전달은 커뮤니케이션의 사용 편의성을 증가시키는데 효과적이기 때문이다.

인간이 진정으로 필요로 하는 것을 만족시키고 인간의 실수를 고려한 인터페이스가 존재한다면 그것이야말로 인간 중심 인터페이스라 할 수 있을 것이다. 인간 중심 인터페이스를 만들려면 우선 인간이 어떻게 행동하고 기계가 어떻게 작용하는지 잘 이해하고 있어야 한다. 뿐만 아니라. 사람들이 경험하게 될 어려움들을 디자이너와 개발자 자신이 그 누구보다도 더 민감하게 느낄 수 있도록 만반의 준비를 갖추고 있어야 한다. 이는 말처럼 쉬운 일이 아니다. 우리들은 이미 제품들의 기존 작동 방식에 익숙해져 있어 인터페이스가 불필요하게 복잡하고 혼란스럽고 낭비적이고 인간의 실수를 유발시켜도 이를 그냥 당연한 것으로 받아들이기 때문이다(제프 래스킨, 2003, p8).

2) 미디어의 사용자 인터페이스(User Interface)와 상호작용

인간의 마음은 작은 단시만 가지고도 세상의 여러 사건이나 물건들을 이용할 수 있으며 설명할 수도, 이해할 수도, 납득할 수도 있다. 우리가 일상생활에서 사용하는 책, 라디오, 주방기기, 사무용품, 조명 스위치 등 여러 물건들은 물론 신문, 방송, 넷플릭스 등 미디어 콘텐츠들도 모두 인터페이스가 좋은 것은 사용하기도 이해하기도 쉽다. 이러한 것은 어떻게 작동하는 지를 눈으로 보면 알 수 있는 명확한 단서를 가지고 있다. 그러나 잘못 디자인된 물건은 사용하기 힘들고 잘못 디자인된 콘텐츠는 짜증이 난다. 이런 물건과 콘텐츠들은 아무런 단서도 주지 않고, 때론 틀린 단서를 주어 사용자가 골탕 먹고, 정상적으로 해석되고 이해되지 않는다. 따라서 좋은 인터페이스를 디자인한다는 의미는

'인간과 사물 사이에 벌어지는 커뮤니케이션의 차이를 없앰으로써 물리적 인터페이스는 물론 인지적, 감성적 인터페이스를 활성화하여 사물과의 커뮤니케이션을 증진시키는 것'이라 할 수 있다. 우리는 인터페이스를 통해 사물을 사용하고, 사람들을 만나며, 미디어를 경험한다.

인터페이스 설계에서 가장 우선시 되는 것은 사용자 분석이다. 구체적으로 누가 사용할 것이며 이들의 성향은 무엇인지를 파악하는 것이 가장 중요하다. 과거의 전통미디어에서도 독자와 시청자가 누구인지, 어떻게 미디어를 소비하는지를 아는 것은 중요했다. 그러나 전통미디어에서 커뮤니케이션은 일방적으로 송신자 중심으로 이뤄져온 경향이 강하다. 디지털미디어는 기본적으로 사용자와의 상호작용, 사용자의 참여가 전제되어 있으므로 전통 매체와는 전혀 다른 소비자의 이해 접근법이 필요하다. 과거와 달리 디지털 환경에서는 컴퓨터를 매개로 하는 (computer mediated) 커뮤니케이션이 이뤄지고 있기 때문이다.

좋은 사용자 인터페이스의 조건으로 전통적 미디어에서는 '읽기 쉬움' 즉 독이성(Readability)이 중요했으며 이는 신문뿐만 아니라 방송에서도 중요한 요소로 간주되었다. 가독성은 사용자 인터페이스 디자인의 가장 중요한 첫 번째 요소인 가시성과 맥락이 맞닿아 있다. 가시성은 조작할 때 중요한 부분은 눈에 잘 띄어야 하고 적절한 지시 내용을 전달해야 한다는 것이다(Donald Norman, 2007, p16).

그러나 디지털미디어가 등장하면서 이러한 가독성은 시각 인터페이스 이외에도 사용하기 쉬워야 한다는 오감 인터페이스로 확대되었다. 사용자들이 디지털 미디어를 접할 때 그 내용 뿐만 아니라 어떻게 사용되어야 한다는 것을 쉽게 예상할 수 있어야 한다. 도널드 노먼은 사용자 중심적인 제품이나 도구는 기술보다는 사용자가 필요하다고 느끼는 것에서부터 시작한다고 강조한다. 사용자 중심의 미디어 개발의 최종 목표는 사용자를 만족시키는 기술과 콘텐츠이고, 이는 사용자 자체와 사용자가 하고자 하는 작업을 잘 이해하는데서 출발한다.

이제 인간과 컴퓨터 상호작용(Human Computer Interaction)라는 새로운 인터페이스가 미디어학의 범주로 편입되고 있다. 인터페이스는 인터랙션이 일어나는 개념적이고 구체적인 장소를 의미하며, 인터랙션은 인간과 도구 사이에서 수행할 수 있는 커뮤니케이션을 목적으로 일어나는 일련의 활동으로 정의된다. 인터랙션은 인간에게 영향을 미치는 물리적 기구나 환경을 대상으로 하는 시공간적 개념까지도 포함한다. 인간-컴퓨터 상호작용, 즉 인터랙션 디자인은 시간과 조작의 흐름을 고려한 사용성을 연구하는 분야로 알기 쉽고, 보기 쉽고, 생각하기 쉬운 소프트웨어와 콘텐츠 개발을 목적으로 하고 있다.

인터랙션이란 사용자의 입력과 이에 대한 시스템의 피드백이 이루어지는 수단을 의미한다. 여기에는 물리적인 콘트롤 장치들(예들 들어, 마우스, 조이스틱, 마이크로폰 등)과 사용자의 감각적인 피드백(심리적 상태변화, 청각적 디스플레이, 촉각적 피드백 등)이 모두 포함된다. 전통적 매체에서 정부와 메시지 전달을 위한 1차원적인 정보 획득을 보다 체계적으로 제공하기 위한 일련의 과정을 정보 디자인(정보구축)이라 한다면, 보다 높은 차원의 2차원적 정보 제공을 위해 도구 사용과 제어같은 상호관계에서 나타나는 행동과 그에 따른 영향을 인터랙션 디자인이라 한다.

이러한 인터랙션 디자인의 전제는 인간을 적극적이고 능동적인 정보 수용의 주체로 본다는 것이다. 특히 컴퓨터로 상징되는 디지털미디어 도구들이 직간접적으로 일상생활의 한 부분이 되어버린 환경에서 컴퓨터와 인간사이의 인터페이스를 개선시키는 것은 미디어 업계에 있어 필요불가결한 요소가 되었다. 이에 따라 인간과 컴퓨터 상호작용(HCI)

이라는 학문 분야가 대학의 미디어 관련 학과에서도 정식으로 가르치는 분야로 등장했다. 현재 HCI는 컴퓨터공학, 심리학, 인간공학, 신호처리 패턴인식, 인공지능, 음향과 영상, 가상현실, 감성공학 등 다양한 학문을 융합하는 학문으로 발전하고 있는 추세다.

HCI는 그 출발은 컴퓨터 공학으로 컴퓨터 작동 시스템이 인간과 상호작용할 수 있게 컴퓨터 작동시스템을 디자인, 평가, 완성하는 과정을 다루며, 이 과정을 둘러싼 중요 현상들에 대해서도 연구하는 학문이었다. 이후 사람과 컴퓨터 기술이라는 두 요소가 서로에게 영향을 미치는 방식을 연구하는 학문으로 발전했으며 지금은 컴퓨터뿐만 아니라 컴퓨터를 포함한 모든 시스템과 인간이 상호 영향을 미치는 모든 현상을 연구하는 학문으로 인식되고 있다.

3) 미디어와 사용자경험(UX, User Experience)

HCI의 목적은 당초 사용자 중심의 시스템을 만들기 위해 사용자들이 무엇을 요구하고 그들의 가치기준은 무엇이며, 그리고 그들이 주로 하는 작업이 어떤 것인지에 대해 알고자 하는 것이었다. 이 경우 HCI는 시스템을 보다 사용하기 쉽고(Usability), 안전하고(safety), 기능적으로(functionality) 만드는 것을 목적으로 한다. 그러나 지난 20여 년 동안 HCI분야는 다학문 분야와의 융합을 통해 사용자 중심의 디자인을 위한 기준을 확립하려는 연구가 다양하게 진행되어 왔으며 최근에는 해당 시스템을 이용하는 사람들에게 최적의 사용자 경험(User Experience)을 제공하는 것으로 발전되어 왔다.

사용성이란 쌍방향 제품(Interactive product)을 통해 고객이 '원하는 목적을 제대로 달성(Useful)'하였는가와 그러한 목적을 '가능한 편리하게 수행(Usable)'하였는가 그리고 '전반적인 사용 만족도'는 어떠하였는가와 같은 요소들을 가지는 복합적인 개념이므로 최근에는 기능적인 부분 이외에 사용자의 감성적인 측면이 중요시되고 있다.

사용자의 감성, 즉 심리는 사용을 하면서 느끼는 만족스런 경험에 관한 것이라 할 수 있다. 콘텐츠가 아닌 제품을 기획하고 설계하고 만드는 입장에서는 사용성이나 사용자 경험이나 둘 다 같은 의미로 사용될 수 있지만 콘텐츠의 경우 특히 유용성과 효율성 같은 품질 속성보다는 감성의 영역을 다루는 사용자 경험이 더 중요시된다.

- 사용자 경험(UX)의 정의

경험이란 사람들이 실제로 보고, 듣고, 겪는 일 또는 과정 또는 그 과정에서 얻는 지식이나 기술적인 능력을 의미한다. 사람들이 감각기관을 통해서 받아들인 자극을 내적으로 관찰하여 얻게 되는 주관적인 감정이나 견해, 사상, 이론을 지칭하는 경험은 서로 다른 유형로 세분화될 수 있고, 그 세분화 된 유형들은 각각의 고유한 구조와 진행과정을 갖고 있다(정선희, 이경원, 2004). 경험은 그 자체만으로 의미를 갖지 않는다. 수많은 경험들 가운데 의미를 갖는 경험은 매우 적다. 경험이 의미를 갖기 위해서는 경험의 요소들이 사용자에게 주어진 상황(context)과 얼마나 잘 부합되는지 여부가 중요하다.

사용자 경험(UX: User eXperience)이란 사람들이 어떤 제품이나 서비스와 상호작용하면서 축적하게 되는 모든 기억과 감정을 의미한다. 즉, 디지털 상품이나 서비스와의 상호작용을 통해서 유발되는 모든 심리적인 효과(Psychological Effects)를 총칭하는 개념으로 이는 우리의 시각이나 청각 감각이 자극을 받은 정도, 우리가 상품이나 서비스에 부여하는 가치나 의미들, 그리고 이를 통해 촉발된 감성과 느낌을 모두 포함한다.

UX의 사전적 의미는 기존의 HCI (Human-Computer Interaction) 개념에다 사용자가 제품이나 서비스를 사용할 때 느끼는 모든 경험과 만족을 더한 것으로, 제품이나 서비스를 공급하는 쪽에서의 관점이 아니라 이를 사용하는 사용자의 관점에서 바라본다는 측면에서 UI(User Interface)와 UX가 혼재되어 사용되고 있다. 그러나 UI가 사용자의 Need에 따른 Action의 편의성에 초점을 둔다면 UX는 이를 통하여 사용자가 느낄 수 있는 것에 초점을 둔다는 차이점이 있다. UI가 사물과 일반 사용자간의 소통방법을 말한다면 UX는 UI에서 사물과 일반 사용자 중 사용자 측을 고려한 디자인을 말한다. UX의 X는 expect, experience를 의미한다. 이는 곧 사용자가 하는 행동을 예측하거나 사용자의 경험을 연구하는 것이다. UX개념을 애플사는 HI(Human Interface)라고 부르고 있다. 애플사는 가장 좋은 HI 디자인은 기기가 뛰어난 능력이 아니라 사람, 생각, 동작이라고 말한다(임경수, 김항곤, 2011).

UX디자인은 사용자가 놓여있는 상황을 어떻게 이해하고 지원할 것이지, 서로 다른 디자인 요소를 어떻게 통합할 것인지를 결정한다. UX 디자인은 정보 설계, 인터페이스 디자인, 인터렉션 디자인 영역을 통합하여 사용자의 요구와 필요에 맞게 경험 요소의 연결 구조를 설계하는 것이다.

사용자 경험은 개인이 제품, 시스템, 서비스의 사용을 기대하고 실제 사용을 수행함을 통해 가지게 되는 인식과 반응이다. 즉, 사용자 경험은 개인의 주관적, 감성적 관점에 좀 더 주안점을 두고 있으며, 이는 실용성과 이성적인 품질에 좀 더 초점을 두는 사용성(Usability)과 차별화 되는 부분이다. 도널드 노먼(Donald Norman)은 사용자 경험 디자인의 범위를 사용자와 제품, 서비스를 인식하고 배우고 사용하는 모든 사용자 인터렉션의 측면들을 포괄한다고 설명하고 있다.

반면 캐런 도너휴(Karen Donoghue)는 광의의 관점과 협의의 관점에서 나누어 사용자 경험을 기술하였다. 협의적 관계에서 보면 사용자 경험은 정기적으로 이루어진 고객과 제품, 서비스간의 관계를 지칭하며 물리적 사용자 인터페이스 몰입, 인터렉션 프로세스와 피드백 시스템을 모두 포괄한다. 반면 광의의 개념으로 보면 사용자 경험은 사용자의 행동과 태도를 아우르는 경험을 지칭하며 시스템을 사용하게 되는 동기 요인을 포괄한다. 이러한 것들은 모두 기업과 기업간 거래 환경에서의 변화를 일으키는 요소들이라고 하였다(이지현, 2010).

UX는 개인이 특정한 제품이나 서비스, 그리고 그것의 전달 과정을 설계된 방식대로 상호작용하면서 가지게 되는 모든 경험의 과정을 의미한다. 사용자 인터페이스 디자인에서도 사용되는 사용자라는 용어는 일반적으로 디지털 미디어, 그중에서도 상호작용이라는 소프트웨어를 지칭하는 용도로 자주 이용된다. 쉐드로프(Shedroff)는 사용자 경험을 환경적 경험(Environment Experience), 매체적 경험(Media Experience), 감성적 경험(Emotional Experience)으로 나누고 있다(이승자, 2008).

- **사용자 경험 디자인 설계 및 구성 요소**

제품과 시스템은 한 번의 사용으로 끝나는 대상이 아니므로 시간이 흐르면서 경험은 달라진다. 사용자마다 관심, 능력, 배경, 목적 등이 다르기 때문에 상황에 따라 경험은 달라질 수 있다. 이것은 시스템도 사람처럼 시간과 상황에 따라 바뀔 수 있다는 사실을 의미한다. 스스로 계산하고 판단할 수 있는 시스템은 일종의 유기체라고 볼 수 있으며, 이런 시스템에서 겪는 사용자 경험은 결코 단순하지 않을 것이다. 보이는 것이 전부가 아니듯, 사용자 경험도 쉽게 단정 짓지 말아야 한다(이수인 역, 2008). 사용자가 얻는 경험의 3가지 요소는 목표를 달성함으로써 얻는 경험인 Goal, 새로운 정보와 지식을 통한 의미 있는 경험인 Meaning, 그리고 미적이고 감성적인 경험인 Aesthetic으로 구성될 수 있다.

이 경험들을 창출하기 위해서는 사용자가 서비스나 제품의 원하는 정보에 몰입할 수 있게 배려된 정보의 의미체계, 미적 아름다움과 기능을 잘 접목시킨 인터페이스 디자인, 사용성이 충분히 반영된 인터랙션 방식, 그리고 사용자가 제품과 서비스를 사용하는 정황에 대한 고려가 중요하다. 특히 디지털 미디어에서는 직관적인 사용 환경과 개인화(맞춤화)가 매우 중요한데 데이터가 폭증하는 빅 데이터 시대에는 사용자의 상황과 성향을 고려하여 적합한 콘텐츠를 골라 우선적으로 제공해주는 것이 필요하다. 예를 들어 모바일 미디어는 매우 개인화 된 기기로 사용자 개인 정보나 지리적 정보 획득을 기반으로 상황기반(Context-based) 개인화/맞춤화를 제공하기에 더욱 용이한 측면이 있다. 최근에는 위치, 빛, 소리 혹은 움직임 같은 상황 정보 외에도 사용자의 취향이나 관심사를 반영할 수 있는 서비스 사용기록이나 소셜 정보를 기반으로 개인화/맞춤화를 제공하는 서비스들이 등장하고 있다.

대부분의 인터넷 신문이나 인터넷 방송등 미디어 사이트들이 이러한 사용성평가 과정을 거쳐서 사이트 구조와 레이아웃, 링크, 광고배치 등을 결정하는 경우는 거의 없다. 디지털 미디어의 본질은 전달하고 싶은 무엇인가를 독자들에게 효율적으로 전달하는 것이다. 독자들이 길을 잃어버리게 만드는 인터페이스, 다시 오고 싶지 않게 하는 인터페이스를 가지고도 스스로 만족하고 마는 선문답 같은 사이트들을 만들고 있지는 않는지 한번쯤 생각해 볼 일이다.

사용자 경험(User eXperience, UX) 디자인은 사용자 중심 디자인의 원리에 기반해 인간공학, 인간과 컴퓨터 상호 작용, 정보공학, 심리학, 인류학, 컴퓨터 공학, 마케팅, 그래픽 디자인 및 산업 디자인 분야의 지식을 통합한 디자인을 말한다. UI(User Interface)가 사물과 일반 사용자간의 소통방법을 말한다면, UX의 X는 expect, experience를 의미한다. 이는 곧 사용자가 하는 행동을 예측하거나, 사용자의 경험을 연구해 디자인하는 것이다. UX 개념을 애플사는 HI(Human Interface)라고 부르고 있다. 애플사는 가장 좋은 HI 디자인은 기기가 뛰어난 능력이 아니라 사람, 생각, 동작이라고 말한다.

UX디자인은 사용자가 놓여있는 상황을 어떻게 이해하고 지원할 것인지, 서로 다른 요소를 어떻게 통합할 것인지를 결정한다. UX디자인은 정보설계, 인터페이스 디자인, 인터렉션 디자인 영역을 통합하여 사용자의 요구와 필요에 적절한 경험 요소 간의 연결 구조를 설계하는 것이다.

사용자 경험이란 용어는 최근 제품 및 서비스의 성공을 위해서는 기술 및 기능의 차별화뿐만 아니라, 사용자가 주관적으로 경험하는 요소들이 중요하다는 연구와 사례들이 부각되면서 이슈화 되었다. 사용자 경험은 개인이 제품, 서비스, 시스템, 미디어 등의 사용을 기대하고 수행함을 통해 가지게 되는 인식과 반응이다. 즉, 사용자 경험은 개인의 주관적, 감성적 관점에 좀 더 주안점을 두고 있으며, 이는 실용성과 이성적인 품질에 좀 더 초점을 두는 사용성(Usability)과 차별화 되는 부분이다.

협의적 관계에서 보면 사용자 경험은 정기적으로 이루어진 사용자와 제품, 서비스간의 관계를 지칭하며 물리적 사용자 인터페이스 몰입, 인터렉션 프로세스와 피드백 시스템을 모두 포괄한다. 반면, 광의의 개념으로 보면 사용자의 행동과 태도를 아울러 경험이라고 지칭하며 시스템 사용을 유발하는 모든 동기 요인을 포괄한다.

즉 사용자 경험은 개인이 특정한 제품이나 서비스, 심지어 미디어의 전달 과정을 설계된 방식대로 상호작용하면서 가지게 되는 모든 경험의 과정을 의미한다. 제품이나 미디어, 서비스등은 한 번의 사용으로 끝나는 대상이 아니므로 시간이 흐르면서 경험은 달라진다. 사용자마다 능력, 배경, 관심, 목적 등이 다르기 때문에 상황에 따라 경험은 달라질 수 있다. 이것은 시스템도 사람처럼 시간과 상황에 따라 바뀔 수 있다는 사실을 의미한다. 스스로 계산하고 판단할 수 있는 시스템은 일종의 유기체라고 볼 수 있으며, 이런 시스템에서 겪는 사용자 경험은 결코 단순하지 않을 것이다.

사용자가 얻는 경험의 3가지 요소는 목표를 달성함으로써 얻는 경험인 Goal, 새로운 정보와 지식을 통한 의미 있는 경험인 Meaning, 그리고 미적이고 감성적인 경험인 Aesthetic으로 구성될 수 있다. 이 경험들을 창출하기 위해서는 사용자가 서비스나 제품의 원하는 정보에 몰입할 수 있게 배려된 정보의 의미체계, 미적 아름다움과 기능을 잘 접목시킨 인터페이스 디자인, 사용성이 충분히 반영된 인터랙션 방식, 그리고 사용자가 미디어와 서비스를 사용하는 정황에 대한 고려가 중요하다.

(1) 직관적인 사용 환경

모바일 UX 전문가인 Nokia Research Lab.의 Rachel Hinman은 모바일 앱(Application)이 화면마다 가장 중요한 주기능에만 초점을 맞추고 사용자가 주 기능이 무엇인지를 단번에 알아차리도록 명확하게 전달할 수 있는 것이 중요하다고 강조한다. 예를 들어 애플 아이폰의

iOS에 적용된 Siri나 Google Android에서 선보인 Face Unlock과 같은 기능들이 새로운 입력 방식으로 직관성을 부여한 대표적인 예시라 할 수 있는데, 사용자가 키보드로 입력해야 할 명령들을 음성, 얼굴 인식이나 간단한 모션으로 간단하게 대체하게 해주는 것이다. 디지털미디어도 이러한 직관적 인터페이스를 통한 사용자 인식과 그에 따른 맞춤형 콘텐츠 제공이 필요할 것이다.

(2) 경험의 동기화

애플의 iCloud는 기기에서 촬영한 사진이나 작성한 문서가 사용자가 보유한 다른 Apple 기기에도 똑같이 나타나도록 자동 동기화를 시켜 여러 기기 사이에서 분절된 사용자 경험을 연결시켜준다. 마이크로소프트의 운영체제도 언제 어디서, 어떤 기기를 사용하든 동일한 사용자에게는 같은 환경구성을 제공하며, 별도의 접속이나 저장과정 없이도 작업 문서가 동기화되는 등 Window 사용 경험을 지속적으로 연결해준다. 이는 넷플릭스의 N스크린 기능과도 유사하다. 마찬가지로 디지털 미디어 사이트들도 이러한 경험의 동기화를 제공하는 방향으로 설계되어야 할 것이다.

(3) 개인화/ 맞춤화

데이터가 폭증하는 빅 데이터 시대에 사용자의 상황과 성향을 고려하여 적합한 콘텐츠를 골라 우선적으로 제공해주는 것이 중요하다. 특히 모바일 기기는 매우 개인화 된 기기로 사용자 개인정보나 지리적 정보 획득이 용이해, 상황기반 (Context-based) 개인화/맞춤화를 제공하기에 더욱 용이한 측면이 있다. 최근에는 위치, 빛, 소리 혹은 움직임 같은 상황 정보 외에도 사용자의 취향이나 관심사를 반영할 수 있는 서비스 사용기록이나 소셜 정보를 기반으로 개인화/ 맞춤화를 제공하는 서비스들이 등장하고 있다. 네이버의 뉴스 큐레이션(Curation) 서비스는 아직 규제 등으로 인해 이렇게 완벽하게 개인화된 서비스를 제공하고 있지 않지만 이러한 방향으로 진화하리라 예측해볼 수 있다. 마찬가지로 현재 각 언론사의 디지털 미디어 사이트들이나 앱이 이러한 개인화 경험을 얼마나 적절히 제공하는지가 미디어의 존속 및 성공 여부를 결정지을 것이다.

(4) 고객 확보와 유지의 선순환

스마트 UX는 기업에게도 중요한 의미를 가진다. 기업은 스마트 UX를 이용하여 고객 이탈을 막기 위한 전환 장벽을 쌓을 수도 있고, 더 나은 서비스 개발을 위한 정보의 원천으로 활용할 수도 있다. 미디어 서버에 저장되는 사용자 정보는 더 나은 서비스 개발에 활용되어 고객을 선순환의 고리를 만들어 주기도 한다. 특히 어떤 기기보다도 개인화된 기기인 모바일 기기로부터 발생하는 정보는 맞춤화 서비스를 개발하는데 있어 가장 핵심적인 양질의 정보다. 대부분의 사용자가 입력 UI가 불편하다는 이유로 각종 서비스에 자동 로그인 기능을 이용, 특히 하드웨어와 소프트웨어 및 온라인 서비스까지 다양하게 제공하는 Apple이나 Google과 같은 큰 규모의 플랫폼 업체들은 다른 업체들이 흉내 내기조차 힘든 거대한 범위의 사용자 환경을 만들어 더 많은 사용자를 확보하고 이들이 다른 곳으로 떠나지 못하도록 가두고자 한다. 그렇다면 과연 현재의 미디어 기업들은 어떤 인터페이스를 통해 이러한 사용자 락인(Lock In)을 추구하고 있는지 반성해 볼 일이다.

이러한 고객 유지를 위해 기업들은 오감을 활용한 감성 인터페이스를 도입하고 있다. 제품디자인에서 감성은 소비자가 느끼는 제품의 형태나 색상에만 국한되는 것이 아니고, 그 제품이 사용자로 하여금 생각나게 만드는 연관된 이미지나 경험, 그리고 이로 인해 발생되는 사용자의 감성을 말하며, 사용자가 제품을 사용하는 동안의 사용성 및 성능과 관련된 모든 감성적 상태이다. 따라서 감성 디자인은 제품의 미학적 측면에서부터 UI에 이르는 총체적 의미의 사용자경험과 관련된다. 이는 제품을 디자인 할 때 흥미 있거나 즐거움을 주는 것을 만들기 위해서는 사용자가 외관뿐만 아니라, 어떠한 상황에서 그러한 감성을 느끼는 지에 관한 깊은 연구가 이루어져야 된다.

이러한 관점에서 디지털 미디어와 저널리즘을 생각해보면 기존의 인터넷 신문 사이트조차 감성 측면에서 사용자 인터페이스를 제대로 설계한 곳이 없다는 생각이 든다. 감성 ICT 산업의 발전 전망에 대해 롤프 옌센(Rolf Jensen)은 이성과 논리가 지배하는 시기에서 탈피하여 상상력과 감성이 더 중요한 Dream Society로 진입할 것으로 예측한 바 있다. 또한 미래학자인 다니엘 핑크는 웹3.0 시대에는 논리적 능력이 중요하기보다 창의성·감성·직관이 중시되는 하이컨셉/하이터치가 중요하다고 강조했다. 감성 UX 기술은 정보화·지식사회에서 감성사회로 진입하기 위해 소비자의 감성적 가치 제공과 개방, 참여, 공유를 중심으로 발전 중인 ICT 소비의 흐름에 대응하여 소비자 감성 제공형 ICT의 기반 기술로 발전하고 있으며, 사용자의 의도, 심리, 취향 등 상황인지형 감성 미디어 제공을 위한 사용자 참여형 감성 UX 기술로 발전하고 있다.

감성 UX 기술은 사용자-기기-콘텐츠간 혁신적 인터페이스가 요구되는 3DTV, 실감게임, 증강현실, 상황인지 미디어 등에 적용되고 있다. 또한 사용자 생체정보(뇌파, 시선 등) 및 오감정보 인식, 재현 등 오감 융합 기반 감성 UX 기술은 음성, 얼굴, 표정인식 등 사용자 생체정보와 시·청·촉·후각 등 인간의 오감 메커니즘을 이용하여 기기와 소통하는 기술로 발전하고 있다. 이러한 감성UX 시대에 디지털 미디어와 저널리즘은 과연 어떤 노력을 기울이고 있는지 반문해볼 때이다.

감성UX 연구는 왜 사람들이 아름답거나 흥미있는 물건을 좋아하는지, 또는 물건들을 사용할 때 어떤 요소가 사람들로 하여금 즐거움을 느끼게 만드는지에 관해 연구하는 것이다. 소비자가 느끼는 감성이란 단순히 제품이나 서비스의 물리적 특성에만 국한되는 것이 아니라 그 제품이 사용자로 하여금 생각하게 만드는 이미지나 경험을 말한다.

미래학자인 다니엘 핑크(Daniel Pink)는 정보화 시대에서는 논리적 능력이 중요했지만 앞으로는 창의성과 감성, 직관이 중시되는 시대로 이동할 것으로 전망하고 있다. 이 같은 감성을 중시하는 UX 기술은 미디어 분야에서도 3DTV, 실감형 미디어(VR), 증강현실, 상황인지 미디어 등의 등장에 따라 더욱 중요성이 커지고 있으며 앞으로 오감융합 기반 감성 UX 기술은 음성, 얼굴, 표정인식 등 사용자 생체정보와 시·청·촉·후각 등 인간의 오감 메커니즘을 이용하여 기기와 소통하는 감성을 인지하는 방향으로 발전할 전망이다(이해룡외, 2011). 감성 UX 기술 가운데 최근 늘어나고 있는 몇가지 인터페이스 기술과 디지털미디어의 관련성을 정리하면 다음과 같다.

① 음성 사용자 인터페이스(Voice User Interface, VUI)

최근 몇 년 간 음성 기능을 활용한 사용자 인터페이스가 미디어 분야에도 늘어나고 있다. 스마트폰이나 컴퓨터 환경에서 이미 시리(Siri), 알렉사(Alexa), 구글 어시스턴트(Google Assistant) 같은 인공지능 비서들이 상당한 인기를 끌고 있다. 나인티나인펌즈(99firms)가 발표한 구글 통계에 따르면, 검색 명령의 20%가 음성에 의한 것이고, 전 세계 스마트폰 사용자의 31%가 일주일에 적어도 한 번은 음성 기능을 이용하고 있으며, 2022년에는 인터넷 검색의 50%가 음성 기반으로 이루어지고 있다고 보고되고 있다. 또한 이러한 VUI가 그래픽 유저인터페이스(GUI)와 만나는 기술, 기법, 디자인들이 나타나고 있으며 이러한 새로운 인터페이스가 인공지능(AI) 기술과 결합되어 미디어산업에 혁신적 변화를 가져올 것으로 예견되고 있다. 이러한 상황에서 우리 미디어 업계는 VUI를 활용한 미디어 서비스를 어떻게 설계, 구현하며 이를 이용한 수익 모델은 어떠한지등에 대한 고민이 필요할 때다.

② 증강현실(AR) 복합현실(XR) 인터페이스

증강현실(AR)과 복합현실(XR) 인터페이스는 대중화 초기단계에 들어섰다는 평가를 맏고 있다. 게임에서나 사용하던 것으로 치부되던 기술이 다양한 산업에 적용되고 있다. 애플과 구글등은 AR킷(ARKit)이나 미모지(Memojis) 같은 서비스를 선보였고, 오큘러스(Oculus)나 삼성 같은 하드웨어 업체들도 투자에 나서고 있다. 지도에서부터 반응형 사용자 경험에 이르기까지 점점 더 많은 분야에서 사용되고 있다. 안경과 같은 형태로 경박단소화 되고 있는 가상현실 단말 장비의 보급으로 인해 앞으로 다양한 제품과 산업, 서비스등에서 그 사용 비중은 급증할 것으로 예측된다.

③ 감정을 인식하는 미디어

사람은 감정을 가진 존재이다. 하지만 때로는 실제 감정을 겉으로 전부 드러내지 못하기도 한다. 앞으로의 미디어와 산업은 이러한 사람의 감정에 관해 진지하게 고민해야 할 것이다. UX 디자이너들은 디지털 제품과 경험을 디자인할 때 사람의 감정까지 고려할 수 있도록 디자인을 해야 하는 도전과제를 안게 되었다. 아직까지 만족하거나 완벽할만한 기능이 나오지는 않았지만 사용자가 특정한 상황에서 취하는 행동과 특정한 감정을 분석해서 감정이 디자인에 반영되는 제품과 서비스들이 출시되고 있다. 예를 들어 스포티파이(Spotify)는 사람들의 감정을 분석하고 그것을 디자인에 반영하면서 각 개인에게 맞는 맞춤 디자인과 추천 곡을 보여준다. 첫 화면을 사용자들에게 맞춤형으로 보여주는 기능은 기본이고, 오늘이 무슨 날이고 지금이 몇 시인지까지를 분석해서 추천음악을 골라주기도 한다.

KT의 OTT 시즌(Seezn)은 사용자의 얼굴표정을 분석해 기분에 맞는 최적의 콘텐츠를 추천해준다. 시즌은 개인사용 이력과 요일·시간대·날씨 등 정보를 담은 빅데이터를 분석해 사용자 맞춤 '초개인화' 콘텐츠를 추천한다. 제목을 몰라도 기억나는 상황이나 장면의 단어를 조합해 검색하면 영상을 찾아주기도 한다.

12
디지털미디어 시대의 리터러시

1) 미디어 리터리시

문자가 발명된 이후 인쇄술의 발달에 따라 글을 읽고 쓰는 능력이 중요시되었으며 이러한 능력을 리터러시(Literacy, 문자화된 기록물을 통해 지식과 정보를 획득하고 이해할 수 있는 능력)라 지칭하였으나 신문, TV, 인터넷, 모바일미디어 등 새로운 미디어 환경의 등장에 따라 그 개념이 확대되고 있다. 미디어 리터러시는 미디어(media)와 리터러시의 합성어로 단지 언어와 문자를 읽고 쓰는 능력이 아니라 다양한 미디어를 사용하고 해석하기 위해 요구되는 지식, 기술, 그리고 능력을 지칭하는 것으로 확대되었다.

미디어 리터러시에 대한 교육은 정보의 홍수 속에서 시민들이 유해한 정보와 필요한 정보를 구별하기 위한 능력을 길러야 한다는 점에서 강조되어 왔으며 20세기 초반부터 지식정보사회를 살고 있는 현대인들이 갖춰야 할 필수 역량으로 간주되고 있다. 전통 매체인 신문과 방송의 등장 이후 미디어 리터러시 교육은 특히 어린이나 청소년 등 대중매체에 영향을 받기 쉬운 계층을 대상으로 폭력성이나 상업성 등 미디어의 부정적 영향으로부터 보호하기 위한 목적과 나아가서 대중매체의 내용을 비판적으로 선별하여 읽고 보는 능력을 동시에 갖춰주려는 목적을 지니고 있었다.

그러나 ICT 기술의 발달이 가져온 디지털 미디어 시대의 도래와 사물인터넷(IoT), 클라우드 컴퓨팅(Cloud computing), 빅데이터(Big data), 모바일기술(Mobile), 인공지능(Artificial Intelligence)의 등장으로 사회 전반에 혁명적인 변화가 일어남에 따라 미디어 리터러시 교육도 새로운 패러다임으로 바뀌고 있다.

이러한 4차 산업환경에서 미디어는 기술적으로 디지털 환경으로 전환되어 누구나 매체를 이용할 뿐만 아니라 미디어 콘텐츠를 생산하는 양방향성이 강화되었고 따라서 미디어 리터리시 역량 또한 기존의 미디어에 대한 비판적 이해뿐 아니라 미래사회 및 새로운 미디어 환경에 대처하는 능력을 향상 시키는데 중점을 두게 되었다.

이러한 디지털 미디어 시대에는 끊임없이 생겨나는 콘텐츠와 미디어를 전통 매체 환경에서처럼 국가가 일일이 통제하는 것이 불가능하며 미디어의 부작용과 유해성을 중앙집권적으로 통제하기보다 개인의 판단력에 따라 시민 개인의 이성적 판단력에 따라 자율적으로 미디어를 통제하고 올바르게 활용할 수 있는 능력을 기르는 것이 중요해졌다.

인공지능(AI)과 빅 데이터, 모바일 기술의 결합은 이제 기존 미디어 간 경쟁과 대체는 물론, 앞으로 그 변화의 방향과 속도를 예측하기 힘든 상황이며, 심지어 미디어 기업은 동종, 이종 미디어뿐만 아니라 전혀 연관성을 찾아볼 수 없는 산업과도 합종연횡 하는 4차 산업혁명 시대에 어떤 미디어는 사라질 수도 있고, 또 어떤 미디어는 혁신적 변화를 통해 새롭게 변신할 수밖에 없는 시대가 되었다. 4차 산업혁명이 불러온 매체간 융합 현상의 확산은 언론의 정보독점에 대한 우월한 지위를 변화시켜 정보를 독점적으로 생산해내는 언론사 못지않게 일반 이용자들이 개인 미디어와 소셜미디어 플랫폼을 통해 더 빠른 정보를 실시간으로 전파하고 기자들보다 더 전문가의 지식을 가지고 있는 경우도 많아 정보 유통의 많은 부분을 대중에게 넘겨주는 시대가 왔다.

전통 언론이 담당하던 정보 수집과 분류, 의제 설정과 배포의 역할이 다양한 미디어로 분산되었으며 주요 매체의 영향력을 페이스북이나, 유튜브, 트위터, 인스타그램, 틱톡 등 소셜미디어가 대신하게 됨에 따라 대인 커뮤니케이션과 공공 커뮤니케이션의 경계가 사라져 여러 가지 부작용과 문제점도 대두되게 되었다.

특히 소셜미디어의 성장은 그 영향력에 따르는 책임과 공적 의식까지는 동반 성장시키지는 못해 상업적 동기를 숨긴 유사 정보들과 가짜 뉴스들이 공적 기능을 수행하는 뉴스와 혼재되기 시작함에 따라 미디어 리터러시 교육 또한 새로운 기술의 활용 문제, 새로운 사회의 윤리 및 규범형성, 사회적 상호작용능력 등 미디어 리터리시 역량에 대한 재정의와 관련 정책 발굴이 필요하게 되었다.

2) 디지털 리터러시

미디어 리터러시 뿐만 아니라 디지털 도구나 문화 전반에 대한 총체적 활용 능력을 의미하는 디지털 리터러시(digital literacy)[52]도 미디어 산업과 직결되는 문제이다. 디지털 리터러시는 디지털 미디어뿐만 아니라 전반적인 디지털 도구를 사용하고 해석하기 위해 요구되는 지

---

[52] 디지털 리터러시는 디지털 미디어와 기술을 의사소통의 도구와 기기 차원에서 다룰 수 있는 기기적 차원의 '도구적 리터러시', 의미 수용과 생산을 중심으로 디지털 미디어를 사용하는 언어적 차원의 '언어적 리터러시', 미디어를 사회문화적 소통 구조 차원에서 비판적인 거리를 두고 이해하는 문화적 차원의 '미디어 리터러시'의 세 가지 차원이 있다. 문화적 차원의 미디어 리터러시는 디지털 미디어가 요구하는 사회적 윤리와 책무성 개념을 포함한다.

식, 기술 그리고 능력을 지칭하는 것이라 할 수 있다. 식당에서 키오스크를 사용해 제품이나 서비스를 주문하거나 스마트폰으로 제품과 서비스를 이용하는 등 디지털 도구 전반에서의 활용 능력의 격차 해소는 갈수록 중요해지고 있다.

TV나 전화기, 녹음기처럼 그 자체로서 완결적인 기기들과는 달리 디지털 미디어와 도구는 여러 기기들을 연결해서 사용해야 기능이 극대화되고, 기기를 다루는 법, 콘텐츠를 찾아가는 법, 콘텐츠를 해독하는 법 등에 대한 선지식은 디지털 미디어를 채택하고 수용하는 데 있어 중요한 요인으로 작용한다. 실제로 네트워크로 연결된 디지털 미디어는 콘텐츠의 교환과 공유가 자유로워 일터와 집, 거리에서 대중적 소통수단이자 엔터테인먼트 수단으로 자리를 잡아가고 있지만 그 이용방식과 내용은 개인의 역량에 따라 점점 더 차별화되고 있다.

소셜미디어의 발전으로 이제 전통미디어 뿐만 아니라 누구나 미디어의 생산자와 제작자가 되는 시대가 열렸으며, 인공지능 기술의 발달로 딥페이크(Deepfake)와 같은 가짜 동영상도 AI가 제작하여 배포하는 시대가 됨에 따라 특정 정보가 사실인지 허위인지를 판단하는 정보판별 능력이 중요시되고 있다. 특히 소셜미디어는 기존 전통미디어와 달리 정파성이나 주관성이 강한 특성이 있어 정보의 객관성을 판단하여 인식하는 능력이 더욱 필요한 실정이다. 이러한 새로운 미디어의 등장은 기존 매체 때보다 더욱 심각한 타인의 권리침해를 가져오고 있는데 대표적인 것이 사생활 침해나 명예훼손, 초상권과 저작권 침해, 인권침해 등으로, 이러한 타인 및 집단의 권리를 존중할 줄 아는 인지능력의 형성이 미디어 리터리시 교육에 필요한 것으로 판단된다.

사용자의 경제적 지위 관점에서의 사용 격차를 의미하는 디지털 디바이드(digital divide)에서 더 나아가 디지털 리터러시는 디지털 미어의 사회적 사용의 양과 질에 있어서 사용자의 문화자본, 사회자본이 경제적 자본 못지않게 많은 영향을 미치고 있다는 사실을 보여주고 있다. 즉, 디지털 문화의 수용에는 사회경제적 지위뿐만 아니라 사용자의 사회적 관계, 능력, 동기, 경험이 큰 요인으로 작용한다는 것이다. 디지털 리터러시는 이제 시민으로 살아가는 데 있어서 우회하거나 무시할 수 없는 필수적 덕목으로서 디지털 미디어의 확산을 위해 반드시 해결해야 할 구조적이고 장기적인 과제라고 할 수 있다. 향후 디지털 미디어 활용과 관련된 정보화 노력은 지금까지의 보편적 서비스 개념의 접근권 보장과 같은 물적 기반의 강화보다는 사용자의 문화적 소양과 디지털 미디어 활용 능력으로서의 디지털 리터러시를 제고하는 데 초점이 맞춰질 필요가 있다고 판단된다.

3) 새로운 디지털미디어 리터러시 교육의 필요성

4차 산업혁명 시대에 새로운 미디어 리터러시 교육이 요구되는 이유는 기본적으로 인공지능과 빅데이터 기술의 등장이 가져올 초연결, 초지능 사회로부터 세기되는 다양한 변화와 문제들 때문이다. 4차 산입혁명의 핵심기술로 인해 인간의 일자리가 감소하고 로봇이 인간의 일자리를 차지하게 될 것이라는 고용의 불안감과 현재의 교육과정에서 중요하게 다루는 기본적인 지식의 암기나 습득이 필요하지 않게 될 것이라는 전망으로 인해 이러한 사회적 불안감과 문제를 해결하기 위한 역량으로 미디어 리터러시 교육이 강조되고 있다.

과거 아날로그 시대에서 디지털 미디어 시대로의 전환기에 등장했던 컴퓨터 리터러시와 정보 리터러시가 '디지털 격차(Digital Devide)' 논의를 가져왔듯이 4차 산업혁명의 핵심기술 또한 새로운 기술에 대한 접근과 이용, 활용역량의 격차를 가져오고 있다. 특히 직업 관점에서 이러한 디지털 도구나 기계와의 협업 능력과 활용 능력 등은 디지털 격차를 해소하는데 필수적이며 기술 소외계층에게 미디어 리터러시 역량 측면에서 활용 수준의 향상은 그 계층의 일상생활은 물론 사회경제적 활동에 큰 영향을 주고 새로운 사회에 적응하는 적응력을 높일 수 있다. 또한 디지털 미디어 리터러시 교육은 제타 바이트(Zeta byte) 시대의 도래와 같은 빅데이터 시대에 매일 쏟아지고 공유되는 수많은 데이터와 정보, 지식의 홍수 속에서 필터링 되지 않고 개방되는 자유로운 환경 속에서 사용자와 소비자가 가짜 뉴스나 편향된 지식을 분별하는 필수 능력을 제고시켜 줄 수 있다.

빅데이터와 인공지능 알고리즘의 대두는 맞춤형으로 제공되는 정보와 서비스, 제품 소비를 통해 자신의 판단과 관계없이 원하는 정보와 유사한 정보를 반복적으로 접하게 함으로써 사용자들이 검색 이력, 위치, 소비정보 등에 기반하여 알고리즘이 선별해주는 개인화된 공간에 갇히는 '필터 버블(filter bubble)' 현상을 심화시켜 정보에 대한 비판적 이해력을 강화하는 것이 더욱 중요한 시대가 되었다. 따라서 디지털 미디어 시대의 리터러시 교육은 빅데이터와 알고리즘의 결합이 가져오는 추천 정보와 맞춤형 정보, 개인화된 정보의 의미를 이해하고 이에 대한 비판적인 분석력과 판단 능력까지 갖출 것을 요구하고 있다.

또한 소셜미디어를 통한 관계의 형성과 소통이 활발해지면서 다양한 종류의 사이버폭력이나 명예훼손 등이 다양한 형태로 확산되고 있는데 이는 기본적으로 타인과의 소통방식에 대한 이해부족, 타인에 대한 배려와 공감능력의 부족에 기인하는 바, 디지털 미디어 리터러시 교육은 단순한 디지털 미디어 기술에 대한 이해를 넘어 이제 사이버 윤리 교육의 확장까지도 고려해야만 한다.

유튜브, 페이스북, 인스타그램 등 다양한 소셜미디어의 확산으로 사람들이 비대면적으로 관계를 맺고 정보를 공유하는 비율이 점차 높아짐에 따라 개인의 내밀한 정보와 프라이버시, 인격권이 침해되는 사례가 증가하고 있는데 갈수록 이러한 부작용에 대한 통제와 보호가 어려워지고 있어 미디어 리터러시 교육은 이러한 이용자 보호를 위한 필수적인 수단이 될 수 있다.

13
뉴스가치의 변화와 큐레이션의 중요성

1) 디지털 미디어 시대의 뉴스가치

독자 중심의 신문 마케팅을 연구하는 기관 중 하나인 노스웨스턴 대학의 독자연구소(Civic Readership Institute)는 독자의 열독률을 높이기 위한 마케팅 전략의 중요성을 강조하고, 이를 위해 대규모의 '임팩트 조사(Impact Study)'를 수행한 바 있다. '임팩트' 조사는 100개 이상의 미국 주요 신문사들이 참여한 대규모 독자연구 프로젝트로 어떻게 하면 뉴스 콘텐츠와 신문들이 서비스가 열독률을 높일 수 있을까를 탐구하는 프로젝트였다. 이 프로젝트는 5년 동안 진행되는 것으로 2001년 미국 신문편집자 그룹(ASNE, American Society of Newspaper Editors)에 의해 주도되었으며 3만7천명이상의 소비자를 대상으로 설문조사가 실시되었다.

동 기관에서 조사한 연구 보고서는 독자들의 뉴스 선호 기준에 대해 조사하였는데 독자들은 디지털 미디어 시대에 더 이상 뉴스 편집자들이 정해준 뉴스가치나 중요성에 의존하는 것이 아니라 스스로 뉴스가치를 판단하고 이를 기준으로 뉴스를 소비한다는 결과를 보여주고 있다. 스타트리뷴(the Star Tribune)과 독자연구소(Civic Readership Institute)가 함께 진행한 이 연구는 독자들이 '뭔가 내게 대화거리를 제공해 주는 이슈(Gives me something to talk about)'와 '내가 관심 있는 즉 내 개인적인 생활과 밀접한 분야의 주제(Looks out for my personal and civic interests)', 그리고 그럼에도 불구하고 '전혀 색다른 주제로 흥미와 재미를 유발하는 내용(Turned on by surprise and humor)'을 경험하고자 하는 것이 주요한 뉴스 가치가 되었다는 것을 보여주고 있다. 이 연구에서 또한 간과할 수 없는 내용은 젊은 독자들이 엔터테인먼트나 가십 같은 뉴스에 관심을 보이고 더 이상 사회 정치 경제 뉴스와 같은 하드뉴스(hard news)에는 소원해 지고 있다는 여러 추측들과 달리 하드뉴스일지라도 이런 경험의 요건들의 충족될 때에는 충분히 젊은 층의 열독률을 높일 수 있다는 점이다. 또한 광고 콘텐츠도 같은 성향을 보여주고 있다. 즉 독자들은 자신의 경험과 인지에 따른 콘텐츠 선택이 가장 중요한 기준이 되고 있으며 이를 위해서는 신문사들은 기사의 작성이나 제목의 결정 방법 등에서 이런 독자들의 변화된 태도들을 반영해야 한다고 제시하였다(Readership Institute, 2005).

이와 함께 디지털 미디어 시대에서는 뉴스의 공유와 확산이 중요한데 이에 가장 밀접한 관련을 갖고 있는 가치 요소가 콘텐츠의 창의성, 즉 재미와 공감 요소라고 할 수 있다(creativity-fun & empathy). 직관적인 선택에 의존하는 디지털 세계에서의 소비자들은 자신에게 재미를 주고 자신을 공감해주는 콘텐츠에 감정적으로 반응하며 선택하기 때문이다. 이러한 특징 때문에 소비자들은 신문이나 TV보다 상대적으로 집중도가 떨어지는 모바일 등 디지털 매체에서는 특정 콘텐츠에 오래 머무르지 않는 즉흥적 이용방식이라는 특수성을 보인다. 이런 콘텐츠 이용행태를 '스냅컬처'[53]라고 하는데 웹툰, 웹 소설, 웹 드라마 등이 대표적이다.

미디어 기업의 생산품은 일반 기업이 생산해 내는 소비재와는 다른 특성을 가지고 있다. 따라서 이런 미디어 생산품의 특성을 먼저 파악하는 것이 중요하다. 이는 대개 경영의 전략적 결정이 그 생산되는 생산품의 특징에 의해 좌우되기 때문에 이와 같은 특성을 분석하는 것은 유의미한 일이라고 할 수 있다(Chatterjee & Wernerfelt, 1994). 미디어 관련 연구자들은 이런 미디어 상품의 특징에 대해 다양한 시각을 보여주고 있다.

도일(Doyle, 2002)은 문화상품으로서의 미디어 생산품은 특정한 질적인 가치를 지니고 있다고 주장한다. 미디어 생산품은 복잡하고 모호한 특성이 있어 수량적인 지표를 통해 그 경제적인 가치와 효율성을 판단하는 경제적인 적용법은 적용하는데 무리가 있다는 것이다. 비록 대부분의 미디어들이 자신들의 수익을 내기위해 회사를 운영하고 가시적인 이윤을 내고 있지만 문화적인 정체성과 사회적인 가치를 인식하고 이를 전파하는 것이 미디어의 중요한 역할이라고 할 수 있다. 이런 사회적인 목적은 미디어의 경영적인 요구차이로 인해 더 복잡한 논의를 끌어내고 있다. 사회적인 가치는 경제적인 효율성을 분석하는 전통적인 경제이론 하에서는 설명되기 어렵기 때문이다(Doyle, 2002).

미디어 시장은 기술의 발전과 독자들의 기호에 매우 예민한 반응을 보이는 특징을 가지고 있다. 예를 들면 디지털 기술의 발전에 따라 초기 콘텐츠 비용이 낮아지고 미디어 상품이 노출되는 빈도가 높아질 수 있다. 이런 특성 때문에 경제적인 지표로만 미디어의 경제성을 계산하기가 매우 어려운 것이다(Chan-Olmsted, 2008). 레빈과 웨크만

---

53) 스냅컬처 현상은 짧은 시간 동안 간편하게 즐기는 문화 예술 소비 트렌드를 지칭한다(한경 경제용어사전, 2015).

(Lavine & Wackman, 1988)은 '미디어 상품은 눈에 보이는 것이 아닌 무형의 것이고 소멸되는 것'이라고 정의하면서 미디어 상품을 배포하기 위해서는 유형의 배포 매체와 불가분의 관계를 맺고 있다고 강조하고 있다. 무형의 콘텐츠 생산물은 다양한 포맷으로 제작됨으로 미디어 기업들은 이들을 보다 다양한 매체를 통해 확장 배포하려고 한다. 이들의 배포 매체가 확대될수록 생산물을 공유하고 재분배되는 경로가 확대될 수 있으며 다양한 배포로 인해 시장은 확대되고 이익 창출의 가능성이 높아진다. 이러한 이익 창출을 위한 콘텐츠의 가치 제고는 결정적으로 소비자, 즉 독자들의 선호도에 달려 있다.

케이브(Caves Richard, 2000)는 미디어 영역이 창의적인 개인들과 수요의 불확실성 문제를 다룬다는 점에서 다른 상품들과 차별성이 있다고 보았다. 수요나 시장을 예측해서 만들어 내는 일반 상품들과는 달리 공급 영역에서 소비 영역의 예측 없이 공급하는 특징이 있다는 것이다. 기사의 내용이나 뉴스의 종류가 독자들의 수요를 예측해서 공급되기 보다는 뉴스 콘텐츠 자체가 있기 때문에 생산해 낸다는 것이다.

칼더(Calder, 2004)는 미디어 소비가 소비자들이 단순히 오렌지 주스를 몇 병 소비 했는지 와 동등하게 비교될 수 없는 소비 행태라고 하였다. 사람들은 단순히 미디어를 소비하는 것이 아니라 그것을 경험하므로 미디어 상품은 질적이고 주관적인 경험재라고 할 수 있다. 즉 미디어의 생산물이 만들어 내는 이미지들은 '경험의 상품'이다(Calder, B. J., & Malthouse, E. 2008). 경험재로서 미디어는 다른 어느 제품이나 서비스보다 순간적이며 무형성이 강하기 때문에 뉴스가치는 켈러(Keller)의 지적처럼 예술 및 오락 산업과 비슷한 특징을 지니게 된다. 즉 디지털미디어에서는 사용자의 경험과 만족이 매우 중요한 뉴스가치가 되고 있다. 이러한 제품들은 예상 구매자들이 면밀한 검사를 통해 품질을 판단할 수 없기 때문에 기사를 제공하는 기자나 콘텐츠 제공자들의 구전(口傳)에 의한 비평 등과 같은 단서들을 이용해 품질을 추론할 수밖에 없다(Keller, 1998).

또한 디지털미디어 시대의 뉴스는 당연히 속보성을 가지고 있어야 하고 신뢰도가 기본이지만 이러한 전통적 뉴스가치에서 더 나아가 검색이 쉽게 되어야 한다. 이를 위해서는 검색의 최적화(SEO: Search Engine Optimization)[54]가 매우 중요한 요건이라 할 수 있다. 뉴스는 제목을 적절히 뽑거나 뉴스의 신뢰도, 독자의 평가와 같은 가중치 요소들을 적절히 삽입하여 구글과 같은 포털에 쉽게 검색될 수 있게 하는 게 무엇보다 중요한 요건이라는 것이다. 예를 들면 구글 같은 검색엔진에 많이 노출되기 위해서는 독자의 평가와 같은 여러 가중치를 올리는 전략이 필요하고 페이스 북과 같은 공유 사이트에서는 내용에 있어서 쉽게 접근할 수 있는 콘텐츠 위주로 배포해야 한다. 예를 들어 허핑턴 포스트(Huffingtonpost)[55]는 태그 등을 적절히 사용하여 SNS의 공유가 많이 되도록 하는 것을 디지털미디어의 가장 중요한 전략으로 삼고 있다. 디지털 미디어인 버즈 피드(Buzz Feed)도 이러한 공유를 가장 잘하는 매체의 하나인데, 기사의 랭킹을 매긴다든지, 해야 할 몇 가지와 같은 형식으로 기사를 만들어 공유가 쉽게 될 수 있게 하는 전략을 구사하고 있다는 것이다.

2) 큐레이션 vs 뉴스가치

종이신문의 시대에는 1면의 어떤 단독기사, 혹은 신문에 어떤 관점

---

54) 검색엔진 최적화(SEO)는 Search Engine Optimization의 약자로 검색엔진에서 검색이 잘 되게 하는 방법을 말한다. 기술적으로는 검색엔진을 어떤 원리로 움직이게 하는 검색엔진 알고리즘에 대한 이해를 토대로 사용자에게 최상의 검색 결과를 제공하는 서비스를 제공하는 것을 목표로 한다.
55) https://www.huffingtonpost.com

과 해설을 담는지가 그 신문의 정체성을 가름했다. 하지만 현재는 온라인상에서 영향력 있는 기사를 얼마나 효율적이고 적극적으로 유통하는지가 그 신문의 정체성을 판단하는 관건이 됐다. 종이 신문을 만들던 사람들은 독자를 거의 자동적으로 얻게 된다는 프레임에 익숙하지만, 디지털 미디어에서는 독자들이 기사를 찾아오는 게 아니라 기자들이 독자를 찾아나서야 한다. 이제 뉴스는 지면에서 나와서 네트워크를 통해 동영상으로, 인터렉티브 스크린으로, 가상현실로까지 옮겨가며 독자들에게 전달되고 있다. 즉 디지털 기사를 생산하는 종이신문에서, 종이신문을 만드는 디지털 매체로 빠르게 변화하고 있다. 디지털미디어의 대표적인 주자인 허핑턴포스트(Huffington Post) 관계자도 "뉴스는 기사를 다 썼을 때가 아니라 기사가 유통될 때 시작된다."(최민영, 2014)고 지적하고 있다.

따라서 무엇보다도 경험재로서의 신문 콘텐츠를 유통시키는 큐레이션 전략이 중요해졌다. 대부분의 신문콘텐츠는 생산자의 채널에서 직접 유통되지만 이제 자체 플랫폼에서 미디어를 소비하는 사람보다 네이버나 카카오등 포털서비스에서 큐레이션되어 유통되는 것이 압도적이다. 따라서 미디어 회사들이 생산해 내는 콘텐츠는 정보 콘텐츠이면서 동시에 감성적인 엔터테인먼트 콘텐츠이기 때문에 전달되는 정보의 양식과 포맷이 중요해졌다. 온라인에서 브랜드 플랫폼(웹, 모바일 등)에 접속하여 겪게 되는 총체적인 요소들의 집합이 모든 브랜드의 경험이므로 무엇보다 고객의 경험을 관리하는 것도 중요해졌다. 클리랜드(Cleland, 2000)는 디지털브랜드의 형성은 고객이 인터넷 사이트에서 접촉하게 되는 모든 것을 통해 총체적 경험을 형성하게 된다고 하였으며, 노박 등(Novak, Hoffman, & Yung, 1999)은 온라인 환경에서 고객경험을 측정하면서 마음을 끄는 고객경험을 전달하는 것은 오프라인

보다 온라인에서 더 중요하다고 강조하였다. 즉 디지털 미디어에서는 자체 플랫폼보다 유통되는 플랫폼의 큐레이션을 고려한 사용자 인터페이스가 강조되어야 하며 독자들에게 총체적인 경험을 제공하는 매체의 조건을 갖추어야 한다는 것이다.

그런 측면에서 시각적인 요소는 더욱 중요한 요소로 등장하게 된다. 특히 디지털 뉴스 서비스 디자인은 모바일이나 PC기반 서비스와 마찬가지로 디자인이 매우 중요하다. 이는 기본적으로 디자인을 인터페이스(interface)로 이해하는 기 본지페(Gui Bonsiepe)[56]의 인식에 바탕을 두고 있다. 즉 언론 소비자들과의 커뮤니케이션 수단인 인터페이스는 디자인적인 요소로 그 품질이 결정되며, 인쇄출판물에서 출발하여 이미지, 영상을 거쳐 토탈 미디어라 할 수 있는 멀티미디어 디바이스인 모바일에 이르기까지 이어져온 뉴스 편집디자인이나 저널리즘(journalism)이 사용자 중심의 디자인 개념으로 전환되고 있는 것이다.

사용자 중심 디자인UI(user interface)의 목적은 사람과 컴퓨터가 어떻게 쉽게 커뮤니케이션 하느냐를 만들기 위함이다. UI연구는 사용자의 시가저 인터페이스에 초점을 맞춘 종래의 GUI(graphical user interface)에서 나아가 다양한 미디어에 대한 UI 디자인 연구로 확대되고 있다. 촉각이나 청각, 제스쳐, 음성인식과 지문인식 등 다양한 인터페이스 연구가 미디어 비즈니스에 적용되고 있는 바, 사용자 중심 디자인(user centered design, UCD)은 이미 많은 뉴스 앱에 반영되어 있으며, 많은 언론사들이 웹 사이트를 발전시키거나 모바일 서비스를 강

---

[56] 디자이너, 교육자, 디자인 이론가. 기 본지페는 디자인 행위에는 3가지 요소가 있다. 첫째, 사용자. 둘째 사용자가 원하는 행위, 셋째, 사용자가 원하는 행위를 하는 도구라고 주장. 〈인터페이스〉의 사전적 의미는 '접점'으로 두 가지 주제나 시스템 등이 서로 만나서 영향을 주고받는 영역이지만 요즘은 인터넷, 매체, 기계를 다루기 위하여 사람이 접하는 면을 인터페이스로 많이 이해하게 되었다(인터페이스-디자인에 대한 새로운 접근, 2003, 박해천 역, 시공사).

화하는 전략으로 디지털미디어 시대에 적응하고 있다. 나아가 VR기술이나 드론기술과 같은 다양한 영상기술 등을 활용한 뉴스 서비스 등이 시작됨에 따라 향후 디지털미디어는 보다 다양한 첨단 기술을 활용한 콘텐츠 가공 기술이 필요하게 되었으며 이를 위한 사용자경험(UX, User Experience)과 사용자 인터페이스를 제공하는 방향으로 발전하게 될 것이다(이강준, 2014).

디지털 내러티브 세대의 사용자는 틱톡(Tik-tok)[57]과 같은 콘텐츠처럼 짧은 분량의 콘텐츠를 선호하는 경향이 있다. 즉 온라인과 모바일을 이용하는 독자들은 매체의 특성상 호흡이 짧은 콘텐츠를 선호한다는 것이다. 그러므로 짤방[58] 이나 짧은 기사로 독자들을 유도하는 것이 중요하다. 아무리 복잡하고 긴 뉴스라도 포맷이 일단 이해하기 쉽고 간단명료해야 하는 것이다. 이런 짧은 뉴스의 대표적인 형식이 바로 카드뉴스라고 할 수 있다. 디지털 퍼스트의 뉴스 전달 방식은 다양한 매체로의 유통을 가능하게 하는데 그중에서도 동영상 방식이나 사진 등이 중요한 매체 역할을 하며 독자들이 편리하게 뉴스를 볼 수 있는 UX(User Experience) 편집이 잘 되어야 한다. 상호작용이 빠르며 관심 있는 기사를 저장하여 여러 매체에서도 접근이 가능할 수 있도록 하는 동기화 기능들이 뛰어나야 하는 것이다.

이러한 요구로 인해 뉴욕 타임스, 월스트리트 저널, 파이낸스, 닛케이 신문 등의 언론사들은 신문사임에도 불구하고 동영상 등에 투자를

---

57) 2018년에 iOS와 안드로이드 앱을 통틀어 세계에서 가장 많이 다운로드 된 앱 가운데 하나로 중국의 뉴스큐레이션 서비스인 '진르터우탸오' 창업자인 장이밍이 젊고 트렌디를 중시하는 사람들을 위해 쉽고 간편한 조작으로 15초 동영상을 만들 수 있도록한 앱이다.
58) 짤림 방지의 줄임말이다. 사진이나 동영상 전용 게시판에 사진이나 동영상이 아닌 글을 올렸을 경우 삭제되는 것을 방지하기 위해 내용과 아무런 상관없는 사진이나 동영상을 올리는 것을 말한다. 최근에는 글에 첨부된 짧은 이미지를 통칭하는 말로도 사용되고 있다.(대중문화사전 출처)

많이 하고 있는 것이다. 좋은 기사를 작성하고 타깃 독자층에 맞는 차별화된 콘텐츠를 만들어 낸다고 해도 쉽게 검색되지 않고 흥미를 끌지 못하면 그 가치가 떨어지기 때문이다. 아울러 사용자들의 모바일 환경에서도 빠르게 검색할 수 있도록 사진과 동영상의 구현이 무리 없을 정도로 신속하게 진행되는 기술에 투자하는 등 검색의 용이성을 높이기 위해서도 노력하고 있다.

14
광고/시장/마케팅/브랜드 전략의 변화

1) 언론 중심에서 마케팅 중심(market driven)으로

언론기업은 영리성을 지닌 경제적 활동과 공공성을 지닌 문화적 활동이라는 두 가지 상대적 개념을 동시에 지니고 있다. 즉 언론사는 상품을 파는 기업이긴 하지만 소비자에게 '뉴스'와 '알 권리'를 공급한다는 그 특수한 저널리즘의 본질 때문에 일반 기업과 달리 경영상에 여러 제약조건을 갖고 있는 것이다. 이런 이중성으로 인해 그동안 한국 언론기업은 '시장의 원리'와 '공익의 원리'라는 두 상반된 가치의 최적점을 찾기 위해 노력해 왔다.

그러나 이미 언론시장은 전통매체들에게 경고를 넘어서 몰락을 예고하고 있다. 미국의 경우 신문사들은 광고수입 및 신문 독자수 감소 등에 직면하자 어떻게 하면 구독률을 높여서 수입을 늘릴 수 있는지 다시 생각하게 되었고, 그 결과 독자위주 혹은 '시장논리'의 저널리즘이 강하게 대두되었다(장원호, 1998, 70~77쪽). 그러나 이 같은 시장논리 저널리즘은 마케팅전략에 집착한 나머지 고급저널리즘을 수행하는데 장애가 되며 신문의 질을 높이는 것과는 아무런 관련이 없다는 비평을 받기도 한다(McManus, 1994).

이러한 비판에도 불구하고 시장논리 저널리즘은 전통적인 저널리즘을 대치하면서, 언론의 위기를 경제적인 측면에서 극복하려는 대안으로 확산되고 있는 추세이다. 언론사의 주 수입원인 광고의존도가 총 수입의 90%까지 달하는 신문사도 생겨나 신문기업이 '독자'에게 '뉴스'를 파는 기업인지 독자의 수를 빌미로 '광고'를 '광고주'에게 파는 기업인지 모를 정도가 되어 버렸다. 즉 신문기업은 뉴스를 독자에게 팔고, 방송은 콘텐츠를 시청자에게 팔며, 통신기업은 통신서비스를 소비자에게 파는 것이 업(業)의 본질인데 이 세 영역 중 신문과 방송은 뉴스와 콘텐츠를 독자에게 파는 것이 아니라 그 뉴스를 빌미로 독자와 시청자를 광고주에게 파는 것이 업의 본질이 되어 버렸다. 이렇게 업의 본질이 변질된 것은 결국 자업자득이라는 비판도 있다. 독자의 수를 많게 해야 광고 수주가 늘어나기 때문에 독자의 수를 늘리기 위해 무가지나 할인판매로 원래 뉴스 콘텐츠의 가치를 떨어뜨린 것은 신문업계 자신이기 때문이다.

전통적 미디어의 기본 수익모델은 소비자들에게 직접 콘텐츠를 파는 것과 소비자들에게 상품을 팔고 싶은 광고주들에게 광고를 파는 것으로 구분할 수 있다. 신문의 경우 충성도 높은 독자층의 지속적인 구독률은 광고주들에게 매우 매력적이고 안정적인 노출 기회를 제공하였다. 그러나 디지털 미디어 시대가 되면서 다양한 플랫폼을 통해 콘텐츠를 소비하는 소비자들의 소비패턴의 변화로 인해 더 이상 광고시장은 거대 언론기업들의 독점적인 시장이 될 수 없게 되었다. 게다가 종이 신문의 구독률은 떨어지고 독자를 만나는 접점이 점점 줄어들면서 거대 신문사들은 독자들과의 접점이 한정되어있는 종이매체의 한계를 극복하기 위해 보다 다양한 채널을 통한 독자들과의 만남을 시도하게 되었다. 오랜 역사의 전통적 언론사들은 연륜과 탄탄한 독자층으로 만들어진 독점적 시장에 안주하거나 생산과 유통에 있어 일방적인 소통방식을 취해왔으나 디지털 기술이 미디어 기술과 융합하면서 다양한 온라인 미디어들이 탄생함에 따라 콘텐츠 생산과 공급이 쉬워지고 시장의 진입장벽이 낮아짐에 따라 미디어시장은 그 판도가 변화하게 되었다 (Chan-Olmsted, 2006).

인터넷의 급속한 팽창과 스마트폰의 보급 확대는 새로운 형태의 경쟁자를 미디어 시장에 개입시킨 결과를 가져왔고 이는 공급자 중심의 관점에서 수요자 중심의 마케팅으로의 전환을 부각시켜주었다. 미디어 시장에 대한 기술적 법적 진입장벽이 없어졌기 때문에 경쟁력이 없으면 시장에서 도태될 수밖에 없는 경쟁 체제로 바뀌었기 때문이다. 게다가 광고주 확보를 위한 경쟁마저 더 치열해 짐으로써 다양한 수익원 창출에 노력할 수밖에 없게 된 것이다.

마케팅 분야의 연구 결과에 따르면 소비자들은 아무리 많은 대안이 있더라도 7개 정도의 브랜드 중에서 선택하고 나머지는 무시한다. 마찬가지로 혼잡한 시장 속에서 소비자가 골라 보는 미디어는 고작 5개에서 8개 정도에 불과하다(Ferguson, 1992). 따라서 시장 내의 경쟁자가 많아져 제품 차별화의 압력이 커질수록 언론사에 대한 충성도 제고와 고정 고객층 확보 전략은 더욱 중요성을 갖는다.

이러한 전략의 하나로 기존 매체들은 아날로그보다는 '디지털 매체 우선'이라는 공급 시스템을 전략적으로 도입하여 기존의 브랜드 파워를 디지털 미디어로 이전 혹은 확장해야하는 도전을 받고 있다. 그러나 아직까지 전통 매체들이 디지털 매체로의 변신을 효과적으로 수행하는지는 그 성과를 가늠하기 어렵다. 왜냐하면 이제까지 전통 매체들은 시장보다는 언론의 공익성을 추구하는 공급자 위주의 매체 환경에 익숙해져 있어 마케팅이나 브랜드 관리라는 개념 자체가 생소하기 때문이다. 이런 관점으로 인해 미디어와 커뮤니케이션 전략 연구는 주로 콘텐츠를 분석하는 관점에서 그것의 효과와 역할에 초점을 맞춰 이루어 왔다.

그러나 미디어는 경험재이기 때문에 본질적으로 마케팅이나 브랜드 관리의 중요성이 큰 분야라고 할 수 있다. 미디어 환경이 급변함에 따라 최근 들어서 경영 혹은 경제적인 맥락에서 미디어 기업의 경영 전략들에 관해 관심을 기울이는 연구들이 늘어나고 있다. 신문 연구 역시 독자들의 알권리를 충족시키고 공공의 이익에 부합하는 뉴스를 제공하는 언론으로서의 기능과 함께 이러한 고객의 충성도를 기반으로 이윤을 추구하는 기업으로서의 기능에 대한 연구가 증가하고 있다.

예컨대 '미디어 이코노믹스' 혹은 '미디어 비즈니스 연구'등과 같은 다양한 학술지의 등장과 발전도 이러한 시장 중심의 미디어 연구에 대한 플랫폼이 되고 있다. 미국의 경우 1990년대부터 미디어 분야에서도 브랜딩 혹은 브랜드 경영 등의 개념이 등장해 오고 있으나(McDowell & Batten, 1999) 그 변화를 깊이 있게 다양한 방면에서 다루는 연구나 조사는 아직도 부족한 것이 사실이다(Compaine & Gomery, 2002). 국내에서도 미디어의 브랜드 개념이 등장한 것은 최근의 일이며 이를 실증적으로 접근한 연구는 많지 않은 편이다. 이는 그동안 거대 언론사들의 독과점 시장에서 마케팅의 의미가 중요하지 않았을 뿐 아니라 연구 또한 별 의미가 없었기 때문이다.

미디어 플랫폼이 다양하게 진화하면서 경쟁력 강화의 필수 요소로 브랜드 전략이 등장하고 있지만 그럼에도 불구하고 아직 성공적인 비즈니스 모델의 구축과 브랜드 전략이 무엇인가에 대해서도 아직 누구도 확답을 주지 못하고 있다. 이런 의미에서 현재 화두가 되고 있는 미디어 산업의 다양한 디지털 전략과 브랜드 이미지 경영은 새롭게 학자들이 접근해야 할 분야(Chan-Olmsted, 2006)로 떠오르고 있다.

2) 디지털 퍼스트(Digital First)

디지털 미디어 시대에 전통매체의 가치창출 및 브랜드 전략의 핵심은 '디지털우선(Digital First)' 전략이다. 디지털 우선 전략은 뉴스의 제작과 유통을 아날로그가 아닌 디지털 서비스를 우선으로 두는 전략이다. 뉴욕타임스는 디지털 퍼스트를 "종이의 제약에서 벗어나 최우선으로 가능한 최고의 디지털 보도"라고 정의한다. 즉 다음날 지면을 무엇으로 꾸밀까 고민하면서 종이 신문의 제약으로부터 벗어나 디지털 보도를 가장 우선에 두는 것을 의미한다(The NewYork Times, 2014).

디지털 퍼스트는 단순히 '디지털이 먼저이고 인쇄는 그 뒤'라는 발행 순서의 교체를 의미하지 않는다. 그것으로 파생되는 기사 생산 과정의 변화, 수익모델의 전환, 조직구성의 개편, 각종 기술의 재배치를 모두 포함한다. 2014년 공개된 뉴욕타임스의 '혁신(Innovation) 보고서'는 언론 산업의 위기를 경고하며 어떻게 변화해야 하는 가에 대한 문제를 제시한 문건이었다. 이 보고서에서 강조한 것이 바로 디지털 퍼스트(Digital First) 전략이었으며 동시에 종이신문 1면(Page One)에 집착하고 있는 조직의 마인드 전환을 꼽고 있었다.

'디지털 퍼스트'가 처음 언급된 시기는 대략 2006년쯤으로 추정된다. 당시엔 '디지털 퍼스트'라는 표현보다는 '웹 퍼스트'란 용어가 익숙했다. 모바일 시대가 본격적으로 도래 하면서 이를 포괄하는 개념인 디지털 퍼스트로 바뀐 것뿐이다. 웹 퍼스트라는 용어를 선점한 매체는 영국의 '가디언(The Guardian)'이었다(Sweeney, 2006). 당시 가디언은 하루에 한 번 발행하는 신문의 한계를 극복하는 것을 목표로 삼았다. 외신과 비즈니스 섹션에서 '시차의 괴리'를 좁히겠다는 의도가 컸다. 하루에 한번 찍어내는 신문은 글로벌 시장을 대상으로 독자 확장을 꾀하려는 가디언에 효율적이지 않은 미디어 플랫폼이었다.

이에 따라 2011년 가디언은 '디지털퍼스트' 조직으로의 대전환을 선언하고 '장기 지속가능한 재정구조와 디지털성장에 대응하기 위한 선도적 선택'이라는 전략적 목표를 정했다. 전략의 내용도 보다 구체화됐다. 당시 Allen Rusbridger 가디언 편집국장은 이렇게 선언했다. "모든 신문은 디지털 미래를 향한 여정에 있다. 그것이 인쇄를 버린다는 것을 의미하지는 않는다. 하지만 관심과 상상, 인적·물적 자원을 디지털 미래가 가져올 것으로 보이는 다양한 형식에 더 집중할 것을 요구하고 있다"[59].

'디지털퍼스트'는 올드 미디어의 전략적 미래와 지속가능한 생존의 모색과정에서 불가피하게 생산된 조어(造語)라고 할 수 있다(최민영, 2014).

하지만 국내에선 '디지털퍼스트'가 여전히 발행순서의 교체 정도로 인식되고 있고, 그것의 불가피성에 대한 절박감은 표피적으로만 형성되고 있다. 글을 담는 공간이 종이에서 디지털 웹으로 바뀌었다는 인식만이 주를 이루고 있을 뿐, 종이와 웹의 차이에 대해선 무관심하다는 얘기다(이성규, 2014).

3) 미디어기업도 브랜드 강화 전략 필요

과거에도 미디어 기업들은 안정적이고 충성도 높은 소비자들과의 관계를 중요시 해왔다. 그러나 미디어 환경이 다변화 되면서 다양한 선택권이 있는 소비자들에게 얼마나 차별화된 콘텐츠와 이미지로 어필하는가 하는 브랜드전략은 미디어 기업의 필수적인 전략이 되어가고 있다.

---

59) http://www.guardian.com

소비자들은 클릭 한번으로 별다른 비용을 들이지 않고 새롭게 등장하는 새로운 브랜드의 콘텐츠와 접속할 수 있으므로 익숙한 미디어에 오래 머물러 있지 않는 경향이 있다. 다양한 선택 가능성과 넘쳐나는 정보들 속에서 오히려 소비자들은 선택에 있어 브랜드의 친근함이 더 중요한 요소가 될 수 있다는 것이다.

즉 소비자들은 자기가 아는 것 이상으로 확장해서 찾아보기보다는 자신에게 친근한 브랜드에 안주한다는 것이다(Chan-Olmsted, 2006). 시간과 집중 또한 새로운 디지털 미디어 전략의 핵심적 가치로서, 독자들은 다양하고 새로운 정보과 뉴스를 찾는 시간을 소비하느니 빠르고 간단하게 평소에 접하던 미디어를 통해 얻고 싶은 정보를 얻고 있는 것이다(Ots, 2008). 미디어 학자 턴게이트(Tungate, 2004)도 독자들은 그 자신 스스로 미디어 관계자이면서 친근한 5개 정도의 잡지를 선택하고 읽는다고 하였다. 이는 그만큼 미디어를 선택함에 있어 감정적인 친근함이 작동한다는 반증이며 이를 브랜드 이미지로 치환했을 때 그 친근함이 바로 브랜드 파워와 연관되어 있음을 암시한다.

이런 브랜드 파워를 갖기 위해서는 무엇보다도 브랜드 이미지가 강해야 한다. 브랜드 이미지는 '소비자가 기억 속에 저장된 브랜드 연상(association)에 의해 반영되는 브랜드에 대한 지각'(Keller, 1993)이며, '브랜드 이미지가 의미를 지니고 조직화된 연상들의 집합'(Aaker, 1996)이라고 정의할 수 있다. 이러한 측면에서 미디어의 브랜드 이미지는 '소비자들이 특정 언론에 대해 가지고 있는 인지적, 감성적 차원의 연상들의 총체'라고 할 수 있다. 따라서 언론사의 개성과 철학이 반영된 호의적이고 독특한 브랜드는 소비자들의 매체 충성도와 호의도를 이끌어낼 수 있을 것이다(이수범, 2007).

미디어 기업의 마케팅 전략은 이러한 브랜드 이미지를 창출하는 과정이며, 궁극적으로 언론사의 브랜드 이미지를 구축하기 위한 활동이라고 볼 수 있다. 브랜드 이미지가 소비자 기억 속에 저장되어 있는 브랜드 연상에 의해 투영되는 브랜드에 대한 인식으로 정의 되듯이(Keller, 1993; 1998) 미디어 브랜드 이미지는 미디어 콘텐츠만으로 차별화가 어려워진 현 미디어 환경에서 이를 보완해 줄 수 있는 또 다른 요소로 인식되고 있다. 또한 소비자들이 상품을 구매할 때 단지 품질 때문만이 아니라 이미지를 소구하는 특성이 점차 강해지고 있다는 이유로 미디어에 대한 독자들의 충성도를 유지하기 위한 전략의 중요한 부분을 차지하고 있다(이윤희, 2002).

이제 다양한 정보와 콘텐츠가 여러 언론사를 통해 배급되면서, 독자들을 대신해 콘텐츠를 가려서 선택해 주는 일종의 필터 역할을 미디어 브랜드 이미지가 담당하고 있다(이준웅·심미선, 2005). 언론사의 이미지, 명망(reputation) 등이 미디어 기업의 이미지를 만들어 내는 것이다. 특히 일반적으로 정보재의 경우 생산품인 정보에 대해 먼저 평가를 하고 난 뒤 구매할 수 없으므로(정보를 평가하고 나면 이미 그 정보에 대해 지불할 필요가 없어진다) 정보 거래에 있어서 바로 정보 생산자의 이미지나 명망이 중요해지는 것이다(이준웅 외, 2003).

그러므로 기업의 이미지를 소비자에게 정서적으로 각인시키는 브랜드 전략은 보이는 제품을 판매하는 기업은 물론 무형의 콘텐츠를 공급하는 미디어 기업들에게 더 중요한 과제가 된다. 특히 미디어 기업들은 생산품 자체가 무형의 콘텐츠이고 그 소비가 정서적인 판단으로 이루어지는 '경험의 상품'이기 때문에 미디어 기업에 있어서 브랜드 전략은 기업의 생존 전략이 될 수 있다. 즉, 충성도를 확보하기 위해 브랜드 이미지에 대한 호감과 신뢰를 만드는 일이 바로 미디어 브랜드 전략의 주요한 요소가 되는 것이다(Sigert, 2008). 미디어 기업에 있어서도 독자의 통합적인 경험이 미디어 생산물에 대한 브랜드 인식을 가장 효과적으로 할 수 있는 접근법이다(Calder외, 2008).

위와 같은 논의에 근거하면 다매체 시대에서 미디어에 대한 선택폭이 폭발적으로 증가할 경우 브랜드 이미지가 강한 언론만 살아남게 될 확률이 크다. 그리고 위기에 처한 종이신문의 경우 이러한 브랜드에 대한 요구는 더욱 강력해진다. 다매체 경쟁상황에서 독자는 접근 가능한 모든 신문을 검색한 뒤 소비를 결정하기 보다는 신뢰할 수 있는 몇 개의 언론사 브랜드에 의존해서 뉴스를 선택할 것이다. 독자의 신문사 브랜드에 대한 충성도는 경험을 통해 품질에 대해 인지된 이미지를 통해 형성된다고 할 수 있다(Chan-Olmsted & Kim, 2002). 미디어 브랜드 이미지에 대한 독자들의 인지는 잠재적인 독자들을 지속적으로 창출할 수 있으며 독자들의 충성도를 확보하는 기초가 될 것이다. 이런 맥락에서 미디어 브랜드 연구의 중요성은 더 강조되고 있다.

먼저 미디어 브랜드 전략은 두 가지 시장을 동시에 상대해야 한다. 신문이나 잡지를 직접 구매하거나 읽는 독자들의 시장과 지면에 광고를 게재하고자 하는 광고주들의 시장이 그것이다. 그리고 서로 다른 입장과 속성을 가진 양쪽 모두에게 지속적으로 자신들의 브랜드 이미지를 강조해야 한다(Wirtz, 2005, Siegert, 2008:재인용). 즉 다른 성격의 시장에 각각 적합한 브랜드 전략을 구사해야 한다는 것인데, 이에 따라 수익구조와 경영 효율화의 전략도 달라 질 수 있다. 미디어 기업의 브랜딩에 있어서 중요한 요소는 소비자나 광고주들에게 브랜드 충성도를 파는 것이고 대중마케팅적인 미디어 기업의 상품 특성을 활용하여 새로운 브랜드를 만들거나 새로운 상품을 만들어 브랜드를 확장하는 것(Ots, 2008)이기 때문에 일반화 되지 않은 각 지역 및 커뮤니티를 이해하고 이를 반영하는 것이 매우 중요한 미디어 기업의 덕목이 된다. 지역 및 커뮤니티와 관련된 시장의 특성을 인지하고 그것에 맞는 콘텐츠를 생산하는 시장 전략이 이를 위해 필요하다.

아울러 미디어 기업들 또한 자신들의 브랜드 메시지를 전달하기 위해 경쟁 영역인 다른 미디어들을 활용하는 미디어 믹스 전략을 구사해야 한다. 상식적으로 미디어 기업은 자신들이 미디어이기 때문에 별도의 브랜드 홍보 전략을 수립하여 시행한다는 인식을 가지고 있지 않았다. 그러나 다매체 시대에는 전통적인 광고, 상호 프로모션, 셀프 프로모션, 미디어 PR, 편집 가능한 자료들, 즉 포스팅이나 기타 오픈된 자료들을 활용(Siegert, 2008)해야만 한다.

15

디지털미디어 시대의 스토리텔링

영어 '스토리(story)'에 해당하는 우리말은 '이야기'이다. 그런데 이야기는 영어의 '스토리'와 '스토리텔링'을 모두 포괄하는 의미를 지니고 있다. 우리말의 경우 이야기라는 말 속에 이미 스토리텔링의 의미까지 포함되어 있는 것이다.

스토리는 전달방법이 아직 고려되지 않은 상태의 서사적 내용물을 수도 지칭한다. 다양한 사회적 사건들이나 어떤 사람의 경험은 이야기로 만들어질 수 있는 요소 즉 스토리를 담고 있다. 이 스토리는 그것을 풀어내는 사람에 따라서 그리고 염두에 두고 있는 미디어에 따라서 전혀 다른 이야기가 될 수 있다. 이러한 차이가 곧 스토리텔링의 차이이다.

스토리는 누구에게 어떤 방식으로 전달할 것인가가 정해지지 않은 상태의 사건들 자체라고 할 수 있다. 러시아 형식주의자인 토마셰프스키(Evegeny Tomashevsky)는 '연대기적 시간 순서에 따르는 행동과 사건의 연쇄'를 스토리로, '스토리를 독자가 인지하게 되는 경로'를 플롯으로 구분한다. 작가의 서사전략에 의해 스토리가 예술적으로 조직되고 표현된 구체화된 이야기가 플롯이라는 것이다. 예를 들어 연쇄살인 사건 자체는 스토리이다. 그러나 누가 어떤 방식으로 그 사건을 재구성해서 이야기하는가에 따라 독자가 그 사건을 경험하는 방식은 달라지게 된다. 독자 혹은 관객의 흥미와 관심을 위해 재구성된 것이라는 점에서 플롯은 스토리텔링에 보다 가까운 개념이다. 즉 스토리는 시간순서에 의해 사건을 나열하는 것이고 플롯은 인과관계에 의해 그것을 재구성하는 것이다. 사건을 재구성할 때 작가가 독자/관객에게 기대하는 정서적 반응이 전략적으로 고려된다.

스토리텔링은 스토리(story)와 텔링(telling)이 결합된 말이다. 즉 스토리를 전달하는 방법이 스토리텔링인 것이다. 스토리텔링이라는 용어가 확산되기 이전에는 '서사(narrative)'라는 용어를 주로 사용해 왔다. 채트먼(Seymour Chatman)에 의하면 서사물(narrative text)은 이야기(story)와 담화(discourse)로 구분된다.

채트먼의 서사구조에서 스토리는 글이 되기 이전의 소재 즉 글감이 되는 사건들을 말하고, 담화는 플롯, 패턴, 리듬, 문체, 어조, 시점 등 작가에 의해 그 사건들이 서술된 방식의 총체를 말한다. 보다 구체적으로 스토리는 서사물의 내용에 해당되며 담화는 서사물에서 어떤 형식과 표현으로든 그것이 일단 표현된 것은 모두 담화이다(오탁번·이남호, 1999, 64쪽). 즉 서사와 비교해서 스토리텔링이라는 용어는 다양한 매체들 속에서 이야기가 순환되고 재생산되는 새로운 이야기 생산과 소비 환경에 조응해 보다 전략적이고 계획적으로 이야기를 만드는 과정이라 할 수 있다.

이야기는 사건에 대한 순수한 지식이 아니라 화자와 주인공 같은 인물의 형상을 통해 사건을 겪은 사람의 경험을 전달한다는 점에서 단순한 정보와 변별된다. 발터 벤야민(W.Benjamin)은 이야기와 정보의 차이에 대한 논의를 텔레비전과 전기의 관계를 설명하기도 한다. 텔레비전은 전기가 있어야 작동한다는 것은 하나의 사실이자 전달해야 할 내용이다. 이 사실은 과학적으로 검증이 가능한 것으로 그 사실을 알게 되는 순간 빛을 잃게 된다. 정보로서의 사실은 기능적인 의미는 있지만 정서적인 감동을 주지 못하기 때문이다. 이것을 이야기로 바꾸었을 때, 전기가 있어야 텔레비전이 나온다는 사실이 천진난만한 조와 제니의 입을 통해 드러나는 상황을 설정함으로써 일정한 정서적 흥미와 감동을 야기하는 것이다(이재복, 2008). 정서적 감동을 야기함으로써 이야기에 담긴 정보를 부지불식간에 효과적으로 전달하는 이야기의 능력을 십분 활용하고자 하는 것이 스토리텔링을 도입하는 이유이다.

1) 숏폼 미디어 시대의 새로운 스토리텔링 문법

스토리텔링을 말 그대로 '이야기하기'라는 뜻이나 언제부터인가 일상적인 의미에서 이야기를 한다는 것과는 다른 특별한 행위 혹은 특별한 전략이라는 의미가 더해진 뜻으로 사용되고 있다. 소설이나 영화와 같은 전통적인 이야기 장르를 넘어 게임, 광고, 만화, 애니메이션 뿐 아니라 교육, 경영, 경제, 정치 등 광범위한 영역에서 스토리텔링이라는 말이 널리 사용되고 있다. 디지털 미디어 시대에 왜 새로운 스토리텔링 양식이 필요하고 중요해지는 것일까? 트위터나 틱톡같은 숏폼(Short Form) 형식의 미디어가 갈수록 대세가 되어가고 있는데 이는 이미 유튜브같은 동영상 플랫폼이 등장했을 때부터 예견된 일이었다. TED같은 강연 영상에서도 15분 이하의 짧은 영상이 주종을 이루는 것도 MZ세대들의 스토리텔링 문법은 과거와 달리 단편으로 구성된 시리즈물을 선호하고 심지어 150 이내의 단문으로 구성된 메시지나 3분 이내의 숏폼 드라마를 주로 소비하는 문화를 반영한 것이다.

이러한 숏폼 시대에 디지털 미디어는 어떤 스토리텔링 문법과 양식을 견지해야 할 것인가? 이에 대한 해답은 21세기 디지털 시대의 사회문화적 성격과 그러한 시대를 살아가는 인간들의 욕구 혹은 욕망과 밀접한 관계가 있다. 그것은 대략 사람들의 이야기에 대한 본질적인 욕망, 정보화 시대의 정보홍수 속에서 오히려 이야기의 가치가 높아지는 현상, 그리고 디지털시대 문화산업의 핵심으로서의 이야기라는 차원에서 살펴볼 수 있다.

인간이 이야기를 즐기고 향유한 것은 인간이 역사에 등장하기 시작하면서부터라고 할 수 있을 만큼 이야기는 인간의 본질적인 존재조건이라 할 수 있다. 우리에게 〈아라비안나이트〉로 잘 알려진 아라비아의 야담집 〈천일야화〉에는 이야기를 해야 살 수 있는 한 여인이 나온다. 왕비와 여인들로부터 배반당하고 상처를 입은 아라비아의 왕 샤리야르는 어떤 여자도 믿지 않기로 맹세하고 하룻밤 동침한 여자는 다음날 새벽에 죽여 버렸다. 그러던 중 한 대신의 딸인 세헤라쟈드가 왕에게 시집을 왔는데, 날이 밝으면 왕에게 죽임을 당한다는 것을 알고 있던 세헤라쟈드는 죽지 않기 위해 왕에게 이야기를 해주기 시작한다. 그 이야기가 천 하루 동안 지속되었고 결국 왕은 자신의 잘못을 반성하고 세헤라쟈드를 왕비로 맞아 행복하게 살았다는 이야기다. 죽지 않기 위해 천 하루 동안 이야기를 만들어낸 세헤라쟈드는 인간과 이야기의 본질적인 관계를 표상한다.

〈천일야화〉에서 아라비아 왕이 천 하루 동안 세헤라쟈드를 살려두었던 것 또한 이야기를 듣고자 하는 욕망 때문이었다. 인간은 자신의 이야기를 하고 싶어 하는 만큼 다른 사람들이 살아가는 이야기를 듣고 싶어 한다. 인간은 누구나 자신의 삶이 처음으로 살아보는 삶이기 때문에 삶에 대한 혼란과 두려움과 불안을 지닌다. 삶의 마디마디에서 부딪치는 일들을 해석해주고 이끌어줄 무언가를 찾게 되는데, 이때 이야기는 일종의 삶에 대한 은유로서 그러한 문제들을 이해하고 극복할 수 있도록 해준다. 또한 이야기는 평범하고 일상적인 생활로 점철되는 삶을 넘어서고자 하는 인간의 욕망, 즉 모험과 사랑이 지배하는 또 다른 세계를 꿈꾸는 인간의 욕망을 달래줌으로써 결핍과 불만을 채워주고 달래준다. 러브스토리, 판타지, 액션 등 우리가 좋아하는 이야기들이 끊임없이 만들어지는 이유가 거기에 있다.

정보의 홍수 속에서 정보의 합리적인 선택과 세계에 대한 전체적 이해가 어려워진 시대적 상황에서 유용하고 효과적인 커뮤니케이션 수단으로 스토리텔링이 부각되고 있다. 이제까지 스토리텔링과 무관한 논리와 지식의 영역에서 감성적이고 직관적인 스토리텔링 방식이 각광을 받는 것도 이와 무관하지 않다.

기술 혁명, 정보화, 전문화, 다매체화 등에 따라 인간은 삶의 전체적인 파악이 불가능해지는 인식론적 위기로 혼란을 겪게 되었고, 여기서 길을 잃지 않고 줄거리를 갖고 살아가기 위해 더욱 더 이야기를 찾고 또 이야기를 제공하게 된 것이다. 사람들은 단순한 정보보다 사건을 겪은 사람의 경험을 통해 한 번 걸러진 담화, 즉 스토리텔링을 원하게 되는데 이는 "서사적 상징적 세계를 통해 삶을 전체적으로 파악할 수 있는 스토리텔링의 감성적 직관적 사유를 요청하고 있는 것"(이인화, 2003, 14쪽)이라 할 수 있다.

2) 디지털 네이티브 세대의 특징과 스토리텔링

요즘 세대는 태어나서부터 모바일 기기로 대표되는 디지털 문화에 익숙한 세대, 즉 디지털 네이티브 세대이다. 이러한 새로운 세대는 멀티태스킹(Multi-tasking)에 익숙하여 동시에 여러 일을 처리하면서도 주의 집중과 분산을 탄력적으로 선택하며, 신속한 반응 추구, 적극적으로 자신을 드러내는 성향이 강하다(김민정, 2015)는 특성을 갖고 있다. 이러한 신세대를 박기수(2019)는 Z세대라 칭하고 이들의 성향을 몇 가지 대표적인 키워드로 제시한 바 있다. 즉 Z세대는 급식충과 언어체의 합성어인 '급식체'를 사용하면서 그들만의 언어로서 뚜렷한 독립성과 차별성을 가지고 있지만, 동시에 그것의 확산에서 알 수 있듯이 재미에 기반한 경쾌한 공동체를 구성하는 힘을 가지고 있다고 한다. 이러한 Z세대는 기본적으로 이야기하려는 본능이 강한 호모나랜스(Homo Narrans)적 속성을 갖고 있다는 것이다.[60]

박기수(2019)는 호모 나랜스에 대하여 단지 이야기하는 사람이 아니라 스토리의 독립성에 얽매이지 않고 미디어를 가로지르는 트랜스미디어적 속성을 갖고 있으며, 사용자라기보다는 '향유자' 즉 단순히 스토리를 사용할 뿐만 아니라 끊임없이 탄력적으로 이야기의 생산과 전개에 적극적으로 가담하여 '스토리월드(story world)'를 만들어 내는 인간으로 정의하고 있다. 이 같은 트랜스미디어적 스토리텔링이 앞으로 등장하는 새로운 미디어의 문법이 될 것이다.

트랜스미디어 스토리텔링은 하나의 미디어가 아닌 복수의 미디어와 장르를 가로지르는 스토리텔링 전략을 요구하는데 이는 정해진 스토리의 전개나 문법을 따르지 않고 가변적으로 끊임없이 변하며 창조되는 가변성(variability)과 증축성(scalability), 그리고 개방성(openness)을 지향한다.

---

[60] 호모 나랜스(Homo Narrans)는 존 닐(John D. Niles)이 1999년 출간한 책을 한국어로 번역하면서 붙인 책의 제목으로 디지털 공간에서 자신의 이야기를 생산하고 향유하는 인간상을 의미한다.

3) 미디어의 발전과 스토리텔링의 변화

스토리텔링은 구술문화 시대부터 존재했다. 문자가 발명되기 이전 구술문화 시대에는 말을 제외하고는 정보와 지식을 저장하고 전승할 미디어가 존재하지 않았다. 따라서 말의 기억을 위해 다양한 운율 법칙과 정형구(定型句), 리듬, 반복과 대구(對句)의 기교들이 활용되었고, 특히 사건중심의 이야기가 효과적인 전달방법으로 인식되었다. 이야기는 화자와 청자가 대면한 상태에서 전달되었고 스토리텔링은 그 현장에서 발현되는 일종의 퍼포먼스였으며 구비전승(口碑傳承)되는 이야기를 더 잘, 그리고 더 재미있게 이야기하는 이야기꾼이 훌륭한 스토리텔러였다.

기원전 11세기 이집트에서 문자가 출현해 기록이 가능해지자 기억을 위한 구술적 스토리텔링 기교들은 사라지고 단어의 선형적인 조직체계, 길고 분석적인 문장들, 그리고 많은 어휘와 수사학적인 상용구들이 등장했다(Ong, 1995, 160-171쪽). 여기에 구텐베르크의 금속활자 발명으로 인쇄시대로 접어들면서 이야기의 생산과 소비환경이 혁명적으로 변화했나. 즉, 읽기 쉬운 활사제, 문상부호, 교성 기법, 쪽번호, 난락 나누기, 서문, 장 구분 등의 틀 속에서 이야기가 대량생산되었고 쉽게 소유해서 휴대할 수 있는 책이라는 형식의 인쇄본은 혼자 침묵 속에 읽는 이야기의 소비시스템을 발전시켰다. 이에 따라 작가가 고유의 개인적 언어 배열의 기술과 독창적인 이야기를 불특정 다수의 독자에게 고백하는 작가적 체험의 가공기술이 등장하였다(Eisenstein, 1983, 30-40쪽).

이후 작가가 책을 통해 독자에게 이야기하는 소설이 지배적인 스토리텔링 방식이 되었고, 소설을 기반으로 서사구조가 정착되었다. 스토리텔링에 있어 소설은 글 자체가 인터페이스이기 때문에 기본적으로 문장과 문체의 매력으로 독자에게 어필해야 하고 독자가 끝까지 책을 읽도록 하기 위해 구조와 플롯이 내새되어 있어야 한다. 그러나 글을 통한 스토리텔링이기 때문에 등장인물의 내면, 생각, 감정 등을 표현하는데 기술적인 제한이 없고 인물의 복잡한 내면과 의식을 묘사하는데 탁월한 장점을 지닌다.

19세기 말 전신과 영화의 발명, 그리고 20세기 텔레비전의 발명 등 영상미디어의 등장은 소설이 지배하던 스토리텔링 시스템을 또다시 변화시켰다. 읽히기 위한 스토리텔링이 아니라 보여주기 위한 스토리텔링이 부상하게 된 것이다.

영화의 경우 중심적인 인터페이스는 언어나 문자가 아니라 영상과 소리다. 영화의 영상은 본질적으로 객관적 관찰이라는 상황을 관객에게 조성하는 것으로 관객은 일종의 훔쳐보기 상태에서 영화의 스토리를 보기 때문에 스크린과 관객 사이에 일정한 거리감이 존재한다. 영화의 스토리텔링은 이러한 거리감을 극복하도록 관객을 스토리의 세계에 몰입시키기 위한 기법들이라 할 수 있다. 연속해서 이어지는 2차원의 사진들을 보면서 3차원의 현실감을 갖게 하기 위해서는 진짜 같은 영상과 진짜 같은 스토리가 요구되는 것이다.

최근에 등장한 컴퓨터와 인터넷이라는 디지털 미디어 환경은 다시 한 번 이야기의 생산과 소비시스템을 근본적으로 변화시키고 있다. 디지털 스토리텔링의 핵심은 상호작용성이라 할 수 있는데 이러한 특징으로 인해 작가나 감독이 이야기를 완결하고 독자나 관객이 그 이야기를 수용한다는 전제가 깨어지고 이용자가 이야기의 전개과정에 참여하고 이야기를 만들어나가는 새로운 스토리텔링의 세계가 열리게 되었다.

디지털 미디어 시대에 가상현실로 3D 입체화면을 만들고 격투와 추격 장면에서 많은 볼거리를 제공한다고 해서 성공적인 스토리텔링이 되는 것은 아니다. 좋은 스토리의 요건은 무엇인지에 대해서 토비아스(Ronald Tobias)는 〈인간의 마음을 사로잡는 스무 가지 플롯〉에서 '누구'와 '무엇'에 관한 스토리를 효과적으로 전달하기 위해서는 '어째서'라는 호기심과 기대감을 불러일으키는 장치가 필요하다고 하였다. 결국 사용자가 내 이야기에서 빠져나가지 않고 내 이야기를 끝까지 들을 수 있도록 하는 방법이자 내 이야기를 끝까지 듣는 수고를 해준 사용자에 대한 보상으로 재미와 감동을 주기 위한 여정이 스토리텔링인 것이다.

이처럼 스토리텔링을 위해서는 일차적으로 스토리의 정보를 취사선택하고 순서를 재배열하는 과정이 요구된다. 이는 사건 현장에서 극중 인물이 경험한 일의 순서와 관객이 그 사건을 경험하는 순서가 다르고 스토리텔링은 관객이 체험하게 되는 사건을 창조하고 조직하는 일이라는 의미이다. 관객이 사건에 대해 알아가는 과정은 스토리텔러가 관객에게 무엇을, 언제, 얼마만큼, 그리고 그것을 어떤 방식으로 알려주는가에 달려 있다. 그 과정이 스토리텔링인 것이다.

이러한 스토리텔링 과정에서 스토리텔러는 보다 효과적인 스토리텔링을 위해 여러 가지 전략들을 활용한다. 우선 스토리텔러는 자신의 의도한 정서적 임팩트를 최대화할 수 있도록 이야기를 구성한다. 스토리텔러는 자신이 이야기를 통해 전달하고자 하는 메시지를 관객의 정서적 체험을 통해 전달할 수 있어야 한다. 이야기의 클라이맥스에서 관객이 느끼는, 감동이든 슬픔이든 쓸쓸함이든, 정서 속에서 사랑이란 혹은 인생이란 이런 것이라는 스토리텔러의 메시지가 스며 나와야 하는 것이다. 그러기 위해서는 그 정서적 임팩트가 효과적으로 최대한 발현될 수 있도록 이야기를 쌓아나가는 것이 스토리텔링의 가장 중요한 전략이 된다.

스토리텔러가 효과적으로 활용할 수 있는 또 다른 전략은 이야기의 전개에 필수적인 정보를 관객과 어떤 방식으로 공유하는지와 관련되어 있다. 가령, 어떤 남자가 차에 타서 시동을 걸려 한다면 그 장면은 관객에게 아무런 재미를 못주지만 사전에 관객에게 그 차에 폭탄이 장치되어 있다는 정보를 주었다면 그 장면은 매우 드라마틱한 장면이 된다. 이처럼 이야기 속 인물 중 적어도 한 명은 알지 못하는 것을 관객이 알고 있는 상황을 '극적 아이러니'라고 하는데, 극적 아이러니는 스토리텔러가 관객을 매혹시키는 중요한 전략으로 많이 활용된다.

그 밖에 누구의 시점에서 이야기를 풀어갈지(전개시점), 어떤 장르를 선택할지, 이야기의 스타일과 톤은 가볍게 할 것인지 진지하게 할 것인지 등의 선택을 통해 스토리텔러는 자신의 이야기를 가장 효과적으로 전달할 수 있는 방법을 찾아야 한다.

4) 디지털 기술의 변화와 디지털 스토리텔링

디지털 테크놀로지의 속성은 멀티미디어성, 상호작용성, 네트워크성으로 집약된다. 멀티미디어성은 문자, 음향, 그래픽, 동영상 등의 서로 다른 표현양식이 하나의 미디어에 통합되는 것을 말한다. 이러한 속성의 반영으로 컴퓨터나 모바일 게임은 소설, 만화, 영화 등의 다양한 이야기 매체의 성격이 종합적으로 표현된다. 또한 상호작용성의 도입은 하이퍼텍스트 소설이나 하이퍼비디오 등 새로운 형태의 디지털 내러티브를 가능하게 하였다. 여기서 나아가 게임이나 모바일 콘텐츠는 컴퓨터와 이용자 간의 상호작용을 통해 지금까지와는 전혀 다른 이야기 경험을 제공하고 있다. 여기에 이용자 간의 지속적인 상호교류를 가능하게 하는 네트워크성은 온라인 게임이나 SNS와 같은 새로운 장르의 콘텐츠를 탄생시켰다. 소위 이용자들의 집단적인 이야기 창조 및 경험이라는 새로운 스토리텔링의 장이 열린 것이다.

컴퓨터 게임을 비롯한 디지털 스토리텔링의 성격은 디지털 미디어의 상호작용적 특징을 전제로 한다. 상호작용성은 크게 미디어가 매개하는 환경에서 미디어 이용자들 사이의 상호작용(human-human interaction), 이용자와 메시지 간의 상호작용(human-message interaction), 그리고 미디어 이용자와 미디어 사이의 상호작용(human-machine interaction) 등으로 구분하여 논의된다(Cho & Leckenby, 1999; Steuer, 1992).

이러한 상호작용성은 이용자로 하여금 직접 배우나 캐릭터가 되어 미디어가 구축하는 가상현실 속에서 사건을 유발하거나 허구적 세계를 탐험할 수 있도록 함으로써 스스로 이야기를 구성해갈 수 있도록 한다. 이용자는 시간적 연쇄에 의한 완결된 이야기를 감상하는 것이 아니라 가상공간에 잠재되어 있는 이야기 요소들을 탐색하고 선택하면서 자기 자신만의 이야기를 경험하며 만들게 된다는 것이다.

전통적 스토리텔링에서 중요한 틀이었던 시간성과 인과성이 공간성과 이용자의 행위로 대체되는 것이다. 디지털 스토리텔링에서 이야기는 이용자 개개인의 주관적인 경험이 되고, 스토리텔러의 가장 중요한 역할은 많은 이용자들이 서로 다르게 경험할 수 있는 혹은 반복경험이 가능한 다양한 이야기 요소들을 공간 내에 심어놓는 것이 되었다.

이러한 차이로 인해 디지털 미디어에서는 전통적인 스토리텔링과는 다른 배경이야기, 공간, 아이템 등의 이야기 요소가 큰 비중을 차지하게 된다. 전통적 스토리텔링에서 이야기의 기본적인 구성요소는 인물, 사건, 배경이지만 인물이 일으키는 사건이 주된 요소이고 배경은 이야기 세계를 설명하고 이야기에 설득력을 부여하는 정도의 역할을 한다. 그러나 디지털미디어의 경우에는 이용자의 행위에 서사적 의미를 부여하거나 이용자가 조작할 수 있는 대상물이 이야기의 구성에서 중요한 역할을 하게 된다. 또한 디지털 미디어에서 이러한 이야기 요소들은 이용자의 조합을 기다리는 상태로 제시됨으로써 이야기를 구성할 수 있는 가능성을 제시한다는 특징을 지닌다(전경란, 2005, 38쪽).

디지털 스토리텔링은 디지털 기술을 미디어 환경 혹은 표현수단으로 하여 이루어지는 스토리텔링이다. 영화나 애니메이션 등의 영상물은 대략 여섯 단계의 표준화된 제작공정을 거치게 되는데 ①기획개발(Development) ②제작준비(Pre-Production) ③제작(Production) ④후반작업(Post-Production) ⑤배급(Distribution) ⑥상영(Exhibition) 등이 그것이다. 좁은 의미에서 디지털 스토리텔링은 위의 모든 제작공정 과정이나 아니면 최소한 첫 네 단계, 즉 기획개발, 제작준비, 제작, 후반작업에서 디지털 기술을 활용한 경우를 말한다(이인화, 2003, 14쪽).

컴퓨터와 모바일 등 디지털 기술을 활용한 모바일 콘텐츠, 영상물, 광고, 인터랙티브게임 등이 디지털 스토리텔링 영역에 포함된다. 또한 디지털 영화나 디지털 3D 애니메이션 등의 경우 디지털 스토리텔링의 가장 중요한 특징인 상호작용성은 없지만 내용에 대한 조작을 통한 표현영역의 확장 등 디지털 스토리텔링의 또 다른 특징을 보여준다는 점에서 디지털 스토리텔링 영역에 포함된다.

디지털 기술로 인해 기존 미디어의 표현 양식이나 스토리텔링 방식에 있어 근본적이고 중요한 변화를 맞게 되었다는 것이 디지털 스토리텔링 개념의 전제이다. 디지털 미디어의 과정적 특징은 디지털 미디어와 이용자가 상호작용적으로 정보를 주고받음으로써 복잡하지만 일관된 행위를 구현할 수 있는 연산장치라는 점을 의미한다. 이 특징에 의하면 스토리텔러가 누구인지 혹은 스토리텔링의 완성된 결과가 중요한 것이 아니라, 디지털 미디어에서는 이용자의 참여 속에 스토리텔링이 만들어지는 과정 자체가 흥미의 요소이기 때문에 이용자의 참여가 절대적이라는 것이다.

  또한 디지털 미디어는 이용자가 돌아다닐 수 있는 공간을 제공한다. 영화나 책 등 이전의 미디어에서는 단순히 공간을 묘사하지만 디지털 미디어는 이용자가 돌아다닐 수 있는 가상공간을 제공함으로써 스토리텔링에 있어 공간성이 강조된다. 마지막으로 방대한 자료를 저장하고 처리할 수 있는 디지털 미디어의 백과사전적 특징이 저자에게 상세하고 많은 양의 내용을 제공할 수 있는 능력을 부여하기 때문에 표현의 폭을 넓힐 수 있게 되었다. 머레이에 의하면 디지털미디어의 속성 중 과정적, 참여적 속성은 상호작용적 측면을, 그리고 공간적, 백과사전적 속성은 사이버공간의 몰입적 측면을 의미한다. 이들 속성이 독자적으로 또는 서로 연관되어 디지털 미디어를 강력한 표현매체로 만든다는 것이다(전경란, 2003, 20-21쪽). 디지털 미디어로 인한 스토리텔링의 본질적인 변화를 대표적으로 보여주는 장르가 컴퓨터 게임이다.

16
크로스미디어 환경과 저널리즘

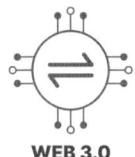
WEB 3.0

1) 크로스미디어(Cross- media) 저널리즘 개념과 실태

신문과 방송 중심이었던 국내외 미디어 환경은 디지털 미디어 기술의 발달로 인해 다양한 디바이스와 다양한 정보 전달 방식으로 급속하게 변하고 있다. 이런 디지털 미디어 환경 속에서는 기존 아날로그 환경과는 달리 정보전달이 쌍방향으로 이루어지며 송신자와 수신자의 역할적 무게가 평등해지고 콘텐츠 또한 다양한 미디어를 통해 전달될 수 있다. 이는 기존 방송과 신문 매체를 뛰어넘어 매체간의 경계를 허물고 상호간 융합을 통해 정보 전달 방식의 새로운 패러다임을 만들어 가고 있다.

이런 변화의 한가운데 바로 크로스미디어가 화두가 되고 있다. 하나의 콘텐츠를 다양한 매체를 통해 소비자 혹은 독자에게 전달하고 이를 다시 피드백 할 수 있는 방식이며 기존의 전통적인 매체 방식에서는 이룰 수 없었던 효과적인 정보 혹은 콘텐츠 전달 효과를 기대할 수 있기 때문이다. 이렇듯 급변하게 변화하고 있는 미디어 환경에서 신문과 방송사들 또한 독자들과 시청자들의 선호도를 빠르게 따라잡고 이를 공급자로서 효과적으로 전달하는 노력들이 크로스미디어의 제작방식으로 나타나고 있다. 독자들과 시청자들은 보다 빠르게 보다 다양한 각도에서 보다 심층적으로 편리하게 정보를 접할 수 있게 될 뿐 아니라 신문사와 방송사는 약해져가는 올드 미디어의 위기를 타개 하는 대안으로 이를 적극 수용하고 있는 것이다.

크로스미디어(Cross-media)는 하나의 콘텐츠 데이터를 다용도로 여러 매체에 출력하는 방법을 말한다. 다시 말하면 실제 미디어 환경 속에서 온라인과 오프라인 등 다양한 매체간의 결합으로 일관된 메시지를 전달하는 기법으로 특정 미디어에 국한하지 않고 미디어의 경계를 넘나드는 새로운 미디어 시스템이다.

크로스미디어는 다양한 스타일을 가진 다양한 사용자들이 다양한 미디어를 통해 통합적으로 그리고 상호 소통적으로 교환하는 커뮤니케이션 시스템이다. 이러한 커뮤니케이션은 인터넷, 비디오, 방송, 모바일, 책, 라디오 등 다양한 미디어를 통해 이루어지며 사용자들의 상호 커뮤니케이션이 일정 정도 개입된다(Davidson, 2009). 이런 정의로 볼 때 크로스미디어는 정보 전달 방식이 될 수도 있고 미디어 상용 체계가 될 수도 있고 새로운 서비스가 될 수도 있고 새로운 커뮤니케이션 방식이자 경험이 될 수도 있으며 스토리텔링이 될 수도 있다. 또한 사용하는 범위가 넓어서 사용하는 곳에 따라 정의가 조금씩 달라 질 수 있다. 이처럼 크로스미디어라는 개념에는 전달되는 방식에 따라 활용하는 분야에 따라 다양한 정의가 가능하다.

이런 다양하고 폭 넓은 크로스미디어의 정의에 대해 헤이즈(Hayes, 2006)는 제작 형식과 소비의 형태에 따라 그 발전 단계를 4가지로 나누었다.

첫 번째 단계는 크로스미디어 1.0, 'Pushed'형이다. 이는 한 가지 콘텐츠를 별다른 가공 없이 다른 플랫폼에 동시에 사용하는 것으로 같은 콘텐츠를 다른 미디어에 맞게 제작하는 것이 아니라 그냥 사용하는 것이다. 예를 들면 약간의 오디오 변환만을 거친 TV 프로그램을 그 시나리오와 함께 인터넷의 팟 캐스트에 사용한다든지 혹은 간단한 포맷으로 모바일 디바이스에 사용한다든지 하는 제작 방식이다. 이럴 경우 유저들은 TV에서 이 프로그램을 본 후 이어서 웹 사이트나 모바일을 통해 지속적으로 접할 수 있게 된다. 이 제작 방식은 아주 강력한 크로스미디어 모델의 효과를 기대할 순 없지만 한 콘텐츠를 집중적으로 홍보 할 수 있다는 이점이 있다. 대표적인 사례가 'Forget The Rules'이라는 단편 드라마이다. 이 드라마는 2005년에 제작된 호주의 단편 코미디 드라마로서 세계 최초로 드라마의 스크립트를 웹을 통해 혹은 모바일을 통해 세계적으로 동시에 볼 수 있도록 함으로써 좋은 선례를 보여주었다. 제작진은 이 드라마의 일부 3분 정도의 분량을 웹 사이트에 올리고 시청자로 하여금 이어지는 스토리 방향을 선택할 수 있도록 했다. 이로 인해 시청자의 참여를 높이고 그 드라마의 스토리 전개에 있어서 시청자의 의견을 반영하기도 하였다.

두 번째는 크로스미디어 2.0으로 'Extra'형이다. 이 콘텐츠는 메인 프로덕션을 통해 주 콘텐츠가 만들어 지고 이 메인 프로덕션으로부터 만들어진 주 콘텐츠를 이용하여 각기 다른 콘텐츠를 만들어 다른 플랫폼으로 전달하는 방식이다. 크로스미디어 Extra형은 메인 콘텐츠의 내용과 반드시 똑같지 않아도 된다. 예를 들면 영화 촬영장에서 생긴 뒷이야기들이 모바일을 통해 방영한다든가 소설이나 드라마를 기본 줄거리로 하는 플래시 게임 등이 다른 매체를 통해 이용되기도 한다. 다양한 변형형태로 제작된 'Thursday's Fictions'이 좋은 사례다.

'Thursday's Fictions'는 원래 연극에서 시작되었다. 이후 책으로 출판되고 영화로 만들어 지고 초현실주의 댄스 작품으로도 각색되었다. 이 모든 작품은 각각 독립성이 강하고 내용면에서도 그다지 연결점이 없다. 그리고 각각 표현되는 미디어의 장점을 최대한 살려 재탄생 되었다. 최근에는 가상공간 인터렉티브 게임의 일종인 'Second Life'에 탑재되어 유저들이 Thursday's Fictions에 나오는 캐릭터로 자신의 아바타를 만들어 자신만의 스토리를 만들어 갈 수 있게 했다.

세 번째는 크로스미디어 3.0 'Bridges'형이다. 크로스미디어의 한 이점으로서 미디어의 강력함을 나타낼 수 있는 것은 독자들, 시청자들, 그리고 소비자들의 참여를 유도할 수 있다는 점이다. 이 Bridges형은 독자들이 다른 디바이스를 통해서 지속적으로 콘텐츠를 소비할 수 있도록 유도하는 방식이다. 즉 Call to Action이라고 부르는 이 방식은 TV 쇼 프로그램이 끝난 후에도 그와 관련된 콘텐츠들을 다른 디바이스를 통해 지속적으로 접할 수 있도록 유도하는 것이다.

예를 들면 종영된 TV프로그램에 관련된 웹 사이트를 시청자들에게 공개하고 이를 통해 지속적으로 시청자들이 자신들의 의견과 스토리텔링을 만들어 갈 수 있게 구성해 놓는 것이다. 또한 SMS(Short Message Service)를 통해 라이브 콘서트의 정보를 제공하고 이를 모티브로 TV쇼나 팟 케스트에도 접속할 수 있도록 한다. 여기서 중요한 것은 독자들이나 시청자들이 다양한 디바이스를 통해 해당 콘텐츠로 연결되는 연결성이다. 독자들이나 시청자들이 하나의 콘텐츠를 접한 후 그 후속으로 다른 디바이스를 통해 계속적으로 참여할 수 있다는 것이 주요 포인트이다.

대표적인 예가 2004년 미국 슈퍼볼 시즌에 내보낸 30초짜리 미쓰비시 TV광고(30 second Mitsubishi Super Bowl XXXVIII TV ad)이다. 이 광고에서 미쓰비시자동차의 성능을 테스트하는 장면과 함께 절벽에서 자동차를 떨어뜨리는 장면을 보여주었다. 그러나 마지막 결과는 보여주지 않고 "어떤 일이 벌어질까?" 하는 자막과 함께 그 결과를 알 수 있는 웹 사이트 주소를 보여주고 끝났다. 그 결과가 궁금한 시청자들이 그 사이트로 들어와서 지속적으로 그 콘텐츠를 이어 볼 수 있도록 유도한 것이다(Howard, 2004).

마지막으로 크로스미디어 4.0이라 할 수 있는데 이는 'Experiences'형 즉 다른 말로 트랜스 미디어라고도 불린다. 이 형식은 앞의 세 가지 크로스미디어 형식을 통합한 것이라고 보면 된다. 이 단계의 크로스미디어 콘텐츠는 동시 다발적으로 여러 플랫폼을 통해 전달되며 여기서 제작자는 환경을 조성해 주는 역할에 더 충실하게 된다. 콘텐츠는 오히려 많은 독자들과 시청자들 그리고 독자들에 의해 만들어 진다. 쌍방향 프로듀싱이 가능한 것이다. 그래서 이를 트랜스미디어라고도 부른다. 마치 게임 제작자가 사이버 환경을 만들어 놓으면 게임 플레이어가 그 환경에서 자신들의 세계를 만들어가는 것과 흡사하다. 이 단계에서 생산되는 콘텐츠들은 다양한 독자들의 다양한 디바이스를 통한 콜라보레이션의 방식으로 만들어 지는 것들이 대부분이며 각각 그 자체로 진화하기도 한다. 그렇게 때문에 스토리를 만들어 가는 환경과 배경은 매우 중요한 키워드가 된다.

가장 좋은 예로서 'Alternate Reality Games(ARG)'을 들 수 있다. 이 게임 형식에서는 독자들의 다양한 반응에 프로듀서가 지속적으로 대응하며 전체 스토리텔링을 구성해 간다. '42 엔터테인먼트(42 Entertainment)'는 '라스트 콜 포커'라는 게임을 만들었는데 이 게임은 철저하게 유저들의 이야기로 만들어지는 게임이다. 42 엔터테인먼트의 CEO인 조단 와이즈만은 "우리는 스토리를 이야기하지 않는다. 사람들은 서로 스토리를 발견하고 이야기를 나눈다. 스토리는 수백만 명의 유저들을 통해 걸러진다. 따라서 결국에는 우리가 썼던 스토리와는 전혀 달라진다"라며 유저들이 만들어 가는 스토리텔링의 중요성을 강조했다.

이렇듯 크로스미디어는 광의적으로 다양한 멀티미디어의 콘텐츠와 제작방식을 아우르고 있다. 그렇게 때문의 광의적 개념에서는 원소스 멀티 유즈(One Source Multi Use)와 같은 초기단계의 멀티미디어 활용 전략도 포함 될 수 있고, 스토리텔링 제작의 상호작용적인 성격이 더 강조되는 트랜스 미디어 개념과도 늘 함께 논의되곤 한다. 그러나 협의적인 개념에서 보면 크로스미디어와 OSMU(One Source Multi Use)는 확연히 구분되며 트랜스미디어와도 경계가 그어진다.

2) 크로스미디어의 차별성

크로스미디어는 기존의 융합 관련 다양한 개념들과 많은 유사성을 지니고 있지만 한편으로는 차별성도 지니고 있다. 우선 넓은 의미에서는 OSMU(One Source Multi Use)개념도 크로스미디어 제작 방식에 포함되는 것으로서 크로스미디어 방식의 초기 단계라고 할 수 있다. 그러나 기존에 진행해 왔던 OSMU 방식의 결과물은 크로스미디어의 결과물과 확연한 차이를 보인다. 제작 때부터 하나의 미디어용으로만 제작되어 이를 다른 곳에 각각 멀티하게 활용하는 OSMU방식은 전통적인 매체의 특성을 아직 가지고 있다. 즉 TV용 인기드라마를 여러 매체에 판매하는 것이 한 예라 할 수 있다. 기존의 OSMU 콘텐츠는 각각의 매체에 특화된 콘텐츠가 아니라 그저 인기가 있는 콘텐츠라는 이유로 다른 미디어에서 사용하기 때문에 각각의 미디어가 가진 특성을 무시한 채 콘텐츠를 유통하게 되고 이는 해당 미디어 소비자가 가진 특성을 감안하지 않은 채 공급하기 때문에 매체의 특성을 살린 콘텐츠라기보다는 콘텐츠 자체에 초점이 맞춰져 있어서 매체활용의 한계가 있다(고찬수, 2011).

트랜스미디어와의 차별성도 논의의 대상이다. 크로스미디어를 이야기 할 때는 항상 트랜스미디어의 개념이 함께 따라온다. Hayes의 분류에서도 트랜스미디어를 다른 크로스미디어 형태의 복합체로 크로스미디어 범주 안에 포함시켰다. 그러나 둘은 약간의 상이점을 가지고 있다. 먼저 크로스미디어에서의 크로스가 의미하는 바는 다양한 분야 혹은 사물들을 가로질러 서로 교차함을 뜻한다. 그러므로 크로스미디어는 다양한 미디어의 상호 교환과 교차의 개념이라는 것에 의심의 여지가 없다. 그러나 바로 그 점에서 트랜스 미디어와 혼동하기 쉽다. 연구자들에 따르면 크로스미디어는 멀티미디어를 전반에 걸쳐서 통합적이고 상호교환적인 미디어의 효과와 의미를 지니며 이때 독자들은 인터넷, 모바일, 케이블 TV, 라디오, 출판물을 통해 콘텐츠를 소비하게 된다. 즉 크로스미디어는 어느 정도의 독자들과의 상호교류도 중요하지만 다양한 매체로 콘텐츠를 접할 수 있다는 것이 더 큰 강조점이 된다(Davison 2009).

반면 트랜스 미디어는 커뮤니케이션 수단으로서 스토리 라인의 상호교환성과 이를 독자들이 주도적으로 만드는 참여성에 많은 무게가 실려 있다. 다양한 미디어를 통해 정보를 공유하는 것 뿐 아니라 독자들의 상호 소통을 통해 콘텐츠를 구축하는 것, 또 이를 존재하게 만드는 것이 더 중요한 요소라고 할 수 있겠다. 즉 공동의 이익이나 목적을 위해 다양한 미디어를 활용하여 상호 소통을 통해 통합적인 콘텐츠를 만들어 가는 것이 트랜스 미디어의 모범적인 사례가 될 수 있다(Gambarato, 2013).

트랜스 미디어의 정의에 있어서 이런 약간의 모호함에도 불구하고 결론적으로 트랜스 미디어는 하나의 스토리로 통합되는 다양한 미디어의 콘텐츠를 지칭한다(Caddell, B. 2009). 이와 같은 크로스미디어와 트랜스 미디어의 상이함에 따라 활용분야도 약간의 차이를 보이고 있다. 특히 저널리즘 분야에서는 보도의 진실성과 신뢰성으로 인해 이용자들의 본격적인 제작 참여보다는 다양한 미디어를 통해 보다 효과적으로 그리고 신속하게 정보를 공유하고 소비할 수 있도록 하는 것에 더 경도되고 있다. 그런 이유에서 이용자들이 스토리텔링을 만들어 가는 트랜스 미디어의 특성보다는 다양한 미디어를 통한 정보전달과 독자들과의 소통을 더 원활하게 할 수 있는 크로스미디어의 강점을 활용하는 전략이 저널리즘의 주요 전략이었다. 하지만 최근에는 수요자들의 '맞춤형 콘텐츠'에 초점을 맞춘 미디어 사들이 트랜스 미디어 특성을 활용하는 서비스 전략으로 이동 중이다.

3) 크로스미디어 함의

- 콘텐츠 및 정보 소비형태의 변화

NBC방송 연구소에 따르면 21세기 현대인들의 라이프스타일 변화의 분수령은 시간에 대한 이용 패턴의 변화에서 시작되었다고 한다 (Quinn, 2005). 시간에 대한 가치가 그만큼 높아지고 인터넷 기술과 디지털 미디어 기술이 발달하면서 정보를 접하는 소비자들의 소비 형태에 큰 변화가 생겼다. 또한 정보의 양이 늘어나면서 많은 데이터를 수용하고 이를 전달하기 위한 기술들이 급속히 발달하였다. 이전 세대보다 엄청나게 넘쳐나는 정보를 소화하기 위해서는 단선적인 미디어로는 불가능하게 된 것이다.

데이터의 압축 기술과 정보 전달속도가 빨라지면서 다양하고 새로운 디바이스의 개발도 뒤따르게 되었다. 특히 스마트폰, 태블릿PC, e북

단말기 등 새로운 매체가 쏟아져 나옴에 따라 기존 매체의 영향은 크게 줄어들었고 집에 앉아서 TV를 통해 보던 뉴스는 아침 출근길이나 퇴근길 손안의 개인 디바이스를 통해 시청이 가능해 졌다. 어디서나 인터넷에 접속할 수 있는 환경에서 다양한 디바이스를 통해 끊임없이 콘텐츠를 소비할 수 있는 세상이 온 것이다. 지난 시대에는 모든 가족들이 함께 텔레비전을 보는 co-viewing 시대였다면 지금은 개인 미디어를 소비하는 시대라고 할 수 있다. 이로 인해 집단적인 시청 보다는 개별화된 시청이 주를 이루게 되었으며 분절된 소비형태가 일반화 되었다(김영환, 2007).

　이렇듯 사용자의 정보 소비 방식이 바뀜에 따라 적합한 콘텐츠 서비스 전략의 필요성이 대두되고 덜 구조적이고 더 유연한 정보 전달 방식이 필요해 진 것이다. 크로스미디어 방식은 이런 수용자들의 요구에 맞춰 다양한 미디어를 통해 24시간 언제 어디서나 정보를 전달할 수 있는 새로운 미디어 방식으로 대두 되고 있다. 언론, 방송, 광고, 출판할 것 없이 거의 모든 미디어들은 기존의 일방적인 커뮤니케이션 관행으로부터 다양한 미디어를 통한 양방향성의 커뮤니케이션 방식으로 서비스 전략을 바꿔가고 있다. 이용자와 적극적으로 소통하기 위한 대안으로 크로스미디어 방식을 채택하게 되었다.

　이제 미디어 수용자들은 이와 같은 쌍방향 소통 수단을 이용하여 단순한 수용자의 역할에서 벗어나 실시간으로 댓글을 달며 스스로 콘텐츠를 만들어가는 제작자의 역할을 하고 있다. 때문에 콘텐츠 제작자들은 소셜 네트워크와 같은 상호소통 형 미디어를 통해 수용자들에게 보다 더 잘 전달 될 수 있도록 함은 물론 이들의 피드백으로 새로운 콘텐츠를 생산하는데 심혈을 기울이고 있다. 바로 여기서 콘텐츠가 사람들에게 전달되는 길목이 매우 중요해 졌으며 이를 크로스미디어 제작

시스템이 주도하고 있는 것이다. 이렇듯 크로스미디어가 대두되는 이유에는 상호 교환적인 크로스미디어의 특성이 있기 때문이다. 사람들의 시청 형태는 기존 미디어로는 담을 수 없을 정도로 바뀌고 있다. 크로스미디어는 이런 변화를 따라가기 위한 시도이다.

- 효과적인 정보 전달 방식

크로스미디어의 확산은 멀티미디어의 유저들이 다양한 환경에서 동시에 의미적인 정확한 정보를 소비할 수 있다는 장점으로 인해 더 가속화 되고 있다(Boll, 1999). 미디어가 개인화 되어감에 따라 집단적인 정보 전달보다는 타깃별로 개별화된 전략으로 정보를 전달하는 것이 소비자에게 더 강력하게 다가 갈 수 있다. 기존 TV 매체 등 매스미디어와 함께 모바일, 개인 인터넷사이트 등 개인화 된 미디어로 타깃 소비자의 취향과 요구에 맞는 콘텐츠와 정보를 제공하게 된다. 특히 커뮤니케이션 도달 측면에서도 다중의 다(多)방향으로 넓이 뿐 아니라 깊이까지 고려되기 때문에 잠재적인 소비자에게까지 공략이 가능하게 된다. 송신자와 수신자가 단순히 일직선상에 있지 않고 개별화된 다양한 방향으로 흩어져 있는 구조 속에서 정확한 타깃을 향해 동시 다발적으로 정보가 전달된다.

이런 크로스미디어의 강점은 비용 면에서도 이익이 된다. 수용자가 참여하는 커뮤니케이션 방식이므로 메시지를 낭비 없이 전달할 수 있어 유효성이 높기 때문이다. 그러므로 커뮤니케이션의 가치가 높아지고 타겟에 대한 전략이 매우 정밀해 질수 있다. 그리고 그 메시지의 수준과 깊이를 더 강화할 수 있으며 개별화된 방식으로 인해 타깃에게 전달되는 효과 면에서도 매우 강력해 질 수 있다(Hayes, 2013). 이런 이점으로 저비용으로 고효율적인 마케팅 전략이 필요한 광고계에서는 일찍이 크로스미디어 방식을 채택해 왔다. 단순히 단편적인 이미지 전달 이외에도 여러 가지 다양한 미디어를 동원하여 소비자들이 스스로 참여하게 만들고 이를 통해 브랜드나 상품을 더 각인시키는 것이 대표적인 크로스미디어 전략이다.

이런 크로스미디어의 방식의 효과는 고객에 대한 메시지 도달률을 높여 고객과 효과적인 커뮤니케이션 기회를 얻을 수 있게 할 뿐 만아니라 반복적이고 구체적인 메시지를 통해 고객들을 자극시킴으로써 광고효과를 극대화시키고 매출증대를 높이는데 기여하기도 한다. 온라인 광고 대행사 인디노 커뮤니케이션이 리서치전문회사 인코리안 클릭에 의뢰해 인구 통계학적인 표본 추출을 통해 10~49세 인터넷 이용자 1천명을 상대로 크로스미디어 마케팅의 효과를 조사하였다.(신뢰도95%, 표본오차±±3%) 조사결과 기업이 상품 광고의 효과를 극대화하려면, TV광고를 통해 상품의 브랜드나 이미지를 널리 알린 뒤, 인터넷을 통해 세부 정보를 제공하는, "TV+인터넷의 크로스미디어"기법이 광고효과가 높은 것으로 나타났다. 또한 네티즌의 광고이용 형태를 분석한 결과, 전체의 40%가 TV 광고를 본 뒤 추가로 정보를 얻기 위해 인터넷을 이용한다고 응답했다(2004.5.24. 아이뉴스24).

또한 2006년 국내 주요 포털들로 구성된 인터넷매체 협의회에서 XMOS (Cross Media Optimization Study)라는 프로젝트명으로 TV와 온라인 크로스미디어 효과 조사를 진행하였다. 조사결과 TV광고와 인터넷 광고를 믹스해서 진행했을 때, 브랜드 인지도가 증가하는 것으로 나타났다. 각 미디어마다 소비자에게 전달하는 정보의 전달방식이 다르고 단일 미디어만 사용할 때 보다 소비자에게 전달될 메시지의 도달률 또한 높아지기 때문에 크로스미디어의 활용은 브랜드가 소비자에게 보다 적극적인 커뮤니케이션을 할 수 있도록 해준다. 초기 멀티미디어를 활용한 콘텐츠 전달 방식은 두 개 이상의 미디어를 활용하여 개별 매체의 도달범위를 확대하고 좀 더 많은 사람들에게 많은 정보를 제공하는 양적인 개념이었다면 크로스미디어 전략은 타깃 소비자에게 맞춤화되고 효과적으로 정보를 제공하는 것이 최대 강점이다.

더 나아가서 크로스미디어는 소비자를 분석하고 분석결과를 토대로 예측하여 접점을 찾아내고 그들이 갈 수 있는 다양한 길을 설계하여 메시지를 전달하는 시나리오를 짤 수 있다. 이를 위해 커뮤니케이션 효과측정 뿐만 아니라 소비자의 심리적, 행태적 변화까지 포괄하는 심도 깊은 리서치가 병행되기도 한다. 각각의 수용자들을 유인할 수 있는 것이 무엇인지를 분석해서 그들을 능동적으로 관여하게 만들어 스스로 행동하고 커뮤니케이션하게 하는 것이 크로스미디어의 궁극적인 목적이 된다. 소비자는 이러한 과정을 거치며 수용자와의 연대감을 형성하게 된다. 일본 광고회사 덴츠사가 발행한 〈크로스위치〉에서 '크로스위치'는 크로스미디어 실천을 통해 소비자 마음에 스위치를 켠다는 뜻으로 크로스미디어가 바로 소비자들의 심리와 행동에 더 가깝게 접근할 수 있는 미디어 전략임을 강조했다. 즉 소비자가 자연스럽게 주목하고 능동적으로 행동하는 흐름을 만들어 내는 것이며 기업과 소비자 혹은 브랜드와 소비자가 친밀하게 연결될 수 있다는 것이다(덴츠 크로스미디어 개발프로, 2009).

미국 폭스채널이 NBC CBS CNN 등 기존 방송채널을 밀어내고 돌풍을 일으킨 것도 시청자들에 대한 철저한 사전조사 덕분이었다. 폭스채널은 시청자조사를 통해 콘텐츠 뿐 만아니라 화면의 색깔까지 기존 방송과 차별화하며 짧은 시간에 성공을 이루어 냈다(한국경제신문, 2010).

4) 저널리즘에 있어서 크로스미디어의 현황

크로스미디어(Cross Media) 제작방식은 저널리즘 분야에서 세계적인 관심사를 끈 지 오래되었다. 2015년 1월 스위스에서 열렸던 유럽에서 가장 오래된 방송 포럼 중 하나인 스위스 'BaKa 포럼'은 주제를 '크로스미디어'로 정하고 "크로스미디어는 콘텐츠(스토리)를 사람들에게 전달하는 새로운 방식"이라고 정의한 바 있다. 또한 BBC는 자신들의 회사명인 BBC의 뜻을 Beyond Broad Cast라고 바꿔 부를 정도로 크로스미디어 개념 도입에 매우 적극적이다. 마크 톰슨 전 BBC사장은 "BBC는 더 이상 단순히 스스로를 TV, 라디오, 방송사로 생각해서는 안 되며 수용자에게 모든 미디어와 모든 기기를 통해 그들이 집에 있든 이동 중이든 콘텐츠를 제공할 수 있어야 한다."라고 말했다

저널리즘에서 크로스미디어 제작방식은 제작 단계부터 하나의 뉴스나 콘텐츠를 신문, 잡지, TV방송, 인터넷, 휴대폰 등 다양한 매체에 맞춰 제작해 보도하는 형태로 매체의 경계를 넘나들면서 수용자에게 신속하게 뉴스를 전하고 독자들은 다양한 매체를 통해 그 뉴스를 접할 수 있는 시스템을 말한다. 즉 하나의 콘텐츠를 신문, 방송, 인터넷, DMB, IPTV 등 다양한 미디어의 특성에 맞게 초기부터 제작하여 각각의 매체 특성에 따라 독자들도 다양한 소비 형태로 뉴스를 접하게 되는 것이다. 예를 들면 하나의 뉴스를 신문과 잡지를 통해 심층적으로 볼 수 있고, 방송을 통해 실시간으로 알 수 있고, 인터넷을 통해 빠르게 접할 수 있으므로 정보의 공유가 훨씬 다각적이 된다. 이러한 보도 형태를 통해 하나의 콘텐츠가 다양한 미디어를 통해 전송됨으로 수용자에게는 시간과 장소에 구애 없이 정보를 전달 받을 수 있는 편리함을 줄 수 있다. 언론계에서도 언제 어디서나 24시간 다양한 디바이스를 통해 독자들이 있는 곳으로 찾아가는 뉴스 서비스를 실현하고 있다.

시카고 트리뷴지는 이제 저널리스트와 저널리즘 사업은 독자들의 아이볼(Eyeball)이 되어야 한다고 강조하고 있다. 즉 더 많은 사람들이 다양한 미디어를 통해 생산된 콘텐츠를 볼 수 있도록 하기 위해서는 그들이 직접 찾아 나서기 전에 매체가 먼저 그들이 있는 곳에 있어야 한다(Jones, 2009)는 것이다.

한편 국내에서 크로스미디어 기획은 신문과 방송의 제작 인력이 협력해 제작한 동일한 콘텐츠를 신문, 방송, 인터넷, IPTV 등 다양한 매체를 통해 내보낸다는 의미로 국내 주요 미디어에서 비슷한 기획을 하면서 보통명사로 쓰기 시작 했다. 특히 2011년 종합편성방송의 출범으로 신문과 방송 겸영이 가능해지면서 신문과 방송의 통합형 콘텐츠가 활발하게 크로스미디어 기획물로 제작되고 있다.

- 인터넷에서 모바일로의 대이동

2009년 11월 애플의 아이폰이 출시되면서 스마트폰 시대가 본격적으로 개막된 후 모든 콘텐츠는 폰 안으로 들어가고 있다. 게다가 2019년 LTE 시대를 넘어서 5G 시대가 되면서 '다운로드&플레이'가 아니라 '스트리밍'이 가능해진 본격적인 모바일 시대가 열렸다. 5G의 상용화는 미디어 패러다임이 혁신적으로 변화하는 신호탄이라 할 수 있다. PC환경에서 스마트폰 환경으로, 유선 인터넷 플랫폼에서 무선 모바일 플랫폼, 그리고 초고속 모바일 플랫폼으로의 변화를 의미한다. PC를 부팅하기보다는 스마트 폰을 드는데 익숙해진 미디어 이용자들은 뉴스 보기, 콘텐츠 시청, 쇼핑 등 어지간한 일들을 스마트폰만으로 처리하고 있다. 2014년 5월 발표된 카카오의 다음커뮤니케이션 인수는 이 같은 환경변화를 단적으로 보여준 상징적인 사례다.

'올드 미디어'로 인식되는 신문과 TV도 예외는 아니다. 이런 모바일 미디어로의 콘텐츠 이동으로 인해 머지않아 사람들은 스마트 워치나 '구글 글래스' 같은 다양한 웨어러블(Wearable) 디바이스를 통해 편하게 뉴스와 콘텐츠를 접하게 될 것이다.

- **소셜네트워크를 통한 제작 유통의 변화**

또한 최근에는 소셜미디어를 통해서 뉴스를 생산하고 공존하려는 노력들이 많이 시도되고 있다. 조선일보 중앙일보 동아일보 등 국내 주요 언론사는 모두 속보 위주의 서비스를 하는 대표 트위터 계정과 자사의 경제 기사나 사설, 영문판 기사를 특화한 복수의 트위터 계정들을 개설해 운영 중이다. 판 기사를 특화한 복수의 트위터 계정들을 개설해 운영 중이다. 조선일보와 중앙일보의 경우 네이버 구독자 수가 2022년 10월 기준 5백만 명이 넘어섰으며 동아일보와 한겨레신문의 경우도 4백만 명을 기록하고 있다. 종이매체의 발행부수보다 모바일 접속자수가 몇 배는 많은 상황이 벌어진 것이다. 또 통신사인 연합뉴스의 영문판과 영자신문 코리아타임스와 코리아헤럴드도 영문 트위터 서비스로 안정적인 팔로워 숫자를 보유하고 있다.

이런 소셜 네트워크를 통한 뉴스 전달 방식은 뉴스를 만드는 생산자인 기자와 이를 읽는 독자 간의 활발한 의사소통을 지속적으로 유지할 수 있게 한다. 기자들이 이용자의 의견을 수렴하고 뉴스 생산에 반영하는 이 피드백이 언론사와 소셜네트워크 이용자 간의 신뢰감을 형성하며 이는 뉴스에 대한 충성도로 연결된다. 송신자와 수신자의 관계를 더 긴밀하게 만드는 것이다. 결국 기자와 이용자들이 상호적인 소통의 장을 갖게 될수록 뉴스의 가치는 향상될 수 있다. 실제 뉴욕 타임스(nytimes.com)에서 인터뷰의 10%정도는 마이크로 블로그인 트위터로부터 발굴되고 있다(노기영, 김경희, 이진영, 2010).

또한 뉴스 콘텐츠의 생산을 위한 소셜미디어의 활용은 뉴스 유통에 대 새로운 이해관계가 형성된 것을 의미한다. 과거에는 언론사가 포털 사이트에 뉴스공급을 하고 나면 그 이후의 문제는 직접 관여하지 않았으나 이제는 유통에 직접 소셜네트워크를 통해 개입하기 시작할 수 있게 된 것이다. 뉴스의 생산과 공급 그리고 유통이 통합되는 형태가 등장하고 있는 것이다. 이런 소셜 미디어를 통한 상호성이 강화되면서 제작자와 중간자 그리고 시청자의 힘의 균형을 가져오기도 한다. 이전 대중미디어 시대에는 오직 제작자의 의도에 따라 시청자들이 수동적으로 시청을 했다면 이제는 시청자가 제작의 한 부분이 되어 프로그램 방향에 직접적으로 영향을 미치고 있기 때문이다. 예를 들면 팝 아이돌이나 빅 브라더 혹은 팝스타 라이벌 등이 그 좋은 예이다. 이렇듯 뉴스 및 콘텐츠 소비자들과 양방향 정보의 교환을 통한 참여적 뉴스생산이 새로운 저널리즘의 장을 열고 있는 것이다. 그리고 그 선두에는 소셜미디어라고 하는 정보 공유의 새로운 패러다임이 이끌고 있다.

- **조직의 개편**

크로스미디어는 제작·기획 단계부터 신문·방송·인터넷과 같은 이질적인 미디어의 제작자들이 함께 모여 각자 매체의 특성을 살리고 취재와 제작과정의 협력과 공유를 통해 새로운 영역의 콘텐츠를 만드는 작업이다. 그럼으로 인쇄신문, 잡지, TV, SMS, e메일, 웹문서와 같은 다양한 미디어를 통해 뉴스 스토리를 통합적으로 표현해야 하기 때문에 무엇보다 통합적인 팀워크가 매우 중요해진다. 이런 크로스미디어 전략을 뉴스제작에 적용해서 새로운 형태의 제작 시스템을 만들고자 하는 시도는 '통합 뉴스룸'이라는 이름으로 세계 유수의 신문사에서 이미 이루어지고 있다. 생산 조직인 통합 뉴스룸을 구축하는 것이 2000년 초반부터 언론계의 주요 화두가 됐다. 통합 뉴스룸 이란 기존의 뉴스를 제작하는 제작시스템에서 신문의 지면을 담당하던 곳과 인터넷뉴스를 담당하는 조직을 통합하여 온라인과 오프라인의 뉴스제작을 한 곳에서 또는 장소는 떨어져 있더라도 상호간의 유기적인 협의를 바탕으로 제작하고자 만든 조직이다. 이미 많은 신문사들이 이를 도입하여 조직의 통합과 함께 제작비용을 줄이고 있으며 국내의 신문사들도 큰 관심을 보이고 이미 도입을 하고 있다. 통합 뉴스룸 구축은 예산 절감의 방편인 동시에 멀티미디어 기자 인력을 갖춘 디지털시대 뉴스를 생산하는 데 필수 조건이기도 하다.

5) 크로스미디어의 과제와 사례

- 인력 및 조직의 강화

미디어 패러다임의 대이동에서 크로스미디어는 아직 완성된 성공 모델이라기보다는 진화 중인 도전 모델이다. 아직도 진화 중인 융합 제작 기법이며 그럼으로 남은 과제들은 아식노 낞다. 특히 나양한 니바이스나 플랫폼에 탑재할 콘텐츠가 아직도 절대적으로 부족한 실정이다. 이런 콘텐츠 생산이 부진한데에는 몇 가지 원인이 있을 수 있는데 그중에서도 전문 인력 부족이 가장 주요한 원인이 되고 있다. 언론사 안팎으로 빠르게 변화해가는 미디어 환경에서 이를 주도해 나갈 인재가 부족하다는 것을 의미한다. 콘텐츠의 질을 유지하면서 통합형으로 제작하려면 현재 종이신문 제작 인력 외에 추가 인력 보충이 필요하다는 점이 지적되고 있다. 이학준 조선일보 크로스미디어 팀장은 "신문과 방송 모두 뉴스 콘텐츠의 핵심은 결국 스토리텔링이다. 신문 기자들은 뉴스 밸류에 대한 감각이 있으므로 영상 언어에 익숙해지면 통합형 콘텐츠 제작이 가능하다. 플랫폼에 대한 이해가 중요한데 여러 미디어 플랫폼에 어울리는 콘텐츠를 찾아야 한다. 신문과 방송이 독자적인 뉴스 콘텐츠를 제작할 경우 필요한 인력이 2명이라고 한다면, 크로스미디어는 1.5명의 인력으로 통합형 콘텐츠를 만들어낼 수 있다"고 강조했다(임현찬, 2014). 하지만 신문사 내부적으로 멀티미디어 콘텐츠 제작 인력을 별도로 완벽하게 갖추고 있는 경우는 거의 없으며, 기존 인력을 대상으로 충실한 교육 프로그램을 시행하는 곳도 드물다. 이렇듯 크로스미디어 제작에 있어서 가장 시급한 과제라고 할 수 있는 것은 바로 적절한 인재를 양성하고 이를 적절히 배치하는 것이다.

 콘텐츠 생산이 원활치 못한 원인의 두 번째는 데스크의 인식 부족이다. 이는 크로스미디어 제작을 위한 조직 운영과 리더의 준비가 부족하다는 것을 의미한다. 크로스미디어의 필요성과 가치가 아직 저평가 되어 있으며 이해도 또한 아직 낮은 것이다. 물론 언론사 조직 구조가 통합형 콘텐츠를 제작하기에는 적합하지 않다는 점도 한 원인이 된다. 조직이 통합되지 않은 상황에서 통합형 콘텐츠를 만든다는 것은 어려운 일이기 때문이다. 현재 통합 뉴스룸이라는 새로운 형태의 조직을 운영하는 언론사들이 많아지고 있지만 아직 기획 단계부터 크로스미디어의 특성을 인식하고 뉴미디어 시각에서 콘텐츠를 만들어 가는 조직은 아직 완벽하게 정비되어 있다고는 할 수 없다. 멀티미디어 뉴스를 생산하려면 단일 매체를 겨냥한 뉴스를 생산할 때보다 물리적으로 업무 부담이 그만큼 늘게 된다. 하지만 대부분의 신문사들은 인력 규모가 종이신문을 제작하기에도 빠듯한 실정이어서 신문 이외에 다른 플랫폼에 적합한 콘텐츠 생산에까지는 여력이 미치지 않는다. 예를 들면 현재 조직 구조상 언론사에서는 통합형 콘텐츠의 기획은 종이 신문 기자에서 시작하는 경우가 많은데 신문 기자들은 일차적으로 신문에 쓰는 기사에 책임을 지고 있기 때문에 통합형 콘텐츠 기획과 제작에까지 욕심을 낼만한 동기를 갖지 못한다는 것이다. 그럼으로 언론사의 현행 통합 뉴스룸의 역할은 초보적인 수준의 통합형 콘텐츠를 제작하거나 온라인과 오프라인 매체사이에서 연락병 역할을 하는데 제한돼 있다(노기영, 김경희, 이진영, 2010).

기자 개인 차원에서도 멀티미디어 뉴스 생산 역량 강화를 위한 인식과 교육이 필요하다. 멀티미디어 환경에서 기자들은 신문 기자, 혹은 방송 기자가 아니라 '뉴스 기자'라는 인식을 가져야 한다. 신문기자'나 '방송기자'와 같은 단일 플랫폼에 한정된 역할 인식을 좀 더 넓혀 '콘텐츠 기획 및 생산자'로서 자신의 역할을 규정할 필요가 있다.

노르웨이 Aftenposten지의 편집장 롤프 라이(Rolf Lie)는 "오늘날 저널리스트들은 나는 뉴스페이퍼에서 일하는 것이 아니라 뉴스에서 일하는 것이라고 말해야 한다."고 하면서 기자들의 콘텐츠에 대한 역량강화를 강조했다(Quinn 2005). 취재 기자들은 방송이라는 단일 매체에다 담지 못하는 내용을 다양한 플랫폼에서 표현할 수 있는 기회라고 적극적으로 사고할 필요가 있다. 그만큼 기자로서의 사회적인 영향력도 커지는 계기가 될 수 있는 것이다. 언론사들도 기자에게 동기를 부여하고 기존형식을 벗어날 수 있도록 지원해야 한다. 웹이냐 앱이냐 이런 논쟁이 중요한 것이 아니다. 기존방식을 답습하지 않고 새 미디어 환경에 어울리는 스토리텔링과 다채로운 형식 실험을 할 수 있는 기술적 시도가 필요하다.

또한 멀티미디어 뉴스 생산을 위한 통합형 조직 문화에 적응하도록 노력해야 한다. 신문과 방송, 인터넷은 매체의 특성에 따라 서로 다른 조직문화를 가진다. 신문이나 방송과 같은 올드 미디어에 비해 인터넷 조직원들의 연령은 상대적으로 낮은 편인데 이처럼 세대적 차이에서

오는 잠재적인 갈등상황에 대해서도 유연한 자세를 가질 필요가 있다. 기자들의 역할 인식 변화나 새로운 조직 문화 적응 노력이 중요한 이유는 현장 기자들이 움직여주지 않으면 언론사 조직의 멀티콘텐츠 생산 능력도 떨어질 수밖에 없기 때문이다. 뉴스 밸류를 예로 들면 신문에서는 한 줄 보도할 가치도 없는 뉴스라도 영상이 중시되는 방송에서는 비중 있는 뉴스가 될 수 있으며, 거꾸로 아무리 신문 기사로는 훌륭한 아이템이어도 영상이 뒷받침되지 않으면 방송에서는 찬밥 신세가 될 수 있다.

- 인프라 및 기술적 지원

크로스미디어 제작 기획의 확대를 위해서는 플랫폼의 특성과 장점을 살릴 수 있는 콘텐츠 제작 기술이 필요하다. 미국의 뉴욕타임스(New York Times)도 자사를 '기술기업'이라고 말할 정도로 기술 및 인프라 구축에 집중 투자하고 있다. 뉴욕타임스는 2006년 미디어업계에서는 처음으로 R&D 그룹을 만들었다. R&D 관련 인력도 초기 12명에서 지금은 40~50명으로 늘었다. 이후 BBC와 뉴스코프(Newscorp)도 뒤따라 R&D 부문을 운영하고 있다. 이렇듯 해외 언론사들은 발 빠르게 새로운 미디어와 디바이스에 대한 기술적인 바탕을 견고하게 다지고 있다. 영국의 파이낸셜 타임스(Financial Times)가 모범사례로 꼽히는데 파이낸셜 타임스는 고객 데이터를 분석하는 팀을 따로 두어 독자가 어떤 기사를 읽고 싶어 하고, 어느 영역에 종사하고 있는지 등의 정보를 취합한다. 독자들에게 맞는 즉 타깃에 맞는 '맞춤형 기사'를 만들려고 하는 전략이다. 가디언(Guardian)지도 디지털 인재 등을 적극 영입함으로써 뉴미디어 기술 경영 투자에 적극적이다. 독일시사 주간지 디 차이트(Die Zeit)의 온라인 편집장을 이례적으로 영입함으로써 국적을 불문하고 디지털 인재 영입에 힘쓰고 있으며 이들을 크로스미디어 사업의 일꾼으로 키우고 있다(Sweney, 2012).

그러나 국내 언론사들의 입장에서 이런 흐름을 따라 잡거나 현실적으로 당장 디지털 기술에 있어서 전문성을 확보하기가 쉬운 일은 아니다. 그렇다면 보다 효율적이고 전문적인 시스템을 갖춘 파트너와 연계를 맺는 법도 하나의 대안으로 제시될 수 있다. 그런 측면에서 미국 주요 지상파방송사가 AOL과 Google 등 인터넷포털 사업자와 제휴하여 새로운 온라인 동영상 서비스 모델을 개발하는 것이나 경쟁관계에 있는 CBS와 FOX가 온라인 사업을 제휴하고 있는 사례 등은 벤치마킹할 필요가 있다. 플랫폼 간 이동을 지원하는 개방형 플랫폼 구축을 위한 유용한 협력체제(collaborative system)가 될 수 있기 때문이다.

또한 제작 시스템에 있어서도 이미 개발 되어 있는 툴을 이용하는 것도 현명한 판단일 수 있다. 산업혁명 이후 서구 공장들이 전력회사에서 전기를 빌려 씀으로써 자체 발전시스템을 걷어내고 보다 효율적으로 생산 가동에 돌입했듯이 각 언론사들도 보다 전문적이고 기술적인 지원을 위해서 이미 개발되어있는 활용하는 방법이 더 효율적일 수 있다. 예를 들면 뉴욕타임스가 구글의 웹오피스를 기사 작성 시스템으로 도입만 해도 디지털 퍼스트 전략을 쉽게 구사할 수 있다. 구글의 웹오피스는 여러 기자가 공동으로 기사를 쓰는 기능을 비롯해 데이터베이스 구축, 데이터 분석, 소셜미디어 출고 기능 등 NYT가 원하는 기능을 대부분 갖추고 있기 때문이다. 이처럼 양질의 콘텐츠 생산과 더불어 효율적인 생산 유통을 위해서는 전문적인 IT시스템과의 제휴와 연계가 현명한 해법이 될 수 있다(우병현, 2014). 즉 클라우드(Cloud)활용 전략이라 할 수 있다.

- 콘텐츠의 질적인 향상

크로스미디어는 기본적으로 독자와의 상호 커뮤니케이션을 전제로 하고 있다. 그리고 최근에는 소셜 네트워크를 통한 일반인들의 댓글이 더 중요한 콘텐츠가 되고 있기도 하다. 그러나 이런 방식에도 몇 가지 허점이 있다. 먼저 포스팅된 글에 대한 질의 문제와 진실성에 대한 담보가 부족하다는 것이다. 또한 전통미디어의 편집회의와 데스킹처럼 오류를 걸러내는 과정이 없어 개인적인 이권이나 책임 없는 항의들이 콘텐츠의 신뢰도를 떨어뜨릴 수 있다. 오픈 저널리즘이 정확하고 공정한 콘텐츠와 플랫폼의 공유와 협력으로 이끌어 질지 아니면 소문과 뉴스편식의 수단으로 전락할지는 종이 한 장 차이이다. 핀란드 싸노마(Sanoma)미디어그룹의 전 수석 편집장인 아라발자카는 이런 크로스미디어 전략에서 콘텐츠나 정보의 질이 떨어짐을 경고했다. 여러 미디어들이나 여러 참여자들을 통해 모아진 정보나 콘텐츠를 단순히 삽으로 주워 담듯이 모아진다면 정보의 가치는 매우 떨어질 것이라고 경고했다(Quinn, 2005). 이런 면에서 허핑턴 포스트지가 실시하고 있는 게임형식의 리워드 제도는 매우 고무적인 해법이라고 할 수 있다. 더 나아가 오픈 필진제도들은 필진들의 원고료 시스템이나 그 보상체계를 무너뜨리고 있다. 글을 기고하는 전문 필진들이나 리포터들의 역할은 이제 전문 직업 이라기보다는 전문 취미가 되어 가고 있다.

- 크로스미디어의 향후 과제

사회는 점점 더 빠르고 무섭게 '3B less'사회로 접어들고 있다. 경계도 없어지고(Boundaryless), 국경도 없어지고(Borderless), 장벽도 없어지는(Barrierless) 예측불허의 세상으로 급변하고 있다. 정보의 전달형태 또한 도달한 메시지가 공유(share) 또는 전파되고 또 아직 모르는 다른 타깃들에게 검색(search)되는 소위 '2S' 형태로 변하고 있다(이원섭, 2012). 이런 환경 속에서 크로스미디어는 정보 전달의 유효성을 어느 때보다 높이고 새로운 융합 콘텐츠를 효율적으로 생산할 수 있는 새로운 대안으로 대두 되고 있다. 이런 크로스미디어의 부상에는 사용자들의 정보 소비 형태와 디지털 기술이 한 몫하고 있다.

이런 디지털미디어 시대의 새로운 제작기법으로 주목받고 있는 크로스미디어는 언론계 방송계 광고계에서 이미 다양하게 활용되고 있다. 특히 언론에서는 수익성이 떨어지고 있는 전통적인 미디어 방식의 위기를 타개하고 디지털미디어 환경에 익숙한 독자들을 끌어들이기 위해 크로스미디어 콘텐츠 생산에 점차 집중하고 있는 상황이다.

언론 측면에서 크로스미디어는 뉴스에 대한 새로운 시각이며 모든 미디어를 활용하여 기존 독자들은 물론 잠재적인 독자들에게 강력하게 또는 다양하게 뉴스를 만들고 공급하는 방식에 대한 새로운 접근이다. 즉 정보를 최상의 방법으로 최대의 조건에 맞게 독자들에게 전달하는 것이 언론에 있어서 크로스미디어 전략의 목표이다. 이제 국내외 언론사들은 동일한 뉴스 아이뎀을 다양한 매체의 개별직인 특성에 맞게 변형해 생산하는 실험을 하고 있으며 이를 위한 새로운 환경에서의 저널리즘은 일직선상의 일방적인 하나의 미디어로 뉴스를 생산하는 것이 아니라 다양한 채널을 통해 전달하는 정보 자체가 중요한 키포인트다. 즉 언론의 미래는 종이냐 전자이냐의 문제가 아니라 정보에 달렸다는 것이다. 이에 따라 해외 유수의 언론사들은 뉴스를 생산하면서 문자 형태 뿐 만 아니라 동영상, 지리정보 시스템(Geographic Information System, GIS), 인포그래픽을 활용해 다양한 멀티미디어 콘텐츠를 만들고 있다(이민규·강남준·권혜진, 2009). 이때 각 미디어의 강점과 특성을 잘 이해해야 그 효과를 극대화 할 수 있다. 특히 최근에는 스마트폰을 비롯한 모바일 기술의 발달로 거의 모든 콘텐츠들이 모바일 디바이스를 통해 유통된다고 해도 과언이 아니다. 게다가 이 모바일 디바이스에서 가장 쉽게 접속하는 소셜 네트워크는 크로스미디어 저널리즘의 새로운 패러다임을 제공하며 중요한 정보 전달 생성의 길목이 되어주고 있다.

그러나 크로스미디어 제작 기획은 아직도 진화하고 발전하는 과정에 있다. 따라서 이를 새로운 디지털미디어 환경에서의 총아로 키우기 위해서는 많은 과제들이 남아있다. 지금처럼 미디어 기술이 급변하고 시장이 불확실 할수록 디지털 미디어 기술에 기반한 새로운 뉴스 콘텐츠 개발에서 활로를 찾아야 한다. 전통적인 미디어들의 수익성이 떨어지고 이용자들의 미디어 소비형태가 급변하는 환경에서 크로스미디어는 새로운 활로가 되어줄 수 있다. 언론에겐 이 모든 변화가 피곤한 일이겠지만, 이미 그런 환경에서 빠르게 성장하고 있는 새로운 매체들이 등장하고 있고 그들과 경쟁해야 한다. 세계 시장에서 글로벌 기업과 경쟁하려면 그들과 같은 방식의 콘텐츠 생산·유통에 매달려서는 승산이 없다. 국내 IT 기반을 바탕으로 새로운 융합 콘텐츠를 만들어야 그들도 국내 미디어사들을 단순한 프로그램 판매시장이 아닌 대등한 파트너로 대접해줄 것이다. 크로스미디어 제작 기반을 한국형 글로벌 미디어의 강점으로 키워야한다는 게 국내 언론사들의 당면 과제인 것이다.

- 크로스미디어의 사례

- <u>가디언(The Guardian): 개방과 공조(openness and cooperation)</u>

종이신문 시절부터 기자로 활약하다 가디언 편집장이 된 앨런 러스브리저는 종이 신문 기자 출신이 가지는 종이신문 우선의 고집을 일찌감치 버렸다. 오히려 온라인에서 성과를 내는 사람에게 인사고과를 확실히 주고, 종이신문을 못 보게 하는 등 이른바 '문화투쟁'을 실시했다. 그는 지난 2006년에 이미 "우리는 디지털회사이다. 웹이 우선 돼야한다"며 '웹 우선정책(web first policy)'을 대내외에 발표했으며 저널리즘은 결과 보다는 과정임을 꾸준히 강조해 왔다. 그는 미래의 정보 전달 시스템에서는 '개방'과 '공조'가 가장 큰 핵심 키워드로 떠오를 것이라고 이야기한다. '개방'이란 거대한 정보 네트워크 속에서 저널리스트가 찾아내고 전달하는 정보는 한계가 있으며 이를 개방하여 무수히 많은 정보들과 공유하고 연결함으로써 더 강력하고 의미 있는 정보를 만들어 낼 수 있다고 강조했다. 이와 더불어 '공조'란 이런 개방적으로 공유된 정보를 거대한 정보 네트워크 속에서 다른 이들과 협업하여 더하고 빼 냄으로서 우리가 혼자 믿고 있는 것을 더 구체적으로 더 강력한 정보로 만들어 낼 수 있다는 것이다. 이런 '개방과 공조'는 바로 독자들과 다른 언론 기관과 함께 만들어 나갈 수 있다고 덧붙였다(Mitchell, 2010). 더 나아가 2011년부터 '신문은 이제 신문을 넘어서야 한다.'는 선언으로 웹 우선 정책에서 '디지털 퍼스트(Digital First)' 노선으로 그 정책방향을 확대해 나가고 있다. 이런 경영진의 정책 방향에 맞춰 가디언은 신문사 최초로 실시간 뉴스를 분단위로 생중계하는 '라이브 블로그' 서비스를 실시했다. 스포츠 경기를 분단위로 보도한 것을 시작으로 2008년 정치 분야로 까지 확대했다. 그리고 2010년 '아랍의 봄' 보도에 활용되면서 그 성가를 더욱 높였다. 종이신문이 뉴스를 생중계 한 것이다. 실시간 멀티미디어 중계인 이 라이브 블로그는 그 방문자 수가 전통적인 기사보다 약 3배가 많은 것으로 나타났으며 대형 사건이나 이슈가 발생했을 때 특히 그 위력을 발휘하고 있다. 이를 두고 가디언 관계자들은 "라이브 블로그가 온라인 저널리즘의 다른 형태를 능가 한다"라고 자평하기도 했다. 지난 우크라이나 사태를 보도한 라이브 블로그는 사진, 비디오 그래픽 등 멀티미디어 방식을 사용하면서 매시간 많게는 7차례 뉴스를 업데이트 했다.

한편 트위터 등을 통한 독자들의 제보로 가디언 리포터들만으로는 도저히 밝혀낼 수 없는 사실들을 밝혀내기도 했다. 이는 바로 가디언의 크로스미디어 모토인 '개방과 공조'효과가 잘 나타나는 보도형태였다. 모바일 앱 '위트니스(witness)'가 바로 그 가디언 특유의 오픈 저널리즘의 전형을 보여주고 있다. 가디언은 위트니스를 통해 2009년 영국 하원의원들의 활동비 청구내역 46만 여건을 모두 스캔해 인터넷에 올린 후 2만7000여명의 독자가 참여해 22만 여건의 청구서에서 문제점을 찾아낸 성과를 올리기도 했다. 또한 가디언의 리포터들 보다 회계 부분에서 전문적인 지식을 가지고 있는 독자들의 상세한 정보 덕분으로 대기업들의 탈세 혐의를 밝히는 데 큰 성과를 거두기도 했다. 2009년에는 런던에서 열린 G20정상회담 중 사망한 한 시민의 무고한 희생의 원인을 한 리포터의 트위터에 올라온 수천 명의 제보 사진으로 밝혀내기도 하였다. 일반 언론 사진 기자들이 정상들에 주목할 때 일반 시민들은 한 경찰이 과잉진압으로 시민을 가격하는 장면을 잡은 것이다. 기존의 보도로는 그렇게 신속하게 밝혀내기 힘든 일을 많은 독자들의 제보로 밝혀지게 된 것이다. 이밖에도 국제적인 거대한 정유회사인 트라피규라사가 아프리카에 오염물질을 불법으로 투기한 사실을 밝혀내는 데에도 트위터들의 제보가 결정적인 역할을 했다. 신문 기자 한명이 몇 달 동안 혹은 몇 년 동안 고군분투하며 조사해야 할 일을 수천 명의 서로 모르는 사람들끼리 힘을 합쳐서 빠른 시간 안에 그 만행을 드러나게 한 셈이다(Rusbridger, 2009). 이런 성과들이 독자들과의 커뮤니케이션이 가능한 크로스미디어의 성과이며 바로 크로스미디어 제작시스템이 개방과 공조를 통한 정보의 진실성을 높이자는 가디언지의 모토를 달성케 한 것이다.

- 허핑턴 포스트: 소셜네트워크 뉴스

허핑턴 포스트는 오늘날 가장 성공한 인터렉티브 온라인 저널리즘으로 평가 받는 미국의 대표적인 자유계열 블로그 뉴스사이트다. 2005년 5월 미국의 칼럼니스트인 아리아나 허핑턴(Arianna Huffington)이 설립한 이 뉴스 사이트는 정치, 비즈니스, 엔테테인먼트, 기술, 미디어, 세계, 생활 건강 등 폭넓은 주제를 약 700명의 기자와 4만 명의 블로거가 집필하고 있다. 허핑턴 포스트는 처음부터 내부 기자뿐 아니라 정치인, 대학교수, 연예인, 작가, 시민운동가 등 외부 전문가 필진에게 지면을 개방했다. 전문가와 독자들을 향한 '지면개방'이다. 가수 마돈나, 빌 게이츠, 푸틴 러시아 대통령, 구글 에릭 슈미터 회장, 달라이라마 등 수많은 세계적 유명 인사들이 허핑턴 포스트에 글을 쓰는 컨트리뷰터(contributor)로 참여하고 있다. 이런 컨트리뷰터(외부전문가 필진)제도는 오픈 저널리즘의 또 다른 형태다. 외부필진들은 콘텐츠를 제공하고 미디어는 이 콘텐츠를 전달하는 '플랫폼'이 된다. 독자들이 정보를 소비하는 동시에 스스로 정보활동에 참여하기를 원하는 욕구를 이용해 뉴스 사이트에 더욱 적극적으로 참여할 수 있도록 하는 소셜미디어 전략을 이용한 것이다. 아리아나 허핑턴은 "허핑턴 포스트는 저널리스트의 결합체이자 플랫폼이다. 기고자들은 자신들이 쓴 글들을 배포하고 자신들의 주장이 다른 사람들에게 전달되길 원한다"고 말했다. 크로스미디어의 확대와 함께 외부전문가 필진 제도가 언론의 새 흐름으로 정착되고 있는 좋은 예를 보여주고 있는 것이다.

더 나아가 허핑턴 포스트는 페이스 북(Facebook)과 본격적인 파트너십을 맺고 소셜뉴스(Social News)라는 서비스를 시작했다. 페이스북은 좀처럼 다른 업체와 파트너십을 맺는 경우가 거의 없음에도 불구하고 허핑턴 포스트의 좌편향성을 감안하면서까지 파트너십을 맺은 것은 허핑턴 포스트의 미디어적 강점을 인정한 것이라 할 수 있다. 페이스북측은 "허핑턴 포스트는 사람들이 어떻게 뉴스를 발견하고 소비하는지에 있어 혁명을 주도하고 있는 매체"라면서 "페이스북과의 연계를 통해, 허핑턴 포스트 소셜 뉴스는 뉴스를 훨씬 소셜한 경험으로 만드는 방법을 주도하고, 페이스북 친구 네트워크를 통해 사용자들에게 뉴스와 현재의 사건을 공유하고 필터링 할 수 있는 새로운 길을 제공하고 있다"라고 강조 했다.(Face book) 이는 언론사와 SNS가 만나 탄생한 새로운 뉴스 서비스라는 점에서 주목을 끌고 있다.

'허핑턴 포스트' 댓글은 다양한 소셜 네트워크 서비스와 연계되어 제공되고 있다. 댓글을 남기고 버튼만 누르면 해당 소셜 네트워크 서비스에 포스팅되며 아이폰 어플리케이션의 댓글과도 함께 연동되고 있다. 그 결과 '허핑턴 포스트'는 각종 매체의 뉴스와 블로거들의 글을 모으며 전통의 명문지 '워싱턴 포스트'를 순방문자 수에서 앞지르기도 하였다. 이 서비스가 지향하는 바는 간단하다. 페이스북의 친구들이 허핑턴 포스트에 한 여러 활동들을 이 공간을 통해 보여 주겠다는 것이다. 친구가 추천한 기사나 글을 더 신뢰한다는 많은 서베이 결과에서 착안한 서비스이다. 친구가 본 기사나 댓글을 단 기사가 그만큼 신뢰할 만하고 볼 만하다는 전제에서 서비스가 기획됐다. 허핑턴 포스트는 최근에는 뉴스의 생산(Engage), 참여(React), 공유(Share) 등을 활성화 시키고 독자들의 자발적인 참여로 신뢰성 있는 뉴스 서비스를 구축하기 위해 게임기법을 적용하기도 하였다. 일명 '게이미피케이션'으로 친구 맺기 게임과 더불어 뉴스의 신뢰도를 자발적으로 감시하게 하여 배지를 통한 보상과 지위를 제공함으로써 독자들의 로열티를 강화하기도 하였다(김형택, 2013). NYT 혁신보고서 24쪽에는 이런 인상적인 구절이 있다. '뉴욕타임스에는 발행 버튼을 누르면 기사가 완료됐다고 생각하는 기자와 편집자들이 많지만, 허핑턴 포스트에서는 발행 버튼을 누른 순간부터 그 기사의 일생이 시작된다(At Huffington Post, the article begins its life when you hit publish).'

이렇듯 허핑턴 포스트는 소셜네트워크와 모바일 시대에서 뉴스란 마감시간이 있는 '완성품(product)'이 아니라 실시간으로 끊임없이 만들어가는 '과정(process)'으로 인식하고 있는 것이다.

- 뉴욕타임스: 인터렉티브 저널리즘

뉴욕타임스는 2009년부터 편집국내에 Interactive News Team을 신설한 뉴욕타임스는 다양한 인터렉티브 뉴스 스토리를 생산해왔다. 지난 2011년 제작된 'Inaugural Words: 1789 to the Present'를 비롯해 수많은 인터렉티브 방식의 보도기사가 시도되어 왔다. 멀티미디어부 기자 및 프로듀서와 그래픽디자이너 개발자, 편집국 기자 등으로 구성된 이들은 다른 그룹과는 별도로 뉴스룸의 기사를 다양한 멀티미디어방식으로 독자에게 보여주는 스토리텔링기법을 기획하고 생산한다(채광현, 2013).

대표적인 작품이 스노우 폴(Snow Fall)이란 기획기사인데 이는 미국 워싱턴 주 캐스케이드 산맥에서 발생한 재앙적인 눈사태에 대한 보도이다. 이 기획기사에 주목하는 이유는 퓰리처 상 수상작이란 이유 뿐 아니라 인터렉티브 저널리즘(Interactive Journalism)이라는 당시로서는 미래형 보도 형식을 잘 구현했다는 점에서이다. 인터렉티브 저널리즘이란 웹 기술을 활용해 기자가 독자들과 직접 교감하는 방식을 통칭하는데 최근 들어서는 비디오와 오디오 슬라이드쇼 게임 등으로 그 미디어가 확장되면서 다양한 멀티미디어 기술을 접목해 독자와 교감하려는 스토리텔링 방식을 총칭하는 개념으로 자리 잡아가고 있다.

해외 언론들은 'Interactive Feature', 'Interactive News Service'라는 이름으로 다양한 토픽을 비주얼하고 이해하기 쉽게 서비스하고 있으며 이 같은 스토리텔링방식을 일각에선 'Interactive Narrative'라고 부르기도 한다. 스노우 폴 (Snowfall)도 기존의 기획보도와 다르게 뉴미디어 기술을 활용한 인터렉티브 기능을 기사 곳곳에 삽입하여 살아 움직이는 듯 본문을 구성했다. 1만 7천자에 달하는 긴 스토리를 읽어감에 있어 독자들이 스스로 직접적인 반응과 참여를 취할 수 있도록 멀티미디어 비디오와 모션 그래픽들을 곳곳에 적절히 배치하였다. 이를 통해 독자들은 심도 깊은 내용의 긴 취재기사를 자연스럽게 그리고 흥미롭게 읽어 나갈 수 있다. 또한 웹에서 뿐 아니라 모바일이나 태블릿에서도 그 가치를 그대로 느낄 수 있도록 동시에 제작 되었다. 미 언론사 Atlantic wire는 이러한 기사에 대해 full-bleed-style* 이라고 표현했다.(*full-bleed-style : 여백 없이 꽉 채워진 스타일이라는 의미로 인쇄에서 주로 쓰이는 용어)

뉴욕타임스 최초 여성 편집장인 질 에이브럼슨(Jill Abramson)은 4회 온라인 저널리즘 국제심포지엄에서 '스노우 폴(Snowfall)은 이제 환상적인 그래픽과 비디오 모든 종류의 멀티미디어를 활용한 이야기를 상징하는 동사가 되었다'고 자평하기도 하였다.

한편 뉴욕타임스는 소셜 미디어를 이용한 뉴스 서비스와 취재를 강화하기 위해 소셜 미디어 에디터(Social Media Editor)직을 신설했다.

소셜 미디어 에디터는 자사 콘텐츠를 트위터, 페이스북, 유튜브 등 소셜 미디어 네트워크를 이용해 독자에게 전달하는 역할을 담당한다. 또한 소셜미디어의 트랜드를 파악하고 기사거리를 찾아 기자들에게 전달하는 역할도 병행하고 있다. 아직 소셜미디어에 익숙하지 않은 기자들의 적응을 돕는 것도 주요 역할 중 하나이다. 뉴욕타임스는 종이신문이나 온라인 외에도 소셜미디어에서 뉴욕타임스 콘텐츠를 접하는 독자가 늘어나고 있으며 기자들에게도 소셜 미디어가 새로운 취재원 구실을 하기 때문에 이 같은 결정을 내렸다. 뉴욕타임스는 닷컴 운영 초기 단계부터 속보 생산을 위해 정치 행정 법조사건 경제 담당 기자들로 구성된 온라인 전담부서 'CND(Continuous newsdesk)'를 설치해 운영해 왔다. 그러나 통합 뉴스룸 구축 이후 CND가 생산하는 속보보다 통합 뉴스룸 소속 기자들이 출고하는 속보가 늘어나는 추세이다. 속보 외에 기획 기사를 신문보다 닷컴에 먼저 게재하는 비중도 점차 증가 하고 있다. 선데이매거진에 실리는 기획기사를 목요일 오전 닷컴에 먼저 게재하는 식이다. 또 속보나 기획기사 이외에도 광고주들이 많이 몰리는 분야의 콘텐츠에 비중을 둔다. 기존의 엔터테인먼트와 여행 세션을 강화한데 이어 건강, 비즈니스, 테크놀로지 분야의 콘텐츠도 강화하는데 주력하고 있다.

17

융합미디어 플랫폼의 등장과 규제

대표적 전통매체인 신문의 경우 1996년부터 2021년까지 지난 25년간 구독률이 70%에서 5%대로 떨어질 정도로 위기를 맞고 있다. 20여년 만에 전 국민 열 명 중 일곱 명이 신문을 보던 것이 단 5%만 보는 시대로 바뀐 것이다. 또 다른 전통매체의 강자였던 방송도 OTT와 소셜미디어에 밀려서 시청률과 수익 모두 급감해 국민 대부분이 TV채널로 〈본방사수〉를 하는 것이 아니라 모바일 미니어로 보는 시내가 된지 오래다. 이에 비해 여섯 살 꼬마 보람이가 만든 유튜브 채널 〈보람튜브〉 월 광고수익이 MBC와 맞먹는다는 기사가 날 정도로 한국의 1인 미디어 산업 분야는 영향력과 시장이 커졌다.

그러나 이런 시대에도 한국의 미디어와 콘텐츠 거버넌스는 아직 20여 년 전의 전통 미디어 패러다임에서 벗어나지 못하고 있다. 플랫폼 규제와 지원정책은 방송통신위원회에서, 콘텐츠는 문화체육관광부에서, 그리고 미디어콘텐츠 R&D는 과학기술정보통신부 등으로 나뉘어져 있어 이를 시장과 글로벌 트랜드에 맞추어 개편하는 작업이 시급하다. 선진국들이 이미 30년전 방송과 통신, 신문 등 이종산업의 경계를 허문지가 오래되지만 한국의 경우 법과 규제로 이러한 영역을 삼분법, 사분법으로 나누어 유지해 왔다.

이러한 전통매체 중심의 규제와 심의 기능도 한계를 맞이한 상황이다. 영화나 방송, 게임만 하더라도 청소년 보호를 위한 등급분류와 관리체계가 미흡하지만 작동하고 있는 반면, 수백만명이 보는 크리에이터들의 콘텐츠는 전통적 방식의 규제와 심의 체제로는 관리할 수도, 체계적인 산업으로 육성할 수도 없는 상태이다.

팔로워가 수백, 수천만 명에 이르는 소위 인플루언서들의 채널은 기존 미디어보다 영향력이 훨씬 크며 미디어 산업의 지형도를 바꾸어 버릴 정도로 다양한 콘텐츠 장르와 융합현상을 일으키고 있다. 한편으로는 이러한 1인 미디어 채널들이 기존 미디어 산업이 보여줄 수 없었던 창의적인 콘텐츠를 선보이고 심지어 국경을 넘어서는 한류 열풍도 일으키는 긍정적 효과를 보여주고 있지만, 또 다른 한편에서는 〈표현의 자유〉를 넘어서는 선정적 내용과 자극적이고 혐오스런 콘텐츠에 대한 사회적 책임과 규제를 요구하는 목소리가 커지고 있다.

플랫폼(platform)이라는 단어의 원래 의미는 기차에서 승객들이 타고 내리는 승강장과 같은 물리적 공간을 의미한다. 이러한 물리적 승강장의 의미가 확대되어 특정 장치나 시스템 등에서 이를 구성하는 기초가 되는 틀 또는 골격을 지칭하는 용어로 사용되고 있다. 플랫폼에는 서비스의 기반이 되는 하드웨어나 소프트웨어 환경, 유통되는 네트워크 등이 포함된다. 이러한 개념이 미디어에 적용되면 미디어 플랫폼은 미디어 서비스나 콘텐츠가 구현되고 유통되는 환경 또는 기반이라고 정의할 수 있다.

1) 새로운 융합 플랫폼의 특징

공유와 개방을 지향하는 새로운 디지털융합 플랫폼의 특징은 우선 집단 지능을 이용한다는 점이다.

- 집단지능을 이용

대표적인 사례가 댓글과 같은 것이다. 예를 들어 인터넷 서점인 아마존을 모방할 수는 있어도 아마존의 북 리뷰와 같은 댓글까지 카피할 수는 없다. 즉 대중의 지혜는 한 명의 전문가보다 낫다는 것이 디지털미디어의 철학이다. 대표적인 사례인 위키피디아(Wikipedia)[61]는 사용자가 내용을 추가할 수 있다는 독특한 생각에 기반한 온라인 백과사전으로 이 같은 집단 지혜의 장점을 손쉽게 발견할 수 있다. 위키피디아는 세계 최대라고 하는 브리태니커 사전의 정보를 수십 배 이상 뛰어넘었으며 그 정확도 또한 전문가 못 지 않고 지금 이 순간에도 수많은 대중에 의해 그 내용이 갱신되고 있다. 누구나 사전 편찬 작업에 참여할 수 있다.

즉, 디지털미디어의 핵심은 "더 많은 사람들이 사용할수록 서비스는 자동으로 더욱 우수해 진다"는 참여와 공유의 철학인 것이다. 이러한 참여와 공유의 철학이 반영되어 성공한 대표적인 기업이 우버(Uber)[62]와 에어비엔비(Airbnb)[63], 트립어드바이저(Tripadvisor)[64]라 할 수 있다. 이들 사이트를 방문해보면 집단 지능의 혜택을 실감할 수 있다.

---

[61] http://www.wikipedia.org
[62] https://www.uber.com
[63] https://www.airbnb.com
[64] https://www.tripadvisor.com

- 롱테일(Long-tail)

이러한 집단 지혜의 장점으로 인해 디지털미디어는 롱테일(Long tail, 긴 꼬리)의 특징을 갖고 있다. 이는 특정 제품이나 계층에서 상위 20%가 전체 매출액의 80%를 차지한다는 소위 20:80의 법칙과 정반대 되는 개념이다. 서점에 가보면 베스트셀러 몇 종이 전체 서적 매출의 80%를 차지하는 것이 일반적이다. 이러한 상위 몇 제품을 빅헤드(big-head)라고 부르며 수천만종의 판매가 미미한 서적들을 롱테일이라고 부른다.

디지털미디어의 시대에서는 거꾸로 하위의 80%가 전체 매출의 50% 이상을 차지하는 기현상이 일어나고 있는 것이다. 아마존(Amazon)[65]의 경우 상위 20%의 베스트셀러보다 조금씩 팔리는 수천만종의 긴 꼬리들이 무려 57%의 매출을 올리고 있으며 구글(Google)[66]의 광고 수입 역시 대형 광고주보다 수많은 소액 광고주들의 매출액이 더 많다. 구글에는 수억 개의 소액광고주들이 참여하고 있다.

- 다른 사람과 기업의 자산을 활용하는 매쉬업(Mashup)

또 다른 디지털 미디어의 특징은 매쉬업(mashup)이다. 공개된 응용 프로그램을 의미하는 매쉬업은 전혀 다른 서비스나 프로그램 등을 하나로 섞어 전혀 새로운 서비스를 만들어 낸다. 예를 들어 구글의 인공위성 지도서비스는 구글이 거액을 들여 샀음에도 불구하고 구글 내부에서 폐쇄적으로 사용하는 것이 아니라 서비스를 개방하고 공유한다. 미국의 부동산 중개 사이트나 여행 사이트들은 대부분 구글의 지도 서비스를 매쉬업하여 운영하고 있다. 매쉬업만 잘 이용해도 별도의 자본 없이 비즈니스를 시작할 수 있다. 이러한 매쉬업은 비즈니스 모델에서

---

65) http://www.amazon.com
66) http://www.google.com

자주 이용되는 OPM(Other Peoples Money: 다른 사람의 자본)을 이용한 창업과도 비슷하다.

이처럼 우리의 경우 정보통신 강국임을 자부하며 이제까지 자만하고 있는 사이, 이러한 디지털미디어의 정신을 따라가지 못하고 상대적으로 규제와 분할 속에서 전통적인 미디어 환경을 유지해왔다. 그러나 이미 이러한 공유와 개방은 세계적인 대세이며 더 이상 한국도 신문, 방송, 통신, 그리고 새로운 미디어가 각자 따로 노는 환경은 사라질 것으로 예견된다.

따라서 새로운 미디어 환경에 맞는 서비스와 정신, 마케팅이 필요한 시점이다. 저널리즘 3.0의 시대를 넘어서 4차 산업혁명 시대에는 저널리즘 4.0이 필요하게 되었다. 원하던 원치 않던 이제 디지털 미디어는 우리의 상상력을 뛰어넘을 만큼 무궁한 가능성을 열어두고 있다.

2) 미디어 플랫폼의 융합

전통적 미디어의 플랫폼은 신문의 경우 제작시스템이나 판매망 등이라 할 수 있고 방송의 경우 TV단말기에서 송수신망 등의 시스템 등을 들 수 있다. 또한 디지털 미디어 서비스와 콘텐츠는 텔레비전이나 컴퓨터, 스마트폰 등에서 구현될 수 있으며 이 때 텔레비전이나 컴퓨터, 스마트폰 등의 기기가 미디어 플랫폼이 될 수 있다. 디지털 미디어 플랫폼은 단순히 미디어 기기만을 의미하기보다는 그 기기와 기기를 구성하는 부품, 기기 간 연결을 가능하게 해주는 네트워크나 소프트웨어 등을 아우르는 개념이라고 볼 수 있다.

이러한 미디어 콘텐츠의 디지털화와 인터넷 및 통신망 기술의 발전으로 미디어 서비스와 콘텐츠를 이제 특정한 플랫폼에서만 이용할 수 있는 것이 아니라 이질적인 플랫폼 간에도 넘나들면서 사용할 수 있게 되면서 최근에는 미디어 플랫폼의 융합이 화두로 떠오르고 있다.

특히 스마트폰의 등장으로 기존 방송과 신문의 경우 전통적인 콘텐츠 유통과 소비 방식에서 벗어나 스마트 미디어 환경에 적합한 방식으로 변화하고 있는데 기존의 콘텐츠 제작과 네트워크, 단말기의 수직적이고 폐쇄적인 연결구조와는 달리 동일 콘텐츠를 다양한 단말기로 이용할 수 있는 N-스크린[67] 시대로 들어서고 있다.

광고 또한 이러한 스마트 미디어와 N-스크린 시대에 적합한 스마트광고 유형으로 변화하고 있는데 현행 매체별 광고 유형과 시장의 구분이 점차로 의미가 퇴색되고 있어 향후 광고규제 체계의 점검과 정책의 전환도 요구된다.

이러한 크로스미디어 플랫폼 시대의 미디어 이용자들은 능동적인 수용자(Audience)에서 진화하여 새로운 유형의 집단으로 변화 중인데 단순히 미디어의 정보를 수용하는 단계와 능동적인 이용의 단계를 지나 정보를 재해석하고 새롭게 의미를 부여하여 생산하는 정보 창조자(Mediance)로 발전하고 있다.

플랫폼 융합의 대표적인 사례 중 하나로 케이블가입자들의 코드 커팅(cord-cutting) 현상[68] 확산을 들 수 있다. 즉 케이블가입자가 포화상태가 되고 저가마케팅이 시도됨에 훌루(Hulu)[69]나 넷플릭스로 대표되는 OTT서비스로 가입자가 이동하는 현상이 심화되고 있으며 기존의 방송 채널 또한 통신사업자의 번들(bundle)프로그램으로 전락하는 일이 벌어지고 있다.

---

[67] 하나의 콘텐츠(영화, 음악, 드라마 등)를 N개의 디바이스, 즉 스마트폰, 태블릿, TV 등에서 즐길 수 있는 기술 또는 서비스를 말한다.
[68] 유료방송 시청자가 가입을 해지하고 인터넷 TV, 스트리밍 서비스 등 새로운 플랫폼으로 이동하는 현상을 말한다. 코드커팅이 증가하고 있는 이유로는 셋탑박스 없이 스트리밍 방식으로 온라인 동영상을 제공하는 OTT(over the top) 서비스의 등장을 들 수 있다.
[69] https://www.hulu.com

TV는 아직까지는 소비자들의 인식 속에 주요한 매체로 인식되고 있지만 일상생활에서 차지하는 비중은 점차 감소하고 있으며, 특히 30대 미만의 연령대는 TV보다 스마트폰이 더 중요하다고 생각하고 있다. 방송을 이용하는 매체로는 TV 수상기가 95%이지만, 젊은 층은 스마트폰 이용으로 인해 TV 프로그램 시청시간이 줄어들었다는 시청자 비율이 압도적으로 높다. 플랫폼 다변화에 따라 방송콘텐츠를 TV가 아닌 인터넷, 모바일 등 통신플랫폼을 통해 제작·유통하는 환경이 조성되어 실제 지상파 TV 직접 수신 가구는 10%대에 불과하며 이는 지속적으로 감소되어 결국에는 플랫폼 간의 구별이 모호한 시대를 맞이할 것으로 예상된다.

또한 새로운 플랫폼 사업자들이 속속 등장하면서 매체 간 균형발전 문제는 더욱 중요한 이슈가 되어가고 있다. 보편적 미디어 접근권과 망 중립성 논쟁 또한 미디어 플랫폼 융합에서 뜨거운 이슈가 되어가고 있다.

미국은 FCC의 보편적 접근권(Universal Access Rule)처럼 콘텐츠뿐만 아니라 방송 채널을 물리적으로 시청 가능하도록 보장해주는 권리를 유지하고 있다. 아날로그 시대의 보편적 시청권은 난시청으로 인한 보편적 접근권 제약의 개선을 통한 지상파 채널에 대한 무료 보편적 서비스를 의미했지만 디지털 시대의 보편적 시청권은 난시청, 장애인, 저소득, 농어촌지역 등 복지적 차원의 접근권과 아울러 전 국민이 보다 나은 화질(UHD[70], MMS[71]등)을 통해 보편적 콘텐츠를 시청할 수 있

---

70) 기존 풀 HDTV(Full HDTV)보다 높은 해상도의 고화질 비디오와 몰입형 오디오를 제공하는 Ultra High Definition TV의 약자

71) Multi-Mode Service의 약자로 주파수 1개 대역폭을 2개 이상으로 쪼개 여러 채널을 제공하는 것을 의미. 데이터 압축 기술의 발전에 따라 한 개의 주파수 대역폭을 일정 대역폭 6MHz 안에서 고선명(HD: High Definition) 채널 1개와 보통 화질(SD: Standard Definition) 채널 두세 개를 함께 운영하는 게 일반적이다.

는 권리를 의미한다.

그러나 사용자들이 이제 휴대폰 등 모바일 기기로 영상물을 시청하게 되면서 과도하게 발생하는 망 트래픽에 과금을 해야 하느냐도 중요한 이슈가 되고 있다. 국내의 경우 망중립성 이슈가 불거지면서 국내 최대 검색포털 네이버를 비롯해 주요 콘텐츠 기업들이 적지 않은 금액을 통신사에 지불하는 반면 구글과 페이스북 등 외국 기업은 국내에서 막대한 트래픽을 일으키고 있음에도 사용료를 거의 내지 않고 있어 논란거리가 되고 있다. 망 사용료란 통신망에 대한 사용료로 네이버 같은 업체들이 SK텔레콤과 같은 통신망 사업자에 콘텐츠 전송 댓가로 지불하는 돈을 말한다.

전 세계적으로 가장 많은 트래픽을 발생시키는 동영상(예: 구글 유튜브)과 SNS 시장의 경우 막대한 트래픽을 일으키고 있으나 외국 기업은 자국에 서버를 두고 있어 해당 국가의 통신사에만 망사용료를 내면 되기 때문에 국경을 넘어서는 플랫폼에 대한 다양한 법적 이슈가 제기되고 있는 중이다.

18

미디어의 미래 : 서비스로서의 미디어 (MaaS, Media as a Service)

1) 서비스의 중요성

'마케팅 원칙(Principles of Marketing)'에서, 필립 코틀러(Philip Kotler)는 서비스를 다음과 같이 정의하고 있다.

'한 당사자가 다른 당사자에게 줄 수 있는 행동 또는 혜택으로서, 근본적으로 무형이며, 어떤 것의 소유를 의미하지 않는다. 서비스의 창출은 물리적 제품과 연계될 수도, 그렇지 않을 수도 있다.'

서비스란 사람, 프로세스, 사물 그리고 많은 경우 다른 서비스가 결합된 역동적인 서비스 시스템을 통해 제공된다. 서비스는 서비스 내의 자원 및 정보 등을 포함하는 물리적(tangible) 요소와 참여자 감성과 니즈 등과 관련된 비물리적(intangible)요소로 구성된다(Bitner, 1992). 서비스 질의 전반적 향상을 위해서는 서비스의 물리적, 비물리적 요소를 모두 고려한 통합적이고 전체적인 서비스경험에 대한 연구와 이해가 필요하다.

　서비스의 물리적 구성요소는 서비스 제공자와 수혜자를 모두 포함한 참여자(people), 서비스 경험과정에 대한 순차적 흐름을 나타내는 과정(process), 서비스 안에서 소요되는 모든 자원을 의미하는 물리적 자원(physical cue)이다. 서비스의 비물리적 구성요소는 참여자의 의도적 움직임과 상호작용을 의미하는 행동(behavior), 서비스 안에서 발생하는 참여자의 일시적, 지속적 감정을 의미하는 감성(emotion), 그리고 참여자가 궁극적으로 얻고자 하는 대상인 가치(value) 등이다.

　현재 서비스 분야는 효율 및 경제성에 기반한 생산적 관점에서 참여자의 전체 경험을 고려한 감성적 관점으로 변화하고 있다. 이러한 감성적 서비스 개발과 발전을 통해 고객의 서비스로의 접근도 및 재참여도를 높여 서비스의 질적 개선뿐 아니라 양적 개선을 도모할 수 있다.

　서비스에 대한 인식과 정의가 시작된 것은 80년대 초반부터로 당시 은행, 호텔 등의 분야에서 서비스 개선의 사례들이 소개되면서 관심을 받게 되었다. 일례로 호텔의 경우 화장실 휴지의 양 모서리를 접어서 사용하기 쉽게 해놓은 시도는 무언가 서비스가 제공되고 있다는 경험을 전달하는 사례로 소개되었다. 이러한 단순한 사례들은 전 세계적으로 서비스라는 것에 대한 일종의 상징적인 의미가 되어졌는데 고객들에게 있어 서비스가 제공되고 있지 않는다고 느끼는 것과 서비스를 받고 있다는 느낌 사이의 작은 차이는 매우 큰 경험의 차이를 가지고 오게 된다고 하겠다.

　서비스는 은행, 보험, 의료, 교육, 여행, 종교, 교통, 문화시설 등 매우 다양한 분야와 행태에 걸쳐 있는 것이기 때문에 그것을 어떻게 개선하느냐 하는 것은 매우 복잡한 문제로, 사회과학 예술/인문과학, 공학 등이 접목된 융합지식으로 해결할 수밖에 없다. 특히 서비스 개선에 필요한 영역은 크게 인지과학, 공학, 사회학, 인문학 등이라 할 수 있다. 인지과학은 인간의 마음에서 그리고 동물과 인공물(컴퓨터, 로봇 등)의 지능에서 각종 정보처리가 어떻게 일어나며 그러한 정보처리를 통해서 마음과 지능이 어떻게 가능하게 되고 구현되는가를 탐구하며 이해하려는 과학이다(이정모, 2012).

- 서비스의 특징과 역할, 공유경제 시대의 서비스

서비스는 단순히 제품을 생산하는 것을 넘어서서 그것을 통해 서비스를 제공한다는 사고방식이 필요하다. 즉 제품은 서비스의 도구이며 제품과 함께 편리함, 소통, 감성 등과 같이 다양한 요인들이 함께 전달될 수 있어야 한다. 서비스는 제품과 달리 무형의 것이며 경험을 통해서만 소비할 수 있다는 특징을 갖고 있다.

서비스는 또한 소유하는 것이 아니라 그것을 사용할 수 있는 일종의 열쇠를 주는 것이라 할 수 있다. "물건을 사는 것은 즐겁지만 그것을 소유하는 것은 좌절감을 준다(Buying is Fun. Owning is Frustration)"는 이야기는 최근 새로운 경제로 떠오르고 있는 공유경제에도 적합한 말이라 할 수 있다. 예를 들어 사람들은 가구를 구입하기 위해 고가의 비용을 지불하지만 그것을 당장 사용하기 어려운 경우 보관 서비스를 요청하게 되는데 여기서 구입한다는 것과 소유한다는 것에 대한 개념의 차이가 발생하게 된다. 즉 필요하지 않은 것을 직접 구매하는 것과 필요한 것을 서비스를 통해 충족하는 것에는 차이가 있다. 이 같은 구매와 소유에 대한 관점의 변화는 서비스 혁신에 중요한 영향을 미치게 된다.

이러한 서비스의 특징으로 인해 무형의 서비스를 시각화, 실제화 시키고 표준화하여 고객에게 일관된 경험을 제공할 방법에 대한 연구가 필요한데 그것이 바로 서비스 사이언스이다. 세계 산업구조가 서비스산업 중심으로 빠르게 변화 중이며 선진국일수록 서비스산업의 비중이 높은 것도 서비스의 중요성을 잘 보여준다. 우리나라 또한 선진국형 경제로의 전환에 따라 서비스시장이 확대되고 제조기업의 서비스기업화가 급속도로 이행되고 있다. 즉 가치이동의 개념에 따라 제조업에서 경쟁으로 부가가치를 낼 수 있는 폭이 점차 좁아지고 있어 제조 기업들이 수익성이 높은 서비스 영역으로 나아가고 있으며 이러한 기업들의 서비스화는 더욱 가속화 될 전망이다.

새로운 경제 환경에서 서비스가 창출하는 부가가치는 제품에 의한 부가가치를 훨씬 능가한다. 간단한 예로, 커피 원두가 가공되지 않은 상품으로 판매될 때는 대량으로 판매되지 않는 이상 그 가치가 매우 작다. 그런데 이러한 원두를 볶아서 포장하면 그 부가가치, 잠재적 가격, 차별화 기회가 훨씬 커지게 된다. 여기서 한 걸음 더 나아가 즉석에서 우려낸 커피를 제공하게 되면 서비스를 통해 가치를 증대시킬 기회가 더 커진다.

스타벅스(Starbucks)와 같은 기업은 심지어 경력 있는 바리스타(barista)를 고용해 편안한 환경에서 다양한 음료(여전히 주된 제품은 커피)를 선보이기에 이르렀다. 이러한 기업은 단순히 한 잔의 커피만을 제공하는 것이 아니라 친구와 공유할 수 있는 일관성 있는 경험을 제공하고, 이를 통해 고객의 충성도를 높이고, 경쟁에서 차별화를 만들고, 수익을 높인다.

제조업체이든 서비스업체이든 모든 유형의 기업에 있어 좋은 고객 서비스를 제공하는 것이 주요 차별 전략이 되어가고 있다. 새로운 경제 환경에서 정말로 중요한 것은 판매 전, 판매 중, 판매 후 전 과정에 걸친 고객 서비스이다. 이러한 사항을 미디어 기업에 대응해 보면 현재 전통적 언론기업이 가진 문제점이 적나라하게 드러난다. 그것이 뉴스든 콘텐츠든 대부분의 언론은 자사의 제품(뉴스와 콘텐츠)을 판매하고 나면 그만인 것이 대부분이다.

고객들은 그들의 삶을 보다 편리하고, 즐겁고, 흥미롭게 만들어 주는 제품과 서비스에 기꺼이 프리미엄을 지불한다. 서비스의 시대를 맞아 애플과 IBM 등 대형 제품 브랜드들조차 고객을 위한 서비스를 개발하고 있으며, 그들의 제품이 이러한 서비스 제공을 가능하게 하는 수단이라는 사실을 깨닫고 있다. IBM도 전체 IT 솔루션의 제공을 통해 더 이상 하드웨어 업체가 아닌 서비스 제공업체로 자신을 포지셔닝(positioning)하고 있다.

좋든 싫든 이제 모든 기업은 서비스 제공자이기 때문에 직원들도 자신이 서비스 제공자임을 깨달아야 한다. 예를 들어 모든 것이 제대로 작동하는 지 확인하기 위해 안테나 기둥에 올라가는 통신회사 엔지니어는 고객이 경험하는 서비스에 엄청난 영향을 미치고 있는 것이다.

서비스 과학에서 제시하는 좋은 서비스의 다섯 가지의 요소는 다음과 같다. 이러한 다섯 가지 요소를 미디어 기업과 그 기업에서 제공하는 콘텐츠 서비스에 대입해서 읽어보길 권한다.

- 시스템

서비스는 시스템과 관계를 통해 제공되고 경험된다. 대부분의 서비스는 다른 서비스들 속에서 또는 다른 서비스들의 지원을 받아 생성되고 소비된다. 좋은 서비스 디자인을 위해서는 항상 전체적으로 서비스 인프라를 살펴봐야 한다. 서비스 인프라란 한 서비스 내의 각기 다른 부분들이 어떻게 서로 연결되는 지, 하나의 서비스가 다른 서비스들로부터 어떤 지원을 받는 지 등을 의미하는 것이다.

즉 고객의 경험을 향상시키기 위해서는 고객 응대 직원을 위한 교육 프로그램 이행 등 겉으로 드러나지 않는 부분들을 변화시켜야 할 수도 있다.

- 가치

서로 다른 서비스는 각각의 방법으로 가치를 창출하고 측정하지만 대부분의 서비스는 공통적으로 사용자와 제공자 모두를 위한 최상의 가치를 제공하려고 한다. 좋은 서비스 디자인이란 제공자와 사용자 사이에 표면적으로 상이한 이해관계를 조율해 양쪽 모두에게 최상의 가치를 창출하는 경우가 많다. 서비스 디자인은 비용 절감에 관한 것일 수도 있지만 일반적으로는 가치 증대에 보다 중점을 두고 있다.

페덱스(FedEx)와 같은 기업들은 고객이 스스로 업무를 처리할 수 있게 도와줌으로써 가치를 창출하고 비용을 절약하고 있다. 온라인 배송 조회 시스템을 제공해 고객이 직접 발송한 물품의 배달시점을 확인할 수 있도록 했다. 이러한 시스템의 제공으로 바쁜 콜센터를 이용해 배송에 대한 고객 문의를 처리할 필요가 없어졌다.

- 고객 경험

서비스에 대한 모든 경험은 시간에 걸쳐 이루어진다. 사람들은 또한 서비스의 시작부터 종료까지 다른 경험을 하게 된다. 좋은 서비스 디자인이란 이러한 차이점을 인식하고 제공자와 사용자 모두에게 있어 핵심이 되는 서비스 경험 이전, 경험 중, 경험 이후에 어떤 일이 발생하는 지 조사한다.

즐거운 경험을 제공하기 위해 기업은 사용자와 제공자 사이의 각 접점이 서비스 제공에 어떤 영향을 미치는 지 파악해야 한다.

- 사람

서비스는 항상 사람을 포함하며 상호작용하는 사용자와 제공자 모두에 따라 달라진다. 상당히 제품중심적인 서비스도 있긴 하지만 서비스는 결코 단순한 제품이 아니기 때문에 항상 사람이 관련된다. 좋은 서비스 디자인이란 항상 사람을 가장 먼저 고려하며 사용자와 제공자 모두를 디자인 프로세스에 적극적으로 참여시켜야 한다.

결과적으로 고객을 응대하는 일선의 직원들이 회사의 얼굴인 것이다. 고객에게 즐거운 경험을 제공하기 위해서는 일선 직원을 적절하게 선발하고 교육해야 한다.

- 제안

일반적으로 서비스는 고객이 구매할 '제안(proposition)'이라는 형태를 띠게 된다. 서비스 제안이란 경쟁적인 시장에서 서로 경쟁하는 서비스 제의를 나타내는 유용한 용어이다. 좋은 서비스 디자인이란 사용자와 제공자에게 있어 가치 있고 혁신적인 제안을 개발하고 디자인하며, 이러한 제안을 진행하기 위해 흥미진진한 비전을 만들어 내는 과정을 의미한다.

즉 성공적인 기업들은 일반적으로 무형의 서비스 제안을 유형의, 고객이 원하는 제안으로 전환시킨다. 예를 들어, 과일음료 제조업체인 '이노센트(Innocent)'는 사람들이 보다 쉽게 건강을 유지할 수 있도록 하겠다는 목표를 토대로 설립되었다.

2) 서비스로서의 미디어

컴퓨터의 사용방식이 소유에서 서비스로 바뀌고 있다. 이제 필요한 프로그램을 다운받아 설치하여 작업을 하는 것이 아니라 가상의 저장

공간인 클라우드(Cloud) 서버에 설치된 소프트웨어를 사용하는 유비쿼터스 환경으로 바뀐 것이다. 이에 따라 고정된 장소에서 일하지 않고 유목민처럼 자유롭게 이동하면서도 창조적 사고와 활동을 벌이는 진정한 디지털 노마드(digital nomad) 족이 생겨나고 있다. 클라우드 컴퓨팅(cloud computing)은 '소유'에서 '서비스'로 컴퓨팅의 개념이 변화된 것이라 할 수 있다.

세계적인 OTT업체인 넷플릭스는 자사의 모든 서비스를 아마존웹서비스(AWS) 클라우드에서 운영하고 있다. 직접 데이터센터를 구축해서 운영하는 대신 클라우드 환경에서 서비스를 운영하고 있는 것이다. 이외에도 세계적인 하드웨어 및 소프트웨어업체, 심지어 자동차회사인 BMW도 클라우드를 이용해 차량 소유자를 위한 서비스 '오픈 모빌리티 클라우드'를 제공하고 있다. 어도비시스템즈도 클라우드 환경에서 포토샵과 일러스트레이터 등을 이용할 수 있는 '어도비 크리에이티브 클라우드(Adobe Creative Cloud)'를 출시했으며 게임업체들도 이제 클라우드 서비스를 이용해 게임서비스를 운영 중이다.

클라우드 서비스는 초기에 소프트웨어를 인터넷 환경에서 쓸 수 있는 SaaS(Software as a Service, 서비스로서의 소프트웨어)로 시작했다. SaaS 는 클라우드 환경에서 운영되는 애플리케이션 서비스로 소프트웨어를 구입해서 컴퓨터에 설치하지 않아도 모든 단말기에서 소프트웨어를 빌려 쓸 수 있다. 대표적인 SaaS 서비스로는 MS오피스 365, 한글과컴퓨터의 '넷피스'등을 들 수 있다. 그러다가 서버와 스토리지, 네트워크 장비 등의 IT 인프라 장비를 빌려주는 IaaS(Infrastructure as a Service, 서비스로서의 인프라스트럭처), 플랫폼을 빌려주는 PaaS(Platform as a Service, 서비스로서의 플랫폼)로 진화했다.

"4차 산업혁명 시대에는 새로운 산업과 서비스를 만들려면 구름(클라우드, Cloud)에 올라타야 한다"는 말처럼 이제 인공지능(AI)도 서비스로 제공하는 시대가 열렸다. 클라우드의 지원을 받아 누구나 쉽게 인공지능 서비스를 구현할 수 있게 된 것이다. AI는 자율주행차·제조산업·에너지 등 거의 모든 분야에 영향을 끼치고 있으며 나아가 4차 산업혁명의 시작점을 알리는 핵심 기술로 평가받고 있다. 알파고 쇼크가 일어난 해에 세계경제포럼(WEF)은 4차 산업혁명 시대를 공식 선언한 바 있다.

대기업은 자본이 많기 때문에 연구개발(R&D)에 투자할 능력이 있지만 중소기업은 그럴 여유가 없다. 이러한 격차는 정보통신기술(ICT) 분야에만 해당되는 것이 아니며 4차 산업 핵심기술인 AI도 마찬가지다. 따라서 중소 규모의 제조 공장에서는 AI를 적용할 엄두를 낼 수 없어 중소기업이 4차 산업혁명 시대에 도태될 수도 있다.

이러한 문제를 해결해주는 방법이 바로 '서비스형 인공지능(AIaaS)'이다. AIaaS(AI as a Service)는 클라우드에 AI를 구현해 제공하는 서비스로 중소기업이 AI에 쉽게 접근할 수 있도록 하는 것이다. 얼라이드 마켓 리서치에 따르면 AIaaS는 2017년부터 2025년까지 연평균 56.7%의 성장률을 보일 것으로 예측하고 있다. 클라우드 산업은 장차 반도체 산업의 규모를 넘어서는 시장으로 떠오르고 있다.

새로운 서비스 산업이 이처럼 클라우드 방식과 인공지능을 결합해 부가가치를 극대화하기 기존에 생각지 못했던 혁신적인 제품과 서비스를 다시 창출해내는 선순환 구조의 혁명을 가져오고 있을 때 과연 한국의 미디어 기업들은 아직도 스스로를 단순히 뉴스(콘텐츠)라는 제품을 제조하여 독자나 시청자에게 파는 제조 기업이라는 패러다임에 빠져있는 것은 아닌지 반문해 봐야 한다. 미디어 기업은 콘텐츠 제조업이 아니다. 물론 그 본질적인 밑바탕에는 저널리즘이라는 기본이 자리 잡고 있겠지만 콘텐츠의 생산, 유통, 소비에 이어 이제는 미디어도 사용자 중심의 맞춤형 서비스를 지향하면서 기존의 미디어와 새로운 혁신 기술이 융합하여 누구도 생각할 수 없었던 혁신적 미디어 서비스를 선보여야 할 때가 왔다.

3) 코로나 팬데믹이 가져온 변화와 미디어의 미래

3년간의 코로나 팬데믹이 미디어 시장에 가져온 가장 큰 변화는 언택트(untact)의 일상화로 OTT와 같은 온라인 미디어가 시장의 주류미디어로 자리 잡았다는 것이다. 이러한 OTT 미디어의 수익모델은 웹3.0 플랫폼을 활용한 맞춤형 구독경제(Subscription Economy)이다. 구독경제는 결국 모든 유무형 재화의 서비스화라고 할 수 있다. 언택트 시대가 일상화되면서 온라인은 물론 오프라인의 재화가 융합되면서 소위 O2O(Online to Offline) 문화가 번성하고 소비자들은 양복이나 식품 등 의식주 전반을 구독 경제 모델로 해결하는 비율이 늘어났다.

이러한 구독경제가 온라인으로 확산된 것이 넷플릭스, 디즈니플러스, 아마존프라임 같은 OTT서비스이다. 이들 서비스 사업자는 구독경제 수익모델에 웹3.0의 대표적인 기술인 인공지능 추천과 같은 맞춤형 알고리즘을 결합해 소비자의 자발적 참여를 이끌어내고 있다. 처음에는 자신들의 제작 콘텐츠가 아닌 큐레이션을 통해 수익을 이끌어 내다가 이제는 강해진 구독경제 파워를 활용해 자체 제작 오리지널 콘텐츠로 수익을 극대화하는 구조를 만들어 가고 있다.

현재 신문시장의 경우 신문구독료가 넷플릭스같은 OTT와 비슷한 수준인데 왜 사용자들은 OTT 서비스 두세 개는 쉽게 구독하면서 신문은 구독하지 않는 것일까? 몰아서 16부작 시리즈를 서너개씩 한꺼번에 소비하면서 왜 방송은 실시간으로 보지 않는 것일까? 이에 대한 답은 최근 국내 메이저 언론사들이 시도하고 있는 전통 언론 시대의 마케팅 방식에서 찾아볼 수 있다.

중앙일보는 2022년 가을에 뉴욕타임스식 디지털 유료화 모델을 도입해 '더 중앙플러스'를 론칭하면서 온라인 수집 데이터로 이용자를 분석해 월 9천 원대로 총 30개 유료콘텐츠를 공개하겠다고 밝힌 바 있다. 조선일보 또한 비슷한 시기 '디지털 앱 확장대회'와 '좋은 기사 공유 이벤트'등을 진행하며 충성 독자 확보를 시도한다고 밝혔다. 이렇게 전통적인 신문 구독 마케팅 방법을 쓰는 것은 그 대상만 디지털 뉴스로 바뀌었다 뿐이지 과거 신문을 구독하면 경품을 주거나 장려금을 주는 것과 어떤 차이가 있을 것인가. 뉴욕타임스의 유료화 모델도 그 성과로 2020년 1분기 58만7천명의 신규 디지털 구독자를 확보했으며 순방문자가 2억4천만 명에 이른다고 밝혔지만 블랙핑크 유튜브 하루 방문자가 7천만 명이고 넷플리스 오징어 게임이 3개월 만에 20억 명이 시청한 것에 비하면 절반의 성공이라 평가받지 않는가.

웹2.0 시대의 패러다임만 해도 유튜브나 넷플릭스가 구독자에게 자발적 참여와 공유로 성공을 이끌어 냈지 유료 구독자 확보를 위한 기존의 마케팅 전략을 구사하지 않았다. 웹3.0시대에 여전히 레거시 미디어인 신문과 방송이 참여와 공유라는 웹2.0 시대의 패러다임을 수용하지 못하고 나아가 빅데이터와 인공지능을 활용한 맞춤형 서비스라는 웹3.0 패러다임을 받아들이지 않는다면 소비자들의 이탈은 더욱 가속화 될 것으로 예측된다.

분명한 사실은 우리나라의 경우 레거시 미디어가 규제와 법이 막아주는 환경에 안주하는 사이 새롭고 다양한 미디어 기술과 서비스가 범람하기 일보 직전이라는 것이다.

웹3.0은 이종(異種)미디어 뿐만 아니라 이종 제품과 서비스를 하나의 플랫폼으로 통합할 전초전에 불과하다.

<참고문헌>

<국내문헌>
- 강동구,서흥수(2005). 차세대 디지털방송기술. 서울:동일출판사.
- 강민정(2011). 크로스플랫폼에서의 매끄러운 읽기 경험 강화를 위한 디자인 가이드, 디자인학연구, 97(24). 228-238.
- 강민정(2014). 크로스플랫폼 환경에서 지식 정보 읽기의 몰입감 강화를 위한 멀티모달 UX/UI 디자인 연구, 서울대학교 박사논문.
- 강성중(2002). 인터페이스의 지향점, 디자인정글연재기사 인터랙션디자인 제6회, 디자인정글.
- 강승규(2021). 인공지능(AI)이 초래한 사회적 변화와 위험의 공존가능성에 대한 검토. 법이론실무연구, 9(4), 495-524.
- 강은정, 장윤영, 이보아(2018). 인공지능 기반의 융복합 예술창작물 사례 분석 및 고찰. 한국과학예술융합학회, 35, 1-13.
- 강정수(2014). 뉴욕타임스 혁신보고서의 교훈: 멋지게 실패하자, 슬로우 뉴스 블로그, http://slownews.kr/25859.
- 고찬수 (2011). 스마트 TV 혁명: 미래 미디어의 중심, 21세기 북스
- 곽원섭(1993). 광고에서 주의의 역할, 한국심리학회지, 6(1), 1-11.
- 구글 유튜브 가치. (2022). https://www.google.com/search?q=youtube+value+2022
- 권만우(2004). 휴먼미디어 인터페이스, 한국학술정보.
- 권만우(2013). 미디어신경과학, 헤이밸리.
- 권만우·배소영(2003). Experimental research about the correlation of sound and image in Motion Graphic, Journal of the Asian Design International Conference, 1, 131~139.
- 김강석(2014). TV뉴스 편집, 커뮤니케이션북스
- 김대원·지영환(2016). 드론저널리즘 전개과정에서 부각될 형사법적 쟁점에 대한 탐색, 경찰학연구, 16(3), 63~99.
- 김대호(2006). 모바일미디어, 커뮤니케이션북스.

- 김동완(2013). 빅 데이터의 분야별 활용사례, 경영논총 34, 39-52.
- 김민정(2015). 디지털 네이티브(Digital Natives)의 특성에 따른 디지털 사이니지(Digital Signage) 수용에 관한 연구 :디지털 사이니지의 유형을 중심으로, OOH광고학연구, 12(2), 5-23.
- 김상선(2015). 디지털 혁신은 좋은 언론 되기 위한 필수 작업" 중앙 미디어콘퍼런스, 중앙일보 2015. 9. 22 http://news.joins.com/article/18717296.
- 김선진·권만우(2007). 디지털 미디어의 이해, 부산: 세종출판사.
- 김성민(2011). N 스크린 시대의 스마트 광고, 한국광고학회 세미나(2011. 11. 18)
- 김성환·김경준(2015). 한국일보 닷컴 1년 실험과 도전, 한국일보 (2015년 5월 19일자).
- 김영석(2005). 디지털미디어와 사회. 서울:나남출판.
- 김영주·이은주(2015). 스마트 시대의 미디어소비, 한국언론진흥재단.
- 김영주·정재민(2011). 신문기업의 혁신경영: 저널리즘, 비즈니스, 조직구조, 한국언론진흥재단연구서 2011-03.
- 김영환 (2007). 미디어 삼국지, 삼성경제연구소.
- 김옥철 역(1999). 디지털시대의 정보디자인, 클레멘트 목 지음, 안그라픽스.
- 김원용역(1995). 통신과 방송의 자유경쟁논리, 로렌스 개스맨 지음, 박영률출판사.
- 김위근(2015). 파이낸셜 뉴스의 디지털 CMS 혁명, 특집 한국 언론의 디지털 퍼스트를 생각한다, 여기자 23호, 한국여기자 협회.
- 김종성(2005). 춤추는 뇌 : 뇌과학으로 풀어보는 인간 행동의 비밀, 사이언스북스.
- 김종우(2016). 미 상업용 드론시대 개막, 연합뉴스(2016. 8. 30).
- 김중수(2015). 드론의 활용과 안전 확보를 위한 항공법상 법적 규제에 관한 고찰, 법학논총, Vol. 39(3), p. 267.
- 김지섭(2015). 알리바바 중 도심서 드론택배 성공, 조선일보(2015. 2. 5).
- 김지연. (2013). 인터넷 검색엔진. 과학기술학연구, 13(1), 181-216.
- 김진한, 류석준. (2021). 부산의 블록체인 비즈니스 활성화 방안, 부산연구원. https://data.bdi.re.kr/data/researcher/

- 김창남(2016).과감한투자,끈질긴혁신,디지털퍼스트안착좌우,한국기자협회, http://www.journalist.or.kr/news/article.html?no=39017.
- 김태용·박재영(2005). 발성사고법(Think Aloud)을 이용한 인쇄신문 독자의 기사선택 과정 연구, 한국언론학보, Vol. 49(4), pp. 87~109.
- 김현정(2011). CMC(Computer Mediated Communications)상황의 여론화 과정에 관한 탐색적 연구, 한국광고홍보학보, 13권2호. 94~133.
- 김형택(2013). 게이미피케이션 마케팅, 영진닷컴.
- 김혜지(2017). 영상처리를 활용한 드론추적 및 넷건을 사용한 드론 포획, 한국항공우주학회 학술대회발표논문집.
- 김홍탁 (2014). 디지털 놀이터, 중앙 M&B.
- 김훈석. (2018). 음악과 인공지능의 상호관계 연구. 문화산업연구, 18(1), 125-134.
- 노기영·김경희·이진영(2010). 미디어 기술 발전에 따른 소비자 행태의 변화 한국언론 진흥재단 지정 주제 연구보고서 2010-11, 한국언론진흥재단.
- 논펀지블닷컴(2021). YearlyNFTMarketReport 2021. http://nonfungible.com
- 데이터ai(2022). 유튜브와 틱톡의 이용 시간 변화. http://data.ai
- 도날드 노만(2006). 박경욱,이영수,최동성 역. 이모셔널디자인. 학지사.
- 던 라딘저, 유상구 역(1999). 의식의 세계, 도서출판 양문.
- 류현정(2018), 테크트렌드: 혼합현실(MR) 시대, 조선일보 2018. 7. 18일자.
- 리처드 레스탁 지음, 임종원 역(2004). 새로운 뇌 : 뇌는 어떻게 스스로를 변화시키는가, 휘슬러.
- 박경수. (2021). 인공지능(AI) 문학의 미래와 포스트 휴머니즘. 실천문학, (), 167-184. from: https://www.dbpia.co.kr/pdf/pdfView.do?nodeId=NODE10585910
- 박기수(2018). 호모나랜스 참여와 체험 공유와 공감의 즐거움, 한국방송학회 세미나 "디지털미디어, 신인류의 탄생", 2018. 7. 4, 세미나 발표자료집.
- 박대민(2013). 뉴스 기사의 빅데이터 분석 방법으로서 뉴스정보원연결망분석, 한국언론학보, 57(6), 234~262.
- 박상익외(2016). 테마별 마케팅론, 한국전자도서출판.
- 박선희(2004). 주류 인터넷 언론과 대안 인터넷 언론의 이용비교, 한국언론정

- 보학회보, 2004. 259-289.
- 박성민(2015). 이륙 준비하는 드론 택배, 이코노미스트 1313(2017. 12. 7).
- 박성희·김창숙(2018), 언론 공공성 강화를 위한 한국형 '민주주의 펀드' 조성에 관한 연구, 한국신문협회 연구보고서.
- 박성희·박수미(2005). 포털뉴스 제공자와 이용자 간 상호지향성 연구, 한국언론정보학보 30권.
- 박승근(2014). 드론저널리즘에 있어서 AR. Drone2.0 운용평가와 발전가능성에 대한 탐색. 한국사진학회지, 32, 140~156.
- 박아란 (2018). 기술 발전과 언론 자유의 확장: 드론 취재와 프라이버시 침해에 대한 법률적 논의, 한국언론정보학회
- 박종일외(2015). 모바일 트렌드 2016 :모바일, 온디맨드의 중심에 서다, 미래의 창.
- 박주연(2010). 융합 환경에서 미디어 산업의 패러다임 변화에 따른 미디어 공급자와 이용자의 변화 연구, 커뮤니케이션연구, 18(1), 89-113,
- 박진우·송현주(2010). 멀티미디어 뉴스 콘텐츠: 생산 유통 소비의 현황과 전망. 한국언론진흥재단.
- 박형준(2013). 통합뉴스룸 도입에 따른 기자의 직무만족도 연구, 한양대학교 박사논문.
- 방송통신위원회(2020). 방송시장경쟁상황평가 비공개 보고서
- 배인선(2015). 중국산 드론의 공습, 글로벌시장 70% 장악, 아주경제(2015. 7. 14).
- 부산산업과학혁신원(2022). 민간 및 공공 디지털자산의 NFT화를 위한 NFT 콘텐츠 센터 구축 사업 기획. 비공개 보고서
- 세계일보(2018). AI 화가 그린 그림... 누구의 작품인가. https://bit.ly/2L2Piaf (To Accessed 2022, 09, 26).
- 소프트웨어정책연구소(2018), 해외 주요국 블록체인 시장 전망 및 기업 동향
- 손재권(2017). 해외 AI와 미디어 융합 현황, 신문과 방송 2017년 3월호 18~21, 한국언론진흥재단.
- 송혜원(2013). 뉴욕타임스의 디지털스토리텔링 실험 7년 - 수익모델과 저널리즘 두 마리 토끼를 잡다, 저널리즘의 미래 15, Acase, http://acase.co.kr/201

3/08/26/
- 수전 그린필드 지음, 정병선 역(2000). 브레인 스토리 : 뇌는 어떻게 감정과 의식을 만들어낼까?, 도서출판 지호.
- 신동희(2017). VR, AI, 저널리즘, 커뮤니케이션북스.
- 신춘성, 정희용(2021). 인공지능 기반 문화예술 콘텐츠 창작 기술 분석 및 도구 설계. 방송공학회논문지, 26(5), 489-499.
- 심산(2004). 한국형 시나리오 쓰기, 해냄.
- 안민호·김택환(2010). 신문독자의 특성 및 온라인 뉴스 이용행태, 한국 신문협회 연구총서 23, 한국신문협회.
- 안영민(2012). 스마트 미디어 시대 방송소외계층의 방송 접근권 보장방안 연구, 한국언론학회 학술대회 발표논문집, 155-155.
- 안형택·이명호·황준석(2007). 디지털 융합, 새로운 게임의 법칙, 삼성경제연구소.
- 안홍준(2006). 디지털컨버전스 시대 지상파 방송 서비스 전략. 홈네트워크 기념 세미나. 2006. 10.
- 양희돈(2016). 민간용 드론 산업 현황 및 기술 동향, 한국멀티미디어학회지, Vol.20(1·2), pp.1-5.
- 엄성섭(2003). 뉴스특보가 TV시청률에 미치는 영향에 관한 연구, 연세대학교 석사논문.
- 오세욱, 이소은, 최순욱(2017). 기계와 인간은 커뮤니케이션할 수 있는가?. 정보사회와 미디어, 18(3), 63-96.
- 오세일(2015). 민간용 드론활용 연구, 한국방송미디어공학회 학술발표대회 논문집, 315-318.
- 오세정(2011). 스마트 폰 이용자의 유형과 구매행위의 영향요인에 관한 연구, 한국외국어대학교 박사논문.
- 오탁번/이남호(1999). 서사문학의 이해, 고려대학교 출판부.
- 우병현(2014). 전통 언론 클라우드 컴퓨팅서 활로 찾아야, 조선닷컴, http://blog.chosun.com/besetohan/7437706
- 우형진(2009). 신문기업의 뉴스 콘텐츠 디지털화 전략에 대한 문제점 인식 연구, 한국언론학회.

- 원우현 외(2006). 인터넷 커뮤니케이션. 서울:박영사.
- 원철린(2012). 통합뉴스 룸에 대한 기자의 인식과 수용도가 신문사의 조직성과에 미치는 영향, 중앙대 박사논문.
- 유경한(2018). 블록체인 미디어의 현재와 미래, 한국방송·미디어공학회,방송과 미디어방송과 미디어 제23권 제3호.
- 유성현·안춘기·김정훈(2017). 드론의 기술과 발전 동향 소개, 전기의 세계, 66(2), 19~23.
- 유소엽, 정옥란. (2015). 사용자의 소셜 카테고리를 이용한 유튜브 동영상 추천 알고리즘. 정보과학회논문지, 42(5), 664-670.
- 유신투자증권. (2021). NFT, 메가트렌트가 될 것인가, 2021. 10.
- 유재복(2014). 빅 데이터 분석을 통한 방송분야 활용에 대한 전망 및 제안, 방송공학회지, 19(4), 20-32.
- 유재천외(2005). 컨버전스와 미디어 세계. 서울:커뮤니케이션북스.
- 윤상오. (2018). 인공지능 기반 공공서비스의 주요 쟁점에 관한 연구. 한국공공관리학보, 32(2), 83-104.
- 윤세한(2011). 방송과 통신의 융합은 인터넷, 삼성경제연구소.
- 이강준(2014). 국내외 언론의 뉴스 앱 UI 디자인 비교분석 연구: 주요 신문사의 뉴스 앱을 중심으로, 한양대학교 석사논문.
- 이건표 역(2003). 제프 래스킨 저, 인간중심인터페이스, 안_1라믹스.
- 이금주(2005). 드라마 어떻게 쓸 것인가, 한국방송작가협회편, 드라마 아카데미, 펜타그램.
- 이기현·유은경·이명호(2001). 텔레비전 보도프로그램의 뉴스가치 분석, 159P, 서울: 한국방송진흥원.
- 이민규(2012). 드론(Drone)저널리즘: 취재 영역의 새로운 플랫폼, 방송기자연합회.
- 이민규·강남준·권혜진(2009). 멀티미디어 뉴스콘텐츠 제작 지원 센터 구축방안, 서울: 한국언론재단.
- 이상헌(2010). 모바일 시대 뉴스미디어 수익창출 방안, 2010년 제80회 INMA. 총회보고서, 한국언론진흥재단.
- 이상호(2019). 야만의 회귀, 유튜브 실체와 전망, 예린원

- 이상호·김선진(2011). 디지털 미디어 스마트 혁명, 미래를 소유한 사람들.
- 이수범(2007). 채널브랜드 이미지 영향요인이 브랜드 연상과 채널충성도에 미치는 영향, 홍보학연구, 11(2), 159-194.
- 이수인역(2008). 인터랙션 디자인, 댄새퍼 지음, 에이콘출판.
- 이승자(2008). 브랜드 아이덴티티 구축 요소로서의 사용자 경험 디자인, 한국디자인학회 국제학술대회 논문집, 165~167.
- 이원규(2015). 드론(Drone)을 활용한 도시관리, 부산발전연구원 BDI 정책포커스 288, 1~12.
- 이윤희(2002). 채널브랜드 이미지가 채널충성도에 미치는 영향에 대한 연구, 고려대학교 석사논문.
- 이인화외(2003). 디지털 스토리텔링, 황금가지.
- 이재복(2008). 스토리텔링이란 무엇인가, 한국문화콘텐츠진흥원 사이버 문화콘텐츠 아카데미 스토리텔링 전문가 과정 강의안.
- 이재섭·김대원(2017). 드론 저널리즘의 효과와 문제에 대한 인식 연구, 한국방송학보, 2017, 31(4), 130~169.
- 이재현(2013). 빅 데이터와 사회과학, 커뮤니케이션 이론.
- 이재현(2013). 빅데이터와 사회과학 : 인식론적, 방법론적 문제들, 커뮤니케이션 이론, 9(3), 127~165.
- 이정모(2001). 인지심리학, 아카넷.
- 이정모(2012). 인지과학;과거 현재 미래, 학지사.
- 이준웅(2014). 시청률의 해체인가 진화인가? 제도적 유효 이용자와 방송의 미래, 방송문화연구, 26(1), 33-62.
- 이준웅(2014). 커뮤니케이션 모형과 은유, 커뮤니케이션의 새로운 은유들, 언론학회 편, 서울: 커뮤니케이션북스.
- 이준웅·문태준(2007). 포털 뉴스의 대두와 대중매체 뉴스이용, 한국방송학회.
- 이준웅·심미선(2005). 지상파방송의 프로그램 품질 평가, 채널 브랜드 자산, 채널 충성도 간의 관계 연구, 방송과 커뮤니케이션 제6권 제2호.
- 이준호(2014). 위기의 미디어와 저널리즘, 탐구사.
- 이지현, (2013). 사용자 경험 디자인을 위한 퍼소나 기반 브레인스토밍 기법의 활용에 관한 연구, 한국디지털디자인협의회, 디지털디자인학연구, 13(1), 79~8

8.
- 이진천(2015). 활용범위를 넓혀가는 드론(Drone), 설비저널, 44(11), 90-91.
- 이창균(2015). 2015년을 휩쓴 글로벌 히트상품;퍼스널 모빌리티 스마트워치 드론, 이코노미스트(2015. 12. 14).
- 이창훈(2008). 디지털뉴스 핸드북, 커뮤니케이션북스.
- 이천종 정필재(2018). 세계가 놀란 평창 드론오륜기, 세계일보(2018. 4. 17).
- 이태희(2018). 한국미디어경영학회 세미나 발표자료집, 2018. 9. 19 프레스센터.
- 이해룡외(2011). 감성 UX 기술동향, 전자통신동향분석 26(5).
- 이환경(2006). 이환경이 말하는 TV드라마 작법, 시나리오친구들.
- 임경수·김항곤, (2011). 앱스토어 창업의 모든 것, 서울: 원앤원북스.
- 임현찬(2013). 통신기술 발달에 따른 정보전달 방식의 변화 연구보고서 5-6, 한국외국어대학교.
- 임현찬(2014). 크로스미디어 저널리즘의 현황과 실태분석 연구, 동서언로, 36, 31-69.
- 임현찬(2017). 디지털미디어시대 신문기업의 브랜드 경영전략에 관한 연구, 한국외국어대학교 박사논문.
- 장가브리엘 가나시아 지음, 오현금역(2000). 인지과학, 영림카디널.
- 장두현(2006). 무인항공기, 상상커뮤니케이션.
- 장원호(1998). 미국신문의 위기와 미래: 21세기 한국신문의 과제, 나남.
- 전경란(2003). 컴퓨터 게임 스토리텔링의 이해와 분석, 이인화외, 디지털 스토리텔링, 황금가지.
- 전경란(2005). 디지털 게임의 미학: 온라인 게임 스토리텔링, 살림.
- 전광호, 하선우.(2019).가짜뉴스, 합성사진 찾기 등 '인공지능 R&D 챌린지'를 통한 새로운 방식의 국가 ICT R&D 과제 기획에 관한 연구. 한국통신학회 학술대회논문집, 701-702.
- 정경렬(2017). 나 홀로 방송한다, 나남출판사.
- 정보통신기획평가원(2020). 통신기술 세대별 전송속도 비교. https://www.iitp.kr
- 조선일보(2022). 언론사도 NFT 열풍…홍콩 SCMP 신문 1면 컬렉션, 2시간 만

- 에 완판. https://biz.chosun.com/international/international_economy/2022/03/16/2ZVYSEMVTNAPJMPYNACOZGT47U/
- 조영신(2014). 여덟 개의 키워드로 읽는 〈뉴욕타임스〉 혁신 보고서 2014, 해외 미디어 동향 03, 한국언론진흥재단.
- 중앙일보. (2022). [알림] 중앙일보 첫 NFT, 노느니특공대와 함께 발행합니다. https://www.joongang.co.kr/article/25101871
- 채광현(2013). Snowfall하다 온라인 저널리즘의 미래를 쓰다, http://peak15.tistory.com/425.
- 최민영(2014). 뉴욕타임스 혁신보고서에 비춰본 한국 언론의'디지털 퍼스트'실태와 한계. 여기자 23호, 한국여기자협회.
- 최민재·신동희(2014). 디지털광고 환경변화와 언론사의 대응 전략, 한국언론진흥재단.
- 최영(2013). 공유와 협력, 소셜미디어 네트워크 패러다임, 커뮤니케이션북스.
- 최예림, 김관호. (2016). 인공지능 개요 및 적용 사례. ie 매거진, 23(2), 23-29.
- 최원영(2015). 페이스북-구글, 언론사와 상생전략, 한겨레신문(2015년 5월2일자).
- 최윤정·권상희(2014). 빅 데이터' 관련 신문기사의 의미연결망 분석, 사이버커뮤니케이션 학회, 31.
- 최종술(2017). 드론의 공공분야 활용 사례와 운용방안 연구, 공공정책연구, 33(2).
- 카이호 히로유키, 하라다 에츠코, 쿠로스 마사아키, 박영목, 이동연 역(1998). 인터페이스란 무엇인가, 도서출판 지호(원서 : 認知的 インタフエース(Ninchiteki Interface), Kauho Hiroyuki, Harada Etsuko, Kurosu Masaaki, Shinyosa Co).
- 크리스 바이쉬(2001). 전기가 어디로 갔을까, 한솔교육.
- 편석준·최기영·이정용(2015). 왜 지금 드론인가, 서울: 미래의 창.
- 한국언론재단 (2108). 2018년 언론수용자 의식조사, 한국언론재단.
- 한국온라인신문협회(2006). 온라인 신문, 경쟁과 생존: 한국의 온라인 미디어 10년의 현장 전략' 커뮤니케이션북스.

- 한국콘텐츠진흥원. (2022). OTT 서비스 변화와 콘텐츠 이용전망 분석
- 한미희(2016. 3. 27). 윤전기를 멈추다"…英인디펜던트 마지막 종이신문 발행, 연합뉴스.
- 홍창덕(2001.8. 31, 3쪽). 편집-취재 , 두 마리 토끼를 잡는다 -편집기자를 중심으로 본 '순환근무' 현실, 편집기자협회보 제 29호.
- 홍화순·주동광(2009). 신문 산업 환경변화에 따른 한국 중앙일간지 사업전략에 관한 연구: 조선일보, 중앙일보, 동아일보 사보를 중심으로, 기업연구저널, 4(1).

<해외문헌>

- Aaker, D. A. (1996). Building strong brands. New York: Free Press.
- Adams, J. W.(2008). Innovation management and U.S. weekly newspaper web site: An examination of newspaper managers and emerging technology, International Journal on Media Management, 10, 64-73.
- Ahlers, D. (2006). News consumption and the new electronic media.
- Alexandra Gibb (2013), Droning the Story." Masters of Journalism Diss., The University of British Columbia,
- Amy Mitchell(2014). State of the News Media 2014, Pew Research Center.
- Appelgren, E.(2004). Convergence and divergence in media: different perspectives. In ICCC 8th International Conference on Electronic Publishing 2004, Brasilia, Brazil. (pp. 237-248).
- Auletta, K.(1998a). Synergy City : Chicago's Tribune Co. Is Revolutionizing How It does Business – But at What Cost to Its Newspapers?, American Journalism Review, May 1998.
- Baas, M., Nijstad, B. A., & De Dreu, C. K. (2015). "The cognitive, emotional and neural correlates of creativity". Frontiers in Human Neuroscience, 9, 275.
- Bensinger, G. (2009). "New York Times to Get $45 Million for Radio Station". Bloomberg News, 2009.7.4.

- Bitner, M. J. (1992). Servicecapes: The inmpact of Physical surrounding on customer and Employees, Journal of Marketing, 1992
- Boll, S. (1999). 'Proceedings of the seventh ACM international conference on Multimedia (Part 1) Pages 37-46 ACM New York.
- Bradley, D. (2002). Why Converge?, Poynter Forums : Convergence Case Studies, posted May 5, 2002, Poynter Institute.
- Bruckner, R. (1995). "How the Earlier Media Achieved Critical Mass" :Printing Press;Yelling 'Stop the Presses!' Didn't Happen Overnight. The New York Times. http://www.nytimes.com/1995/11/20/business/earlier-media-achieved-critical-mass-printing-press-yelling-stop-presses-didn-t.html.
- Burden, D. J. (2008, December). Deploying embodied AI into virtual worlds. In International Conference on Innovative Techniques and Applications of Artificial Intelligence (pp. 103-115). Springer, London.
- Cacioppo, J. T., & Tassinary, L. G. (1990). Inferring psychological significance from physiological signals. American Psychologist, 45(1), 16-28.
- Caddell, B. (2009). Core Principles of Transmedia Storytelling. http://whatconsumesme.com/2009/posts-ive-written/core-principles-of-transmedia-storytelling. http://whatconsumesme.com/2009/osts-ive-written/core-principles-of-transmedia-storytelling/(15 July 2014).
- Calder. B, Malthouse. E.(2008). Media Brands and Consumer Experiences, Ots, M (ed.) Media Brands and Branding, Jonkoping International Business School.
- Carbone, G. (2002). Convergence : The next CueCat, Poynter Forums : Convergence Case Studies, posted May 7, 2002
- Carr, F. (2002). The Tampa Model of Convergence : Seven Levels of Cooperation, Today in Journalism : Today's Centerpiece, Poynter Insitutue, available from http://legacy.poynter.org/centerpiece/050101_2.htm
- Carr, F. (2002a). Common Convergence Questions, Today in Journalism : Today's Centerpiece, Poynter Insitutue, available from http://legacy.poynter.org/centerpiece/050101_3.htm

- Carr, F. (2002b). The Truth About Convergence: WFLA's News director reflects on his first 12 months, Today in Journalism : Today's Centerpiece, Poynter Insitutue, available from http://legacy.poynter.org/centerpiece/050101_1.htm
- Castaneda, L. (2003). Teaching Convergence, Online Journalism Review, posted 2003-3-6, USC Annenberg, available from http://www.ojr.org
- Castelvecchi, D. (2016). Deep learning boosts Google Translate tool. Nature, 27.
- Chan-Olmsted, S. M. (2006). Competitive Strategy for Media Firms: Strategic and Brand Management in Changing Media Markets, Routledge.
- Chan-Olmsted, S., Cho, M., Yim, M.(2013). Social Networks and Media Brands: Exploring the Effect of Media Brands' Perceived Social Network Usage on Audience Relationship", Handbook of Social Media Management.
- Chan-Olmsted, Sylvia M. (2008). Competitive strategy for media firms—Strategic and Brand Management in Changing Media Markets, Lawrence Erlbaum Associates, Mahway: New Jersey.
- Charnley Mitchell(1966). REPORTING, Published by Holt Rinehart & Winston, New York NY, 1966.
- Chatman, Seymour(1978). Story & Discourse-Narrative Structure in Fiction and Film, 김경수역(1995). 영화와 소설의 서사구조, 민음사.
- Chatterjee & Wernerfelt, (1994). Customer satisfaction incentives JR Hauser, DI Simester, B Wernerfelt, Marketing science 13 (4), 327-350.
- Cho, C. & Leckenby, D.(1999). "Interactivity as a Measure of Advertising Effectiveness", Proceedings of the 1999 Annual Conference of American Academy of Advertising, Albuquerque, New Mexico.
- Chris Ravan & Jeudie Williams, Joy of Psychology, 김문성 역, 심리학의 즐거움 - 사람이 알아야 할 마음의 모든 것, 휘닉스, 2005.
- Christensen, C.M. (1997). The innovators dilemma: When new technologies cause great firms to fail. Boston: Harvard Business School Press.
- Chyi, H., & Lasorsa, D. (2002). An explorative study on the market relat

- ionship between online and print newspapers. Journal of Media Economics, 15(2).
- Cleland, R. S.(2000). Building Successful Brands on the Internet」University of Cambridge, MBA Dissertation.
- Comaroff J. and Comaroff J. L.(2001). Millennial Capitalism and the Culture of Neoliberalism, Duke University press.
- Dailey, L. & Demo, L. & Spillman.(2009). Newspaper survey suggests TV partnerships in jeopardy, Newspaper Research Journal, 9, 59-68.
- Dailey, L. & Lori Demo, Mary Spillman, (2003). The Convergence Continuum: A Model for Studying Collaboration Between Media Newsroom, A paper submitted to the Newspaper Divisition of AEJMC, Kansas City, Missouri, July-August
- Davenport & Beck.(2002). The Attention Economy: Understanding the New Currency of Business, Boston: Havard Business School Press.
- David,G., Ofek, E., Sarvary. M.(2009). "Content vs. Advertising: The Impact of Competition on Media Firm Strategy." Marketing Science 28, no. 1 (January-February 2009): 20-35.
- Davidson, D.(2009). Cross-Media Communications: an Introduction to the Art of Creating Integrated Media Experiences, ETC Press.
- Deacon D.(2007). Yesterday's Papers and Today's Technology Digital Newspaper Archives and 'Push Button' Content Analysis, European Journal of Communication March 2007 vol. 22 no. 1 5-25.
- Dewar, James, A.(1998). The Information age and the Printing Press: looking backward to see ahead, RAND Corporation.
- Donald A. Norman(1993). Things that makes us smart, 인지공학심리연구회역(1998), 생각있는 디자인, 학지사.
- Doyle, G,(2002). Understanding Media Economics, SAGE, Apr 4, 2002 - Language Arts & Disciplines - 184 pages.
- Eisenstein, E.L.(1983). The Printing Revolution in Early Modern Europe, Cambridge Univ. Press.

- Engwell, L.(1978). Newspapers as organizations. Farnborough, UK : Saxon House.
- Epstein, Z., Levine, S., Rand, D. G., & Rahwan, I. (2020). Who gets credit for ai-generated art?. Iscience, 23(9), 101515.
- Erica Negro Cousa, Eleonora Brivio, Silvia Serino, Vahé Heboyan, Giuseppe Riva, and Gianluca de Leo(2017). New Frontiers for Cognitive Assessment: An Exploratory Study of the Potentiality of 360° Technologies for Memory Evaluation, Cyberpsychology, Behavior, and Social Networking, Vol. 22, No. 1.
- Friedman, V. (2008). "Data Visualization and Infographics" in: Smashing Magazine.
- Gambarato, R. (2013). Transmedia Project Design: Theoretical and Analytical Considerations, Baltic Screen Media Review, Vol 1.
- Gardner, H.(1993). Frames of Mind: The Theory of Multiple Intelligences, Basic Books.
- Giles, R. H.(1987). Newsroom management : A guide to theory and practice. Indianapolis, IN : R. J. Berg.
- Glaser, M. (2004). Business Side of Convergence Has Myths, Some Real Benefits, Online Journalism Review, posted 2004-5-19, USC Annenberg, available from http://www.ojr.org.
- Glaser, M. (2004a). Lack of Unions Makes Florida the Convergence State, Online Journalism Review, posted 2004-04-07, USC Annenberg,available from http://www.ojr.org.
- Gordon, R.(2003). Convergence Defined, Online Journalism Review, posted 2003-11-13, USC Annenberg,
- Graham, G. & Hill,(2009). The British newspaper industry supply chain in the digital age, prometbeus, 27(2).
- Grainge, P.(2007). Brand Hollywood: Selling Entertainment in a Global Media Age, Routledge.
- Guardian.com(2011). Guardian and Observer to adopt 'digital-first' strate

gy, http://www.theguardian.com/media/2011/jun/16/guardian-observer-digital-first-strategy
- Gynnild, A.(2014). Journalism innovation leads to innovation journalism: The impact of computational exploration on changing mindsets. Journalism 15(6): 713-730.
- Halliday, J.(2010). Times confident of success in 'leap in the dark' paywall plan, 2010.6.25. http://www.theguardian.com/media/2010/jun/25/times-online-paywall-plans.
- Hamilton, A.(1982). "The Times bids farewell to old technology". The Times, 1 May 1982.
- Hayes, G.(2006). Social Cross Media - What Audiences Want, webblog Personalizemedia.com.
- Hayes, G.(2013). Social Media Charts & Graphs. http://www.flickr.com/groups/participatecreate/pool/tags/crossmedia/(23 July 2014).
- Heeter, C.(1985). Program selection with abundance of choice: A process model. Human Communication Research, 12, 126-152.
- Holmes, N.(1991). Designer's Guide To Creating Charts and Diagrams, Published February 1st 1991 by Watson-Guptill Publications.
- Hong, J. W. (2018, July). Bias in perception of art produced by artificial intelligence. In International Conference on Human-Computer Interaction (pp. 290-303). Springer, Cham.
- Howard, Theresa.(2004). Super Bowl advertisers' Web sites get super boost, USA Today.
- http://www.poynter.org/latest-news/106389/rusbridger-openness-collaboration-key-to-new-information-ecosystem/
- Ithiel de Sola Pool, The Technologies of Freedom, 원우현역(1985). 자유언론의 테크놀로지, 전예원
- Jacob Nielson 저, 김옥철 역(1999). 사용하기 쉬운 웹사이트가 성공한다 : Disgning Web Usability, 안그라픽스.
- Jones, A. (2009). The future of the news that feeds democracy, Oxford:

Oxford University Press.
- Kaiser, M. (2000). Convergence : Cooperation logical but challenging, The American Editor, July 01 2000, ASNE.
- Karlsen & Stavelin, (2014). Computational Journalism in Norwegian News rooms, Journalism Practice 8(1):34-48.
- Keller, K. L.(1993). Conceptualizing, measuring, and managing customer-based brand equity, the Journal of Marketing, American Marketing Association, 1-22.
- Kramer, S. D. (2002). KR Bids for Hub Status, Online Journalism Review, posted 2002-4-14, USC Annenberg.
- Lang et al., (2002). Captured by the World Wide Web: Orienting to structural and content features of computer-presented information Communication Research 29 (3), 215-245.
- Lasica, J. D.(2002a). The Rise of Digital News Network : CanWest Interactive, Online Journalism Review, posted 2002-4-11, USC Annenberg.
- Lasica, J. D.(2002b). The Rise of Digital News Network : Tribune Interactive, Online Journalism Review, posted 2002-4-11, USC Annenberg.
- Lasica, J. D.(2002c). The Rise of Digital News Network : Knight Ridder Digital, Online Journalism Review, posted 2002-4-11, USC Annenberg.
- Lasica, J. D.(2002d). Oklahoma: Where Convergence is Sooner, Online Journalism Review, posted 2002-7-26, USC Annenberg,available from http://www.ojr.org.
- Lasica, J. D.(2002e). The Rise of Digital News Network : Belo Interactive, Online Journalism Review, posted 2002-4-11, USC Annenberg.
- Lauer, Claire.(2009). Contending with terms: Multimodal and multimedia in the academic and public sphere. Computers and Composition 26, 225-239.
- Lavine, J. M. & Wackman, D. B.(1988). Managing media organizations: Effective leader ship of the media, New York: Longman.
- Lei, Zhang(2012). News media design: A comparative study of digital ap

plication format, Iowa State University, p. vii.
- Lichtenberg. L.(1999). Influences of electronic developments on the role of editors and publishers-strategic issues. The International Journal on Media Management. 1(1), 23~34.
- Lin, M.(2013). A primer for journalism students: What is digital-first strategy? posted on March 26, MulinBlog: A digital communication blog, accessed 2016. 5. 6.
- Lucy Kung.(2015). Innovators in Digital News, 한운희, 나윤희 옮김, 한국언론진흥재단.
- Luzadder, D. (2002). Future of Convergence not Much Clearer Despite FCC Ruling, Online Journalism Review, posted 2003-06-12, USC Annenberg, available from http://www.ojr.org.
- Madigan, C. M.(2007). The collapse of the great American newspaper, Chicago: Ivan R. Dee Publisher.
- Matthews, M. N.(1997). Pathway to the top : How the top newspaper chains train and promote publishers. In C. Warner(Ed.), Media management review(pp.147~156), Mahwah, NJ : Lawrence Erlbaum Associates.
- McKinsey(2011). Big data: The next frontier for innovation, competition, and productivity, McKinsey May 2011 | Report.
- McManus Jonh H.(1994). Market-Driven Journalism - Let the Citizen Beware?, April 1994 | 264 pages | SAGE Publications, Inc.
- Mitchell, B.(2010). Rusbridger: Openness, Collaboration Key to New Information Ecosystem
- Moses, L. (2000). Tribune Media Net's fast start, Editor & Publisher Online, Aug 7, 2000.
- Murray, J.(1997). Hamlet on the Holodeck: The Future of Narrative in Cyberspace, NewYork: The Free Press.
- New York Times.(2014). New York Times Innovation Report, http://mashable.com/2014/05/16/full-new-york-times-innovation-report/#uZLOk3Q_FOkX.
- Norbäck, M.(2005). Cross-promotion and branding of media products. In

Picard, R. G. (Ed.) Media Product Portfolios. Issues in Management of Multiple products and Services. Lawrence Erlbaum Associates, Mahway: New Jersey, pp.139-166.
- Novak, Hoffman, & Yung.(1999). Measurang the Customer Experience in Online Environments: A Structural Modeling Approach.
- Omdia. (2022). TV & Online Video Intelligence Database
- Ong, Walter, Orality and Literacy-The Technologizing of the world, 이기우/임명진역(1995). 구술문화와 문자문화, 문예출판사.
- OTS, M.(2008). Media and Brand: New Ground to Explore, OTS, M (ed.) Media Brands and Branding, Jonkoping International Business School.
- Parsons, A. (2000). A Look at Media Convergence : Experiment with TV leads to cable channel, The American Editor, March 1 2000, ASNE.
- Patel K. & McCarthy M.(2000). Digital Transformation, 장경환 옮김, 디지털변형(2000), 물푸레.
- Pavlik, J. and Steven K. Feiner(1998). Implications of the Mobile Journalist.
- Pew Research Center (2002). State of the News Media 2014, https://www.pewresearch.org/topics/state-of-the-news-media/2014/
- Phillp Kotler(2010). Marketing 3.0. 안진환 옮김, 타임비즈.
- Pryor, L. (2005). A Converged Curriculum : One School's hard-won Lessons, Online Journalism Review, posted 2005-2-24, USC Annenberg, available from http://www.ojr.org.
- Quinn S.(2005). Convergent Journalism: The Fundamentals of Multimedia Reporting, Peter Lang Inc.
- Rajaraman, A., Ullman, J. D., & Leskovec, J. (2012). Mining of massive datasets. Cambridge University Press. P.58.
- Readership Institute(2000). 'Newspapers selected for Readership Impact study'ASNE on the move, American Society of Newspaper Editors.
- Readership Institute(2005). Reinventing the Newspaper for Young Adults -A joint project of the Readership Institute and Star Tribune, Readership Institute. http://www.mediamanagementcenter.org/wp-content/uploads/

sites/14/2015/05/startrib_overview.pdf
- Reeves, B., & Nass, C. (1996). The media equation: How people treat computers, television, and new media like real people. Cambridge, UK, 10, 236605.
- Roberts, D., Hughes, H. Kertbo, K.(2014). Exploring consumers' motivations to engage in innovation through co-creation activities, European Journal of Marketing, vol. 48 (Jan), pp. 147-169).
- Rucker, F. W. & Williams, H. L.(1955). Newspaper Organizations and Management, Ames: Iowa State College Press.
- Rui Zhang, Yanchao, Zhang,(2012). Fine-grained private matching for proximity-based mobile social networking, Arizona State University, Tempe, USA.
- Rusbridger, A.(2010). Brave News Worlds: Navigating the New Media Landscape, The International Press Institute
- Sandeen, R. (2000). A Look at Media Convergence : How much multimedia should students learn?, The American Editor, March 1 2000, ASNE.
- Schneiderman(1992). Designing the user interface: strategies for effective human-computer interaction, Addison-Wesley Longman Publishing Co., Inc. Boston, MA , USA.
- Schwartz & Schwartz(1993). Biofeedback, Fourth Edition: A Practitioner's Guide, The Guilford Press.
- Seth. C. Lewis & N. Usher (2013). Open source and journalism: toward new frameworks for imagining news innovation, SAGE Journals Volume: 35 issue: 5, page(s): 602-619, Article first published online: June 28, 2013; Issue published: July 1, 2013.
- Siegert, G.(2008). Self Promotion: Pole Position in Media Brand Management in OTS, M. (ed.) Media Brands and Branding. Jonkoping International Business School에서 재인용.
- Singer, J. B.(2008). Five Ws and an H: Digital Challenges in Newspaper Newsrooms and Boardrooms, The International Journal on Media Manag

ement, 10: 122-129.
- Skene, N.(2000). The Changing culture of the newsroom, Interactive Media Committee, March 10, 2000, ASNE.
- Steuer, J.(1992). Defining Virtual Reality: Dimensions Determining Telepresence. Journal of Communication Volume 42, 73-93.
- Steven Pinker저 김한영 역(2007). 마음은 어떻게 작동하는가, 도서출판 소소.
- Stevens, J. (2002). TBO.com: The Folks with the Arrows in Their Backs, Online Journalism Review, posted 2002-4-3, USC Annenberg,available from http://www.ojr.org.
- Stevens, J. (2002a). Backpack Journalism is here to Stay, Online Journalism Review, posted 2002-4-2, USC Annenberg,available from http://www.ojr.org.
- Stevens, J. (2003). Moving Online into the Newsroom, Online Journalism Review, posted 2003-12-3, USC Annenberg,available from http://www.ojr.org.
- Stone, M. (2002). The Backpack Journalist Is a "Mush of Mediocrity, Online Journalism Review, posted 2002-4-2, USC Annenberg, available from http://www.ojr.org.
- Sweeney, M. (2012). Guardian News & Media names Wolfgang Blau digital strategy director Editor of German weekly Die Zeit's online operations to take up, The guardian.
- Sweeney, M.(2006). The Guardian, Open Road Intergrated Media, Inc.
- Thelen, G. (2000). Convergence, The American Editor, July 01 2000, ASNE.
- Thelen, G. (2003). Convergence is an evolutionary process, The American Editor June 13, 2003, The American Society of Newspaper Editors.
- Tomkins, A. (2002c). Bridging TV and Cable in New England, Poynter Forums : Convergence Case Studies, Poynter Institute, available from http://legacy.poynter.org/centerpiece/050102_bos.htm.
- Tomkins, A. (2002d). Minnesota Public Radio Gest Visual, Poynter Forums : Convergence Case Studies, Poynter Institute, available from http://le

gacy.poynter.org/centerpiece/050102_mpr.htm.
- Tompins, A. (2002). Sun-Sentinel Courts Radio, Poynter Forums : Convergence Case Studies, Poynter Institute, available from http://legacy.poynter.org/centerpiece/043002_ss.htm.
- Tompkins, A. (2002a). Convergence Needs a Leg to Stand On, Poynter Forums : Convergence Case Studies, Poynter Institute, available from http://legacy.poynter.org/centerpiece/022801tompkins.htm.
- Tompkins, A. (2002b). Washington Post Extends Its Reach, Poynter Forums : Convergence Case Studies, Poynter Institute, available from http://legacy.poynter.org/centerpiece/043002_wp.htm.
- Tungate, M.(2004). Media Monoliths—how great media brands thrive and survive, London: Kogan Page, 강형심 옮김, 세계를 지배하는 미디어브랜드 (2007). 프리윌.
- Tungate, M.(2007). Media Monoliths, How Great Media Brands Thrive and Survive.
- Turner, B. A.(1994). The Future for Risk Research1, Journal of Contingencies and Crisis Management Volume 2, Issue 3.
- Wall, E., Schoendach, K., & Lauf, E.(2004). Online newspapers : A substitute for print newspapers and other information channels? Paper presented at the 6th World Media Economics Conference, Montreal, Canada.
- Walther, J. B. (2011). Theories of computer-mediated communication and interpersonal relations. The handbook of interpersonal communication, 4, 443-479.
- Wendland, M. (2001). Convergence : Repurposing Journalism, Today in Journalism, posted Feb 26, Poynter Institute, 2001, available from http://legacy.poynter.org/centerpiece/022601.htm.
- Wirtz, W. B.(2005). Medien- und Internetmanagement, 4th Ed. Wiesbaden.
- Wolff, P.-E.(2006). TV MarkenManagement. Strategische und operative Markenführung. Mit Sender-Fallstudien, München: Verlag Reinhard Fischer.

<참고 홈페이지>

· 에이블랩스. http://ablelabs.io
· 동아비즈니스리뷰. https://dbr.donga.com
· 삼성증권. https://www.samsungpop.com
· 토큰2049. https://www.token2049.com/
· 뉴욕타임스. https://www.nytimes.com
· 유에스에이투데이. https://www.usatoday.com

저자 소개

임현찬

1986년 《조선일보》 기자로 언론계에 입문한 후 편집국 사진부, 사회부, 편집위원, 그리고 문화사업단과 AD본부 등을 거쳐 《TV조선》 보도본부 전문위원과 《조선영상비전》 대표이사를 지냈다. 언론계에서 보기 드물게 신문(조선일보)과 방송(TV조선)에 양 분야에 근무하면서 보도사진, 취재, 방송영상, 영상편집, 방송기술, CG, 문화사업, 광고영업 등 신문과 방송 거의 전 분야의 제작과 업무를 맡았고, 2017년 '디지털미디어 연구'로 언론학 박사학위를 받아 디지털 시대 융합 미디어에 관한 풍부한 현장 경험과 이론을 갖추고 있다.

조선일보 노조위원장과 조선영상비전 대표를 지낸 바 있어 노사 양쪽 시각에서 문제를 인식하고 해결해가는 오픈 마인드형 언론인으로 평가받고 있다. 2011년 조선영상비전 대표로 취임하면서 TV조선 개국을 주도적으로 세팅하여 성공적으로 출범시켰다. 이후 2018년까지 재임하면서 AR, VR, 드론 등 새로운 ICT 기술을 콘텐츠 제작 현장에 도입했고, TV뉴스에 백팩(DMNG) 생중계도 최초로 본격 도입했다. 2012년에는 세계 최초로 마라톤 전 구간(춘천 마라톤)을 백팩 생중계에 성공해 방송기술 분야의 새로운 장을 개척했다.

최근에는 웹3.0시대 미디어의 미래 기술과 서비스, 그리고 시장, 수용자, 콘텐츠 변화와 융합 미디어 플랫폼을 둘러싼 사회, 문화, 제도, 산업 변화 등에 관심을 갖고 탐구하고 있다. 한국대학교육협의회 대학평가 미디어분야 평가위원과 한국연구재단 인문학대중화위원회 위원, GS건설 홍보자문위원, 부산콘텐츠마켓(BCM) 집행위원을 역임했고 한국외국어대 미네르바 교양대학 특임교수를 거쳐 현재 경성대학교 미디어 콘텐츠학과 초빙교수다.

우리는 매일 저녁 7시에 죽는다(1997), 디지털미디어와 저널리즘 4.0 (2019) 등 저서와 백팩(DMNG)과 드론 저널리즘에 관한 논문이 다수 있다.

권만우

조선일보 기자, ㈜아이티팩토리 대표이사를 거쳐 1997년부터 경성대학교에서 교수로 근무하고 있다. 신문방송학과에 부임한 후 디지털디자인대학원, 멀티미디어 대학, 디지털콘텐츠학부, 디지털미디어학부, 미디어콘텐츠학과등 사회과학과 공학을 융합한 다양한 학제를 실립하였으며 현재 예술종합대학 학장을 맡고 있다.

한국연구재단 문화융복합단장, 기초과학본부 전문위원, 인문학대중화위원회등 국가 연구개발PM을 다수 역임하였으며 이를 토대로 지방대학특성화사업단장, 누리사업단장, CK사업단장등 교육부와 문광부, 과기정통부의 대형 국책사업단장을 맡아 수행하였다.

부산국제영화제 전문위원과 부산콘텐츠마켓 집행위원장등을 맡아 부산이 만든 축제와 마켓을 세계적인 수준으로 발돋움하는데 일조를 했으며 국내 최초 학교기업 미디어이자 네이버/다음 검색제휴 언론사인 시빅뉴스 발행인과 대표를 겸하고 있다. 세계테마파크학술지 편집장과 한국멀티미디어학회 임원등 학술활동을 통해 뇌파와 시선추적장치, 생체계측장비등을 이용한 감성추론과 사용자경험디자인등의 분야에서 70편의 논문과 20여권의 저역서를 출판했다.

이상호

경성대학교 미디어콘텐츠학과 교수이며, (사)부산콘텐츠마켓(BCM) 이사, (사)부산방송영상포럼 상임이사, 디그리쇼 한국위원회 의장, LG헬로비전 시청자위원, 한국정책방송원 KTV 운영위원 및 방송통신위원회 방송시장경쟁상황평가위원회 위원이다. 현업에서는 SK그룹과 KT에서 미디어콘텐츠분야 산업계 경력을 쌓으며, 국내 최초로 IPTV와 OTT를 기획하여 출시하였다. 또한 IPTV방송협회 정책위원, MBC 정책위원, KT IPTV채널평가위원, 경영 및 언론방송 분야 학회의 임원을 다수 역임하였다. 주요 관심분야는 미디어 기업의 혁신 및 미디어서비스 이용분석, OTT 및 유튜브 등 미디어이용과 미디어리터러시 등이다. 미디어와 혁신분야 연구논문 100여 편을 국내외 저널에 게재했고, 주요 저서로는 야만의 회귀 유튜브 실체와 전망, 유튜브의 이해와 활용, 서비스혁신과 디자인, 소셜미디어 인사이트, 디지털미디어 스마트혁명 등 16권이 있다.

웹 3.0 시대의
디지털 미디어와 저널리즘

초판 1쇄 펴낸 날 2022년 11월 21일 | **초판 2쇄 펴낸 날** 2022년 12월 7일
초판발행 2022년 11월 21일

지은이 임현찬 · 권만우 · 이상호
발행처 서울인스티튜트
발행인 Hayley Jin Im
전화 051-663-5102
팩스 051-663-5209
웹사이트 seoul.edu
이메일 book@seoul.edu
등록번호 제2020-000024호
편집디자인 김민지
인쇄 북토리

ISBN 979-11-970725-2-9